Basic
Study
Books

入門 企業論

Understanding Corporate
Theory and Practice

佐久間信夫・井上善博・矢口義教 編著
Sakuma Nobuo, Inoue Yoshihiro, Yaguchi Yoshinori

法律文化社

はしがき

　経営学は管理論と企業論から構成されています。アメリカ経営学においては管理論の発展が目覚ましく，財務管理論や人的資源管理論，マーケティング（販売管理論），経営組織論などの管理の各論が大きく発展しました。アメリカ経営学は，もともと問題解決の学としての特徴をもちますので，企業の実務において次々に起こる困難な問題の解決に努力が注がれ，それが管理論の発展を促してきました。管理の各論は，効率的な利益の追求を目的としていることから，これらの理論の発展は企業の競争力に大きく寄与してきました。

　これに対して，企業論は大まかにいえば，企業と社会の関係のあり方に関わる問題を扱うのが特徴です。より具体的には企業とステークホルダーの関係を取り上げ，そのあり方について考えていきます。例えば，企業の社会的責任や企業倫理，企業と環境，従業員，地域社会との関係などについての理論がこれに当たります。コーポレート・ガバナンス論は企業の権力を社会的に制御することを問題とした学問ということもできます。そして，BOP ビジネスや，社会的企業，長寿企業，パーパス経営などは，特に最近重視されるようになった領域であり，企業の社会的使命はどこにあるのかを問題としています。

　これらの学問は，管理論のように，今ある問題を解決することを目的とするのではなく，企業の長期的存続（サステナビリティ）や社会における企業の存在意義を考えていく学問です。とはいえ，社会的責任に反する企業やコーポレート・ガバナンスに欠陥のある企業が一瞬のうちに破綻していく例が示すように，企業の存続にとって死活的に重要な事項に関わる学問でもあります。

　企業の経営戦略も社会的責任やコーポレート・ガバナンスを踏まえたものでなければならないのはもちろんのこと，今日の企業は社会的責任や企業倫理を企業の経営戦略の中核に位置づけるようになってきています。すなわち，企業が社会的責任を果たすことが企業の利益確保にとって不可欠であることを経営者自身も十分意識しており，社会の価値観もそのような方向に変わってきています。

　2015年に国連は SDGs（持続可能な開発目標）の17の目標を提示し，全世界で，そして学校や政府機関，国際機関などでこの17の目標達成に向けた取組みが進められています。SDGs の目標達成において企業は特に大きな役割を果たすことが求められています。そして，企業論はこれらの17の目

標のほとんどと直接関係する学問です。企業は社会と共存するだけでなく，社会から期待される役割に積極的に応えていかなければ持続的に成長していくことはできません。

　管理論が製造部，販売部，人事部，財務・経理部などのように企業組織の一部門の効率化を目的としているのに対して，企業論は企業全体を研究対象としています。その意味で，中小企業論も企業論の領域に含まれます。日本の企業の99％以上を占める中小企業は，日本の経済にとってきわめて重要な位置を占めています。それにもかかわらず，近年，中小企業の数は減少の一途を辿っています。特に，地方経済における中小企業の廃業問題は地方経済を衰退させ，人口を流出させ，地方社会を消滅させかねない重大な問題となっています。日本は，国をあげて中小企業の育成に取り組んでいますが，未だ大きな成果はみられず，中小企業の減少に歯止めはかかっていません。

　中小企業の減少は，廃業する企業の数が新規開業する企業の数を上まわっていることによるものですが，新規開業する企業を増やすことができればこの問題を解決することができます。特に革新的な技術をもつベンチャー企業が次々に出現すれば，日本の技術水準の向上にも大きく貢献することになります。アメリカではGAFAにみられるように，ベンチャー企業が数年のうちに世界的な大企業に成長する例が多くみられますが，日本ではこのような例はわずかです。アメリカでは，ベンチャー企業をさまざまな側面から支援する制度（生態系と呼ばれている）が整っていますが，日本にはこのような制度が未整備なままです。

　また，日本企業は海外企業に比べて生産性が低いことが大きな問題になっています。いつの間にか日本は，デジタル化後進国になってしまいました。今，日本が熱心に取り組んでいるのがデジタルトランスフォーメーション（DX）です。日本企業のDXの現状と展望についても考えていきます。

　本書を読んで，企業が現在どのような課題を抱え，また社会の中でどのように行動すべきなのかを考える手がかりをつかんでいただきたいと思います。

2023年12月

編　者

目　次

Ⅲ　企業の社会的責任

Ⅳ　企業の競争戦略と成長

V　持続可能なビジネス

Ⅵ　中小・ベンチャー企業と新たなビジネスモデル

Ⅰ

企業の種類と株式会社の発展

第1章

日本企業の諸形態

　企業は，世の中に必要あるいは有用な製品・サービスを継続的に生産し，提供する「継続的生産活動主体」である。企業は人類社会に必要な存在であり，人類社会は企業とともに発展してきた。世の中には，営利目的の民間企業だけでなく，行政が営む公企業（➡第2章）や公益目的で営まれる社会的企業（➡第15章）等，様々な特性をもった企業が存在する。ただし，継続的生産活動主体全般ではなく，営利目的の民間企業のみを企業と呼ぶ，狭義の定義もある。本章では，広義の企業と狭義の企業のいずれも取り上げる本書の序章として，企業の諸形態を日本を例に検討していく。

① 企業の経済形態と法律形態

［1］ 経済形態の3つのタイプ

　企業の形態は，経済活動に基づいて分類されるもの（「経済形態」）と，法律に基づいて分類されるもの（「法律形態」）の2つのタイプがある。本節では，経済形態の分類を説明した上で，各分類に該当する法的形態の例を挙げていこう。

　企業の生産活動は，出資者あるいは経営者が生産要素を基に，より価値のあるものをつくり上げていく活動である。そのため，経済形態は，出資と経営のあり方に基づいて分類される。企業の経済形態は，民間が出資する「私企業」，政府が出資する「**公企業**」，民間と政府が共同で出資する，いわば半官半民の「**公私合同企業**」の3つのタイプに大別される（**資料1-1**）。公私合同企業は，「公私混合企業」とも呼ばれる。

＊公企業，公私合同企業
➡第2章「日本の公企業と公益事業」参照。

［2］ 私企業

　民間が出資する私企業は，出資者が1人である「単独企業」と出資者が複数である「集団企業」に大別される。単独企業は，個人が出資をし，経営を行う「**個人企業**」である。

　集団企業は，出資と経営のあり方によって，さらに細分化される。まず，出資者が少数であるか多数であるかによって，「少数集団企業」と「多数集団企業」に分けられる。

　「少数集団企業」は，出資者全員が経営を担う第一種少数

＊個人企業
➡本章④［1］参照。

資料1-1 企業形態の種類

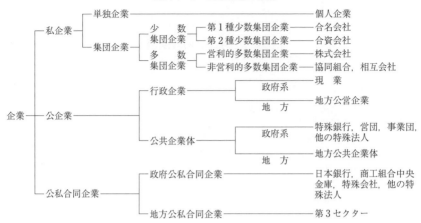

(注) 途中，鈴木岩行氏（和光大学），佐久間信夫氏（創価大学）による一部修正を経ている。
(初出) 大山泰一郎「第2章 企業形態論」高橋浩夫・大山泰一郎『現代企業経営学』同文舘，1995年，31頁。
(出所) 佐久間信夫「第I章 現代企業の諸形態」佐久間信夫編著『よくわかる企業論〔第2版〕』ミネルヴァ書房，2016年，3頁を一部修正。

*合名会社
➡本章❹ 2 参照。
*合資会社
➡本章❹ 2 参照。

集団企業と，出資者の中に経営を担わない者がいる第二種少数集団企業に分けられる。第一種少数集団企業の例は「**合名会社***」であり，第二種少数集団企業の例は「**合資会社***」である。なお，経営に参加する出資者は「機能資本家」，参加しない出資者は「無機能資本家」とも呼ばれる。

　多数集団企業は，利潤獲得を目的とする営利的多数集団企業と利潤獲得を目的としない非営利的多数集団企業がある。ただし，非営利的多数集団企業における非営利とは，出資の動機が，「利潤の獲得ではなく企業が生産する商品の利用にある」という限りにおいてである（大山泰一郎「第2章 企業形態論」高橋浩夫・大山泰一郎『現代企業経営学』同文舘，1995年，32-33頁）。つまり，非営利的多数集団企業においては，利用者が出資者となる。営利的多数集団企業の代表例は「**株式会社***」である。非営利的多数集団企業の例は「**協同組合***」や「**相互会社***」である。

*株式会社
➡本章❹ 3 ，第3章「株式会社の大規模化と支配・統治変化」参照。
*協同組合
➡本章❺ 1 参照。
*相互会社
➡本章❺ 2 参照。
*非営利組織（NPO）
➡本章❺ 3 参照。

　これらのほかに，非営利であり，なおかつ公益を目的とする「**非営利組織**」（**NPO***）も増えてきている。ただし，非営利組織は，注目を浴びているが新しい概念であるがゆえに，その捉え方は，国ごとに異なる等，未だ確立されていない。

3　公企業，公私合同企業

　たとえ利潤を生まなくても，世の中に必要な事業は多くある。例えば，水などの人々の生命にかかわるような事業や，道路や交通手段などの人々の生活の基盤である事業，また芸術，教育，文化といった事業等は，収益性の観点だけで営まれるべきではない。市民の生活に必要あるいは有益な事業は，たとえ民間が取り組まなかったとしても，市民に奉仕する立場である国や地方自治体は取り組まなければならない。

　このような「**公益事業***」の遂行を従来担ってきたのが，**公企業，公私合同企業***である。公企業は，行政組織そのものが事業を営む行政企業と，行政組織が出資した法人が事業を営む公共企業体の２つに大別される。公企業も，公私合同企業も，国が営む場合もあれば，地方自治体が営む場合もある。

　公企業と公私合同企業は，「独立採算制」を原則とする。つまり，自らの経営努力によって，税金ではなく事業収入で活動経費を賄い，事業の継続と改善を図っていくことが求められる。ただし，どんなに効率性を追求しても，経費を事業収入のみで賄うことが困難である場合には，公益事業という性格ゆえに，税金で賄うことが必ずしも認められないというわけではない。

　公企業と公私合同企業の場合には，競争がなかったり，また収益性が乏しくても倒産はしなかったりするといった事情から，経営努力を促す要素が乏しく，実際に経営効率の乏しさが問題視されてきた。このような中で，近年，激しい競争の中で培われてきた民間の知恵を活かす，あるいは競争の中で経営効率を向上させる，といった視点から「**民営化***」や「**自由化***」が進められている。

2　企業形態展開の原理と歴史

1　企業形態展開の原理

　企業が生産活動を行うには，まず，活動に必要な資金（**資本***）を集める必要があるが，一個人で大きな資金を集めることには限界がある。そこで，大きな事業を行うためには，出資者を増やして，その事業に世の中にある資本を集中させることが必要である。資本が集まれば，信用も増し，より大きな資金を借り入れることも可能になる。

　無論，事業で得られた利益を積み上げて資本を増やすこともできる。しかし，これではかなりの時間がかかるだけでは

*公益事業
➡第2章「日本の公企業と公益事業」❷参照。
*公企業，公私合同企業
➡第2章「日本の公企業と公益事業」参照。

*民営化
➡第2章「日本の公企業と公益事業」❸ 2 参照。
*自由化
➡第2章「日本の公企業と公益事業」❸ 3 参照。

*資本
事業の元手のうち，資金のみを指す場合と，それ以外のものも広く指す場合の２つの用法がある。本章では基本的に前者の狭義の意味で用いている。「人的資本」（人材）などの表現は後者の用法の例である。

＊規模の経済
できるだけ少ない数の生産
設備で，できるだけ大量に
生産することで，生産量の
多さに関係なく必ずかかる
生産コスト（固定費）を，
分散させることができる効
果のこと。固定費が1億円
であった場合，1つの生産
設備で1個しか生産しない
のであれば，1億円を上回
る価格をつけないと利益を
出すことができない。これ
に対して，100万個生産で
きれば，100円を上回る値
段で利益を出すことができ
る。無論，価格競争力も増
す。➡第2章「日本の公企
業と公益事業」，第4章
「日本の最高経営組織と企
業統治」参照

＊合名会社
➡本章④②参照
＊無限責任
事業失敗の責任を無限に負
うこと。つまり，会社の債
務を自らの財産を拠出して
でも弁済しなければならな
いということ。
＊合資会社
➡本章④②参照
＊有限責任
事業失敗の責任を限られた
限度で負うこと。通常は，
出資額を限度に責任を負う
ことを指す。つまり，事業
失敗時に，出資者は，出資
額は失うものの，これを上
回る額の会社の債務の弁済
までは責任を負わない。

なく，その間に，より多くの資本を結合させた競合他社に負けてしまうリスクがある。「**規模の経済**＊」を発揮して生産能率を高めたり，研究開発によって優れた製品を開発したり，広告を通して顧客を増やしたりするには，それだけ多額の資金が必要となる。

つまり，企業には，大きな事業を行うためにも，また競合他社に勝利するためにも，出資者を増やして世の中にある資本を結合させ，資本を巨大化させていくことが必要である。これを「資本の集中」という。

他方で，出資者を増やせば増やすほど，それだけ事業に口を出す者が増えることになる。つまり，出資者が増えれば増えるほど，それだけ出資者たちをまとめていくことは難しくなり，意思決定の混乱のリスクが高まることになる。まとまりのある意思決定を実現することは，「統一的支配の維持」と呼ばれる。

資本の集中と統一的支配の維持を如何に実現していくのか，この矛盾する要請に応えるべく，多くの企業形態が生み出されてきた。

② ソキエタス，マグナ・ソキエタス，コンメンダ

私企業の活動は，最初，資本家個人の出資による個人企業としてはじめられた。しかしながら，市場が拡大するにつれて，拡大する需要に対応すべくより大きな資本を結集する必要性が高まっていった。こうした必要性から，商業が発達していた中世のイタリアで登場したのが，**合名会社**＊の起源として知られる，「ソキエタス」（societas）である。

ソキエタスは，共同出資者たちが自ら共同経営する企業である。出資者は「**無限責任**＊」を負い，経営の失敗の責任は共同出資者たちに帰せられる。つまり，倒産した場合には，出資者は，自身の出資分を取り戻せないばかりか，企業の借金の返済義務も負うことになる。そのため，ソキエタスは，信頼のおける家族や血縁関係を基礎としており，巨額の資本を集める上では限界がある仕組みであった。

こうして，より巨額の資本を集めるために登場してくるのが，**合資会社**＊の原型である，「マグナ・ソキエタス」（magna societas）である。マグナ・ソキエタスは，出資者の中に，企業の借金返済義務を負わない「**有限責任**＊」の出資者（有限責任出資者）を含めることで，無限責任を回避したい者からも

資本を集めることを可能にした。そして，有限責任出資者に経営への参加を認めないことで，出資者の増加により懸念される意思決定の混乱を回避した。

　また，マグナ・ソキエタスで取り入れられた有限責任投資の起源として，「コンメンダ」(commenda) がある。コンメンダは，ソキエタスより少し前の中世イタリアに登場した，海上商業の委託契約の仕組みである。契約は航海の度に解除される一時的なものであった。事業失敗の責任については，委託者側である資本家は有限責任しか負わず，受託者側である商人が無限責任を負う形であった。マグナ・ソキエタスは，コンメンダで取り入れられていた，「資金の出し手は有限責任しか負わない」という仕組みをソキエタスに結合させたものである。

　なお，コンメンダも，マグナ・ソキエタスと同じく，合資会社の起源として知られている。これは，もともと受託者に過ぎなかった商人たちが資金力を蓄えることで，出資者へと変貌していったことによる。つまり，コンメンダは，従来の一時的な委託契約から，無限責任出資者と有限責任出資者がいる継続的事業体へと，性格を変化させていったのである。

［3］　株式会社の登場

　こうした経緯を経て，資本の無限の集中を可能にする企業形態として登場したのが，株式会社である。株式会社では，無限責任出資者をなくし，また資本を少額の株式に分割し，これを自由に売買できるようにすること（**資本の証券化**[*]）で，資本の集中の可能性が飛躍的に高められている。つまり，無限責任を負う必要がなく，なおかつ少額でも出資が可能であり，さらに株式の売却によりいつでも出資の引き上げが可能になった。

　統一的支配の面では，株式会社では，「株主総会」や「取締役会」などの会社機関を設置することで，意思決定の混乱の回避が可能になっている。最高機関である株主総会では，出資額に応じて議決権が配分された多数決による，民主的な決定がなされる。そして，経営を担当するのは，株主総会で選ばれた取締役たちである。

　取締役には，出資者ではない者も登用することができる。このことにより，株式会社では，有能な人物を経営者に登用し経営効率を高めることができる可能性が飛躍的に向上して

＊資本の証券化
資本を譲渡（売買など）可能な小額単位の証券にしていくこと。株式を買うと，出資者（株主）としての地位と権利も手に入れることができる。

いる。

［4］　企業形態展開の様相

　これまでの企業形態展開は，従来の形態が新しい形態の特徴を徐々に備えていくという流れの中で進行していったものであり，大改革によって一度に起きたものではない点に注意が必要である。

　例えば，マグナ・ソキエタスにおいても取締役会等の会社機関が置かれたり，資本の証券化がなされたりもした。このような，株式会社の特徴を部分的に備えた先駆的企業は，「先駆会社」（フォール・コンパニーエン：vóór compagnieën）と呼ばれる。

　また，株式会社の起源は，1602年に設立されたオランダ東インド会社であると知られているが，これも株式会社の最大の特徴である「全社員の有限責任制」が導入されたのがオランダ東インド会社であったということによる。オランダ東インド会社には，株主総会もなかった。

　そもそも，出資者全員が有限責任であるということには無責任経営のリスクが内在しており，株式会社の設立にはしばらく認可が必要であった。今日の民主的な株式会社の普及は，株式会社を自由に設立できるようにした，19世紀中盤以降にイギリスで進められた改革を契機としている。

❸　会社法と会社法における会社の分類

［1］　会社法制定

　かつての日本の会社形態を規定する法律は，商法，商法特例法，有限会社法といった複数の法律に細分化されていた。これらを再編成し，1つの法律へと一本化する形で2005年に「会社法」が制定され，2006年に施行した。会社法では，合名会社，合資会社，合同会社，株式会社の4つの会社形態について規定されている。

　人々は，企業が供給する製品・サービスを消費して生活しており，また人生設計も企業からの収入を基礎としているのであるから，企業の果たす役割は重大である。しかしながら，日本は，1990年代以降不況が長く続いており，さらにそれ以前から「**新規開業率**」が「**廃業率**」を下回る状況が続いていた。また，日本において，企業数の99％以上，雇用の7割，「**付加価値**」の5割を占めている中小企業の経営状況は

＊新規開業率
特定の期間において，新しく開業した企業数が期首（期間のはじめ）の企業数に対して占める割合。

＊廃業率
特定の期間において，廃業した企業数が期首の企業数に対して占める割合。新規開業率が廃業率を上回れば，企業数は増える。逆に，新規開業率が廃業率を下回れば，企業数は減少する。

＊付加価値
生産活動を通して加えられた価値。素材よりも完成品の方が高値なのは，完成品を生産するまでの過程で価値が加えられたからである。

日本経済にとって重要である（日本の中小企業のデータは，中小企業庁などから入手可能）。

そこで，会社法の制定では，企業の設立を容易にして新規開業率を引き上げ，また中小企業の信用度を高め融資を得られやすくすること等を通して，経済の活性化と雇用の拡大につなげることが目指された。

まず，会社の設立を容易にすることについては，「最低資本金制度」（有限会社300万円以上，株式会社1000万円以上）が廃止され，1円でも会社が設立できるようになった。また，株式会社は，従来，7名以上の発起人と3名以上の取締役を必要としていたが，こちらも1名で設立できることとなった。そのほかに，「**有限会社***」は廃止されて株式会社に統合されたほか，優れたアイデアや技術があれば資金力が乏しくても設立しやすい「合同会社」という新しい会社形態も導入された。

次に，中小企業の信用度については，有限会社の株式会社への統合に伴い，多くの中小企業が株式会社に義務づけられている決算公告に対応しなければならなくなった。そこで，会社法では，信用度が低い中小企業の信用度を高めるために，「**会計参与***」という仕組みが導入された。会計参与は，「会計監査人」を置かない中小企業も，会計の専門家である会計参与の協力を得て決算書類を作成できる仕組みである。

2 持分会社と株式会社

会社法では，「持分会社」と「株式会社」という2つのタイプの会社分類がある。

「持分会社」は，社員の信頼関係と経営能力，そして社員全員による所有と経営を基礎とした会社である。いわば，身近な社員たちの話し合いによる共同事業経営を前提とするため，「経営者は社員でなければならない」，「社員としての地位（**持分***）の譲渡にはほかの社員の同意を必要とする」といった制約がある。こうした特徴ゆえに，持分会社は，「人的会社」とも呼ばれる。持分会社には，**合名会社，合資会社，合同会社***がある。不特定多数の人々から出資を募るための仕組みではないため，持分会社は，出資者を増やす上での制約が大きい。

他方，「**株式会社***」は，不特定多数の他人同士から資本を集め，ルールに基づいて機械的に経営を行うことを基礎とし

*有限会社
➡本章④6参照。

*会計参与
会計参与は，会計の専門家（公認会計士あるいは税理士）でなければならない。会計参与の設置は，任意である。ただし，監査役を設置しない非公開の取締役会設置会社（指名委員会等設置会社と監査等委員会設置会社を除く）においては設置が義務づけられている。

*持分
社員としての地位。出資をする義務や業務を執行したり出資を払い戻したりする権利など，社員としての権利や義務がセットとなっている。持分会社とは異なり，株式会社では株式の譲渡，すなわち社員としての地位の譲渡は原則自由である。

*合名会社，合資会社，合同会社
➡本章④2参照。

*株式会社
➡本章④3参照。

た会社である。出資者は，お互いに顔も名前も住所も知らず，社員への参加も社員からの離脱も自由であるほか，出資者ではない者が経営をしてもよい。利益配当や会社機関設計も，社員の話し合いではなく，ルールを基礎として行われる。このことから，株式会社は，「物的会社」とも呼ばれる。不特定多数の人々から出資を募ることができるように設計されており，無限に資本を集中させることができる。

④　日本の営利企業の形態

［1］　個人企業

「個人企業」は，出資者が1人の企業であり，出資者が自ら経営する企業である。そのため，複数の個人の力を結集する会社と比べて，資金力にも，信用力にも，経営能力にも，限界がある。個人企業の出資者は無限責任を負い，出資者個人の財産と企業の資本の区別が不明確である場合が多い。

2006年に施行した会社法により，出資者が1人でも会社を設立することが可能となった（合資会社は除く）。これを通称「一人会社」という。一人会社は，「**法人***」であり，「自然人」（すなわち，人間）ではない。以下では，日本における法人以外の個人企業の状況をみていく。

個人企業は，売上高は小さいものの，日本にある企業の中で最も多い企業である。総務省と経済産業省の調査によれば，2016年時点で，全国にある企業約386万社のうち，売上高の合計に占める個人企業（法人以外の個人経営の企業）の割合は1.8％にとどまるのに対して，企業数では全体の51％に上る約200万社が個人企業である（総務省・経済産業省『平成28年経済センサス―活動調査（確報）産業横断的集計　結果の概要』2018年，5頁〔2022年3月19日アクセス〕）。

［2］　持分会社

（1）　合名会社

「合名会社」は，社員全員が無限責任社員として経営に参加する企業である。合名会社は，持分会社であるから，持分の譲渡には，社員全員の許可がいる。社員全員が無限責任社員であるがゆえに，出資者を増やす上での障壁が最も大きな会社形態である。

（2）　合資会社

「合資会社」は，社員が無限責任社員と有限責任社員から

＊法人
所有をしたり，契約をしたり，納税をしたりといった人間（自然人）の権利や義務が法的に与えられた存在。つまり法律上，人間と同じようにみなされるもの。

成る企業である。会社法制定以前の合資会社では，有限責任
社員には経営を担当したり，会社を代表したりする権利がな
かったが（旧商法156条），会社法制定後は有限責任社員もこ
れらの権利を有することになった（会社法590条）。とはいえ，
有限責任社員を増加させて事業規模を拡大させることは，無
限責任社員にとっては，自分たちの事業失敗時のリスク負担
ばかりが増大していくことを意味する。このため，合資会社
も，合名会社と同じく，出資者を増やす上での障壁は大き
い。

(3)合同会社

「合同会社」は，株式会社と同じく，社員全員が有限責任
社員の企業である。とはいえ，持分会社であるため，株式会
社とは異なり，利益や議決権の配分等を自分たちで決定でき
る。そのため，合同会社の出資者は，無限責任の負担を回避
しつつ，自分たちに合った形で会社のあり方を決めることが
できる。出資比率が低い出資者への利益配分や議決権配分を
大きくすることもできる。

ただし，合同会社は持分会社であり，社員が身近な者同士
であることを前提とした設計であるから，出資者を増やすこ
とには不向きな仕組みであることに変わりはない。すなわ
ち，株式会社とは異なり，「持分譲渡には社員（あるいは業務
執行社員）全員の承諾が必要である」，「上場ができない」，
「株式を発行できない」といった制約がある。

合同会社は，2005年の会社法制定（2006年施行）で導入さ
れた会社形態である。合同会社は，アメリカにある同様の会
社形態である，"LLC（Limited Liability Company)"をモデル
としていることから，「日本版LLC」とも呼ばれる。

③　株式会社

「株式会社」は，合同会社と同じく，社員全員が有限責任
社員の企業である。合同会社とは異なり，出資者の数を不特
定多数にまで増やし，巨大な事業を有限責任の下で行うこと
ができるように，株式の発行，株式の自由な売買，上場等が
可能である。

株式会社の場合には，見ず知らずの者から出資を募って
も，彼らの権利が保証されるようにする必要がある。他方
で，大きな事業が可能である分，事業が失敗したときの負の
影響は，出資者のみならず，社会で暮らす人々にとってもそ

＊公開会社
株式の譲渡を制限していない会社。すべての株式に譲渡制限がかけられているのでなければ，その会社は公開会社である。これに対して，すべての株式に譲渡制限がかけられている会社は非公開会社という。

＊監査役会設置会社
➡第4章「日本の最高経営組織と企業統治」❶❷参照
＊指名委員会等設置会社
➡第4章「日本の最高経営組織と企業統治」❸参照
＊監査等委員会設置会社
➡第4章「日本の最高経営組織と企業統治」❸参照

れだけ大きなものとなる恐れがある。そのため，株式会社においても，持分会社とは異なる形での厳しい制約が課されている。例えば，出資比率に則った公平な議決権配分義務，決算公告の義務，役員の任期等がある。

　株式会社にも，複数のタイプがある。まず，先述した株式会社の特徴に，株式の自由な売買があったが，すべての株式会社において株式が自由に売買できるわけではない。株式会社には，すべての株式に譲渡制限をかけている「非公開会社」と，そうではない「公開会社*」の2種類がある。

　また，証券市場で自由に株式を売買できる企業を「上場企業」というが，公開会社のすべてが上場企業であるわけではない。公開会社の中には，設立間もない「非上場企業」もある。上場企業の場合には，公開会社としてのルールに加えて，証券取引所の上場規則など，上場企業としてのルールにも対応することが求められることになる。

　ルールを基礎とするとはいえ，会社機関設計も一律ではない。例えば，日本の大規模な公開会社には，①「監査役会設置会社*」，②「指名委員会等設置会社*」，③「監査等委員会設置会社*」の3つのタイプがある。3つのタイプの間には，「監査役がいるのは監査役会設置会社のみである」，「指名委員会等設置会社の場合には指名委員会の設置が法律で義務づけられている」，といった違いがある。とはいえ，「株主総会と取締役会の設置が法律で義務づけられている」といった，どのタイプにも共通する要素もある。

4　日本企業の各会社形態の採用状況

　持分会社の中でも，無限責任社員の負担が大きい合名会社と合資会社は，無限責任社員がいない合同会社と比べて極めて少ない。

　他方，合同会社の場合には，社員全員が有限責任であるという株式会社と共通する要素があると同時に，株式会社にはない持分会社特有の要素も備わっている。そのため，不特定多数の人々からの出資を目指す等の理由がない場合には，経営の自由度が高く，また決算公告義務もない合同会社を選択する場合はある。例えば，アップルやアマゾン，グーグル等のように外国企業が日本で子会社を設立する場合や，資金力のない技術者や芸術家などを出資者に加える場合等である。

　とはいえ，出資や売却，買収のしやすさ，また厳しい規制

に則るがゆえの信用度の高さ等のほか，かつては日本の会社
数の中で最も多かった有限会社が会社法制定により廃止され
たこともあり，今は株式会社が最も多い会社形態となってい
る。2019年の国税庁の調査によれば，日本の法人数合計約
276万社に占める各会社形態の割合は，合名会社0.1%，合資
会社0.5%，合同会社4.1%，株式会社92.8%であり，株式会
社形態が圧倒的多数を占めている（国税庁長官官房企画課『令
和元年度　会社標本調査結果：調査結果の概要』2021年，14頁
〔2022年3月19日アクセス〕）。

5　有限責任事業組合

　合同会社は，「日本版LLC」と呼ばれるものの，アメリカ
のLLCとは異なり，LLC本体への法人課税であり，構成員
課税（「パススルー課税」）を選択することができない。そこ
で，合同会社の導入に合わせて，構成員課税であり，なおか
つLLCと同様の仕組みをもつイギリスの「有限責任事業組
合」（Limited Liability Partnership, LLP）が日本でも導入され
た。
　有限責任事業組合は，法人ではないため，合同会社とは異
なり法人税は課されない。他方で，有限責任事業組合は，合
同会社と同じく，経営の自由度が高く，またその名の通り，
構成員（組合員）は全員有限責任である。そのため，有限責
任事業組合は，優秀な人材や企業同士が協力し合って新しい
事業に挑戦する際等に向いている。
　なお，有限責任事業組合は，名称にこそ「組合」とついて
いるが，営利目的で共同事業を営むための組織である。その
ため，組合員の相互扶助を目的とした後述する協同組合とは
性格が大きく異なっている。

6　廃止された会社形態

　かつて存在したが，今は廃止された会社形態もある。「株
式合資会社」は，合資会社と同じく無限責任社員が経営を担
当するが，経営を担当しない有限責任社員サイドで株式を自
由に売買できるようにすることで，合資会社よりも資本集中
の可能性を高めた会社形態である。日本では，1950年の商法
改正により廃止されたが，ヨーロッパなどには今でも存在す
る。
　また，2005年の会社法改正により廃止された会社形態に，

＊特例有限会社

既存の有限会社は，有限会社制度廃止後も，従来通りそのまま存続することができる。法律上は株式会社として扱われるが，役員の任期がなかったり，決算公告が不要であったりといった，有限会社のメリットはそのまま享受できる。ただし，商号には「有限会社」の文字を使用し続けなければならず，また株式の譲渡にも有限会社と同じく制限がある。

＊ロッチデール原則

ロッチデール公正開拓者組合がその経営の基とした原則。①一人一票の民主的運営，②自由加入制，③剰余金の固定配当，④固定配当後の剰余金の利用率に基づく分配，⑤現金取引，⑥混入物のない純粋な商品の販売，⑦組合員教育，⑧政治的・宗教的中立から成る。

「有限会社」がある。有限会社は，株式会社の利便性を中小企業にも取り入れようとして導入されていた制度であったが，株式会社の設立容易化に伴い廃止された。なお，既存の有限会社は，「**特例有限会社**」として存続することとなったが，新規に特例有限会社を設立することはできない。

⑤　日本の非営利企業の形態

1　協同組合

　協同組合は，加入者（組合員）同士の相互扶助を目的として設立される事業組織である。いわば，利用者が出資者である。「一人一票の原則」の下で意思決定が行われ，利用者の便益の向上が目指される。利用者に還元する便益は，事業成果の配分のみならず，組合員の教育等も対象としている。

　協同組合は，19世紀に，経済的弱者である労働者や消費者たちが，経済的強者である資本家に対抗するために生み出した事業組織である。中でも，1844年にイギリスのロッチデールで設立されたロッチデール公正開拓者組合の経営原則は，「**ロッチデール原則**」として，今日の世界中の協同組合の経営原則の起源として知られている。

　日本にも，JA（農業協同組合）や生協（生活協同組合）等，様々な協同組合がある。生協は，「コープ」として知られるが，このコープは，協同組合を表す英語「co-operative」の略語である。日本には，すべての協同組合を包括的に規定する一本化した法律はなく，事業内容などに応じて異なる法律で定められている。

2　相互会社

　相互会社は，保険業法で規定された，保険事業を営む企業にだけ認められた企業形態である。相互会社は，保険事業の根幹である加入者同士の相互扶助の精神に基づいて設計されている。協同組合と同じく相互会社も，利用者が出資者であり，つまり保険加入者が社員である。

　相互会社の最高意思決定機関は，社員総会であり，社員は支払保険料に関係なく一人一票の議決権をもつ。しかし，一人一票という仕組みの維持は，加入者が数百万人以上にも上る場合には現実的に不可能である。そのため，社員総会ではなく，社員を代表して，各自一票の議決権をもつ「総代」たちが意思決定をする，「総代会」の設置が認められている。

現実のすべての相互会社は，総代会を設置している。

　保険会社は，戦前までは株式会社を中心としてきた。しか
し，戦後，生命保険会社が相次いで経営危機に陥ると，
GHQ*の指導もあり，多くの生命保険会社が相互会社化し
た。現在は，1990年代後半以降の保険業法の改正により，相
互会社の株式会社化が解禁されたことから，株式会社化する
相互会社も増えている。

＊GHQ
連合国軍最高司令官総司令
部。敗戦した日本の占領政
策を実施した機関。

3　非営利組織（NPO）

　民間の非営利企業は，相互会社のように，利用者同士の相
互扶助のために営まれる企業だけではない。すなわち，自分
たちのためではなく，世の中の不特定多数の人々のために，
事業を営む組織もある。つまり，社会全体の公益を目指して
活動する組織もある。

　「非営利組織」（Non-Profit Organization: NPO）は，公企業と
も公私合同企業とも異なる，民間の市民活動組織である。
NPO は，国家等の介入を受けることなく，民間人が自発的
に設立し，民間人が自律的に運営する。また，その活動は，
公益を組織の使命（ミッション）として活動する点で，協同
組合等とは本質的に異なっている。

　「NPO 法人」は，日本の NPO の代表的形態である。NPO
法人は，1998年に成立，施行された「特定非営利活動促進
法」（略称 NPO 法）に基づいて設立される法人である。日本
では，1980年代以降の公益事業の民営化*の加速，また1995年
の阪神・淡路大震災でのボランティアの活躍等を背景に，
NPO の活躍を促すための制度改革が進められている。

＊民営化
➡第 2 章「日本の公企業と
公益事業」③ 2 参照。

　NPO 法人は，その制度創設以降急増し，1998年の創設か
ら20年が経過した今では 5 万法人を超えている（内閣府 NPO
ホームページ「認証・認定数の遷移」2022年 3 月25日アクセス）。
NPO 法人は，事業を通して社会的課題の解決を目指す社会
的企業*でも活用されている。

（村田大学）

＊社会的企業
➡第15章「社会的課題と社
会的企業」 2 参照。

第 2 章

日本の公企業と公益事業

　　たとえ儲からない事業でも，世の中に必要な事業であれば，誰かがこれに取り組まなければならない。そして，人々の生命の危機に直結するような事業の場合には，事業が一個人の都合に左右されるという事態を避けねばならない。つまり，事業のすべてを民間任せにすることは危険である。このような観点から，世の中のためになされるべき事業，いわゆる公益事業は，民間ではなく政府主導で営まれてきた。本章では，政府が出資する企業について検討する。

１　公企業の特徴と分類

［1］　公企業の特徴

　　政府が出資する企業は，政府全額出資の「公企業」と政府部分出資の「公私混合企業」（「公私合同企業」ともいう）に大別される。公企業という言葉は，広義には政府出資の企業全般を指し，狭義には政府全額出資の企業のことを指す。本章では，広義の公企業，つまり政府出資の企業全般について検討していく。

　　公企業（公私混合企業含む，以下同じ）は，一般的に以下の特質をもつといわれる。

①公的所有　　公企業には，国や地方自治体といった行政機関が出資している。政府全額出資の場合には公企業，政府部分出資の場合には公私混合企業である。

②公共目的　　公企業は，「**公共の福祉**[*]」（社会全体の利益）の増進を目的に経営される。なお，近年は，公共の福祉に代わって，「公益」という言葉が用いられるケースが増えている。

③公的規制　　公企業には，公共の福祉の増進を目的とした規制が課される。「参入障壁」を設けて，公企業による独占があえて認められている場合もめずらしくない。これは，独占の方が自由競争よりも公益に資するとの判断からである。

④独立採算制　　公企業は，経営の自主性をもち，活動の継続や拡大に必要な財源も，原則，自らの経営努力

＊公共の福祉
公共の福祉の考え方には，個人の幸福なくして社会の発展は築かれないとの前提がある。日本に公企業が登場した明治には，法律でも「公共の福祉」という用語が用いられていた。しかし，戦後は，個人の人権の制約原理として，憲法解釈も含めた重要な意味をもつ言葉として用いられるようになった。

で確保しなければならない。

　⑤生産性　公企業には，生産性を向上させていくこと
　　が求められる。生産性の向上は，事業の継続と拡大に
　　必要な収益性の面だけでなく，サービスを利用する
　　人々の生活負担を抑えるためにも大切である。

　このように，公企業は，公共の福祉を追求する性質（「公共性」）と企業としての性質（「企業性」）を併せもつ。ただし，あくまで公共目的が主軸であり，この特質が私企業と本質的に異なっている。

　とはいえ，公企業の経営状況は，公共の福祉に直結する。収益性の確保や生産性の向上に失敗することは，利用価格の上昇や，さらに状況次第では事業の停止につながる。公企業の事業は，市民一人ひとりの生活に欠かせない事業が多く，非効率な経営が人々に及ぼす影響は甚大である。

［2］　公企業の分類

　公企業は，概念上は，①「行政企業」，②「公共企業体」，③「公私混合企業」に大別される。

　行政企業は，独立した法人格をもたず，公的機関の一部分として運営される公的機関そのものである。法人格はもたないものの，独立採算制を原則とし，一定の経営の自律性が認められている。

　公共企業体は，事業を営む政府全額出資の法人である。ただし，公共企業体の実態は，個々の状況に合わせて制定される特別法を根拠とするため，実際には政府の出資比率を含めてある程度の多様性がある。なお，公共企業体は，「公共法人」とも呼ばれるが，「公共法人」は，日本の税法上は法人税を納める義務がない法人のみに限定される。

　公私混合企業は，事業を営む政府部分出資の法人である。公益事業に，民間の資金や経営ノウハウを活用するために設立される。現代社会の発展は，民間企業の成長によってもたらされたものである。今日では，出資以外の面でも民間企業の力を活用する動きが高まっている。

　以上はあくまで概念上の分類であり，実在する公企業は，出資比率などの統一的な指標で明確に分類できないものが多い。公共の福祉は多種多様な要素から成るため，各公企業のあるべき姿も取り組む課題ごとに変化する。このことから，各公企業を統一的に規定する法律はなく，個別の法律に基づ

いて規定されてきた。

　そのため，公企業の場合には，同じ名称が部分的についていたとしても，出資比率や経営の自由度などは一様ではない場合もある。さらに，公益事業への民間の力を取り入れるための多種多様な制度が相次いで導入されている。このような中で，統一的基準に基づいて，各公企業を系統立てて整理，分類することはますます難しくなっている。

② 公益事業の性質と公企業の役割

［1］ 公益事業

　「公益事業」は，社会全体の利益である公益を目的とする事業である。公益事業には，電気やガスなど誰もが必要とする生活基盤を提供するものもあれば，芸術や文化，慈善など，より特定の分野や課題に特化したサービスを提供するものもある。

　公益事業のうち，民間に委ねることで世の中に不利益がもたらされるものは，政府による介入が必要である。介入の仕方は，厳しい規制を設ける方法や政府自らが事業を営む方法等がある。公企業とは，政府自らが事業を営む方法に該当する。

［2］ 公企業が担ってきた公益事業の性質

（1）必需性

　「必需性」は，人々の生活に必要不可欠である性質あるいはその程度を指す用語である。人々の生命や最低限度の生活の維持に直結する電気，ガス，水道などは必需性が極めて高い事業である。

　必需性の高い，つまり収益性に関係なく，誰でもいつでもどこでも平等に利用できる状態を保つ必要がある事業は「ユニバーサルサービス」と呼ばれる。ユニバーサルサービスは必ず維持する必要がある事業である。そのため，電気，ガス，水道などの公共料金では，コストを利用価格に上乗せする「**総括原価方式**[*]」が採用されてきた。

（2）公衆性

　「公衆性」は，社会全般の人々が利用する性質あるいはその程度を指す用語である。公衆性は，必需性と表裏一体である。つまり，必需性が高い事業は，必然的にそれだけたくさんの人々が利用することになり，逆もまた然りである。

＊総括原価方式
サービスの供給にかかった費用に適正利潤を上乗せして利用料金を設定する方式。安定して事業を継続できる反面，必ず利潤を得られる仕組みであるため，経営努力を怠る恐れもある。なお，適正利潤は，利息や配当の支払いなど，事業継続に必要な利潤であって，超過利潤（いわゆる儲け）ではない。

(3)　即時性

「即時性」は，すぐに対応しなければならない性質あるいは程度を指す用語である。水道光熱や交通は，必要が生じたときにすぐに利用できなければ意味をなさない事業であるから即時性が高い事業である。特に，災害等でユニバーサルサービスの供給が急遽停止してしまった際には，早期復旧が急務となる。

(4)　自然独占性

「自然独占性」は，政府が介入することなく民間企業に自由に競争をさせた場合に，独占が自然に発生しやすい性質あるいはその程度を指す用語である。ユニバーサルサービスは，独占を築いたものが半永久的に安定して収益を得られる性質を備えていることから，自然独占性が高い事業である。これは以下の理由により，規模を最も大きくできた企業がほぼ確実に独占を実現することができ，また独占企業に勝る規模を新規参入企業が後から実現することはまず不可能だからである。

①規模の経済

　　総じて，ユニバーサルサービスの場合には，消費者が求めるのは，品質の違いではなく，均質商品の安価な安定供給である。つまり，「普通に使えればよい」のであり，実際に電気やガスといった公共料金の支払いで消費者が関心をもつのは，値段である。

　　均質商品の値下げは，巨額の設備投資さえできれば，「**規模の経済**[*]」によるコストカットによって容易に実現可能である。つまり，1カ所に設置した巨大設備で大量生産できるのであれば，複数の場所にいくつも設備を設置する必要はなく，その分コストを低く抑えることができる。

②ネットワーク外部性

　　利用者をつなぐネットワークが拡大すればするほど，その製品・サービスの便益が高まる性質を，「ネットワーク外部性」という。ユニバーサルサービスは，強いネットワーク外部性を備えている。例えば，誰にもつながらない電話や隣町にしか行くことができない電車よりも，誰にでもつながる電話やどこまでも行くことができる電車の方が，利用者にとって便益が高いことは明らかである。

＊規模の経済
➡第1章「日本企業の諸形態」❷ ⃞1⃞参照。
1つの生産設備だけでも巨額な投資が必要である業界（電気やガス等）においては，できるだけ少ない生産設備でできるだけたくさんの生産量を確保することが求められる。

規模の経済もネットワーク外部性も，規模を大きくすることで競争力を高めることができる効果という点では，共通している。しかしながら，規模の経済はコストを下げる効果であり，サービスの価値そのものを高める効果であるネットワーク外部性とは異なっている。

自然独占性が強い市場では，競争の先には，「勝者総取りで敗者には何も残らない」という結末が待ち受けている。であるから，競合企業の間では，採算を度外視してでも熾烈な競争が行われることになる。規模の経済とネットワーク外部性を獲得すべく，巨額の設備投資が行われ，世の中の有限な資源が大量に投入されることになる。

しかしながら，この競争は，競争に勝利した独占企業以外には破滅的な結果をもたらすことになる。敗者の企業は膨大な設備投資費用を回収することができない。また，企業同士が競い合って設立した多くの設備が，不要な重複設備として世の中に残される。さらに，ユニバーサルサービスの場合には，その独占は，人々が最低限度の生活を送ることができるか否かも，生き残った独占巨大民間企業一社に左右されるようになってしまうことを意味する。

このような結果が目に見えているのであれば，最初から政府が独占的に事業を行った方がよい。つまり，民間企業の参入を規制し，政府が統制する公企業による独占をあえて認めるのである。このことから，自然独占性が強いユニバーサルサービスは，公企業によって独占的に担われてきた。

＊市場の失敗

本来，買う側（需要）と売る側（供給）双方の都合が合致しないと取引は成立しない。であるから，取引が行われる市場では，政府が介入しなくても，買う側と売る側双方にとって最も望ましい形で取引がなされるはずである。しかし，例外もある。例えば，生活必需品を購入する選択肢が1社しかない場合には，値段が高くても消費者はその企業から購入するしかなく，売る側ばかりに都合がよい取引が行われることになる。

③　市場の失敗と公的規制

公益事業を公企業に独占的に運営させるのは，公益事業を民間の手に委ね，規制のない自由な市場に任せておくと，かえって生活に必要なサービスを十分に享受できない人々が増えてしまうからである。つまり，市場のメカニズムに任せてもうまくいかないので，この**「市場の失敗＊」**を補うために政府が介入するのである。

政府が自由な市場競争を制限することを「公的規制」という。公的規制には，市場への参入を制限する「参入規制」，価格を適正な状態に保つための「価格規制」，安定供給を維持するための「退出規制」，無謀な投資を避けるための「投資規制」，等様々なものがある。公企業に独占的に事業を営ませることは，公的規制を用いた政府介入政策の代表的な例

である。

③　公益事業改革の背景とその手法

1　公益事業改革の背景

(1)　「政府の失敗」

　市場への政府介入は，「市場の失敗」を回避するために行われるが，政府介入にも問題がないわけではない。例えば，政府が背後にいるため倒産のリスクがなく，経営効率を高めようとする意識が生じにくい。市場を独占している場合には，競争相手もいないため，なおさらである。それゆえに，サービスの利便性は向上せず，また価格も割高となりがちである。そもそも，法律による規制が厳しいため，新しい技術の導入等には障壁が生じやすい。

　また，既得権益を守るために，公的規制や助成政策に携わっている政治家らとの癒着が起こりがちである。既得権者たちの権益を守るために政治に働きかける，「**レント・シーキング***」といわれる活動が盛んに行われるようになる。この活動にあてられた経費は無論，サービス向上のための支出ではないため，利用者には還元されない。

　これらの政府介入による弊害は，「市場の失敗」に対する言葉で，「政府の失敗」と呼ばれる。「政府の失敗」は，1970年代の「**オイルショック***」を受けて先進各国が経済停滞に陥って以降，世論の強い批判を浴びるようになった。このような中で，公企業の経営合理化に対する関心が高まった。

(2)　「市場の失敗」の回避を可能にした状況変化

　公益事業への政府介入は，「市場の失敗」を回避するという合理的な理由があって進められてきたが，1970年代末以降は，この状況に大きな変化が生じるようになる。

　まず，第1に，経済学の研究の進展により，すべての独占に市場メカニズムが機能しないわけではないことが明らかとされていった。この成果は，独占市場であっても，参入と退出が容易な市場であれば，潜在的な競争状態にあるため，独占企業の横暴を抑制することができるとする，「**コンテスタブル・マーケット理論***」の研究の進展によりもたらされた。

　第2に，経済発展とともに，高い競争力を備えた民間企業が増えてきたことがある。民間企業の優れた技術力や経営ノウハウを公益事業に導入できれば，サービスの質や経営効率も高めることができる。また，公企業と競わせることができ

*レント・シーキング
利権を求めて活動すること。政治家などに働きかけて，法制度等を，自社に都合がよい形に変更させようとする活動等を指す。利用者の利益にならない活動に資源を投じることを意味するため，回避されるべきとみなされている。

*オイルショック
1970年代に2度発生した，産業や社会の「血液」といわれる石油の価格が急騰し，世界経済が混乱した出来事。日本の高度経済成長期も1973年にはじまった第1次オイルショックにより終焉した。

*コンテスタブル・マーケット理論
独占下であっても，競争が可能な市場（contestable market）であれば，独占による弊害が生じないとする理論。参入も撤退も容易な市場においては，独占企業が経営努力を怠れば，より優れた企業が参入して，独占企業を打ち負かすようになる。競争が可能な市場にするには，参入障壁を除去する等の規制緩和が必要である。

＊産業融合

＊産業融合

規制緩和や技術革新等の状況変化を背景に，従来競合しなかった業界同士の垣根が薄れ，一体化していく現象。ガス会社と電力会社はかつて競合関係になかったが，規制緩和や技術革新を背景に，現在は競合関係にある。利用者を得るための競争が激化し，各社は利用者の便益の向上を目指して努力するため，利用者にとってメリットがある。

＊競争原理

競争では，優れたものが勝ち，劣ったものが負けるという原理。競争下に置かれた企業は，生き残るために価格や内容面などでより優れたサービスを提供しようと努力することになるため，競争は利用者にメリットをもたらす。

＊教条主義

特定の思想や方法等を，物事の状況や性質の違いに関係なく，すべてにそのまま当てはめようとする考え方や態度。状況に応じた修正や弾力的な対応の必要性を，科学的に確かめることなく，不要であると盲目的に信じる態度。

れば，より安価で高品質な商品が開発され，消費者にもメリットがもたらされることになる。

そして，第3に，技術革新とともに，業界間の垣根が失われる「**産業融合**」が様々な業界で急速に進行し，異業種間での競合が加速していることである。つまり，業界の垣根が競合関係の境目を意味するものではなくなってきた。例えば，今日では，鉄道は自動車や飛行機などと競合しているし，またガスと電気も互いに競合するようになった。

つまり，1980年代以降，公企業による独占市場を民間に開放し自由に競争させる余地が大きく拡大したのである。こうした状況変化があり，1980年代以降は，先進各国で公益事業に民間の力を取り入れたり，また市場の「**競争原理**」を取り入れたりする形で，公益事業改革が急速に進められてきた。

(3) 新自由主義

1980年代以降，政府介入を縮小する政策が，アメリカとイギリスで大きな成功を収めたこともあり，世界各国へと拡がった。当時の政権リーダーの名前から，アメリカの政策は「レーガノミクス」（当時はレーガン大統領），イギリスの政策は「サッチャリズム」（当時はサッチャー首相）と呼ばれる。こうした政府介入縮小政策あるいはその理念は，総じて「小さな政府」や「新自由主義」と呼ばれ，今も世界的に広く知られている。これらの言葉は，世間ではしばしば「すべてを市場競争に委ねるべき」といった**教条主義**的意味合いをもって用いられる。

しかしながら，公的規制が緩和されるのは，(2)で述べたように，あくまで緩和が適切であると状況から見て「科学的に」判断された場合に限られる点には注意が必要である。多くの業界で規制緩和が進んだのは，規制緩和をすべきであると判断された業界が増えた結果に過ぎない。実際に，規制を緩和すべきでないと判断されたものについては，緩和はされていない。例えば，日本の電力業界では，発電と小売は自由化されたが，電気の安定供給という公益の確保のために，送配電部門は参入が制限されている。

2　公益事業改革の手法と用語

(1) 民営化と規制緩和

公益事業改革は，「民営化」（privatization）と「規制緩和」（deregulation）を中核として進められてきた。民営化は，公

益事業の運営を民間に委ねることである。規制緩和は，公益事業の競争制限を緩和することであり，「自由化」（liberalization）ともいう。つまり，①民間の力と②競争原理の活用により，公益事業のパフォーマンスを向上させることが目指されてきたのである。

　この場合，民営化あるいは規制緩和を，どの事業で，またどの程度行うべきであるのかを，状況に応じて適切に判断することが求められる。実際には，先述した，経済学研究の知見や状況変化の観察を踏まえて，専門家や政治家たちが意見を寄せ合いながら，公益に資するように慎重に判断されている。

(2)　構造分離

　事業の全体ではなくその一部分のみを改革すべきとの判断に至った場合には，改革をする部分とそうでない部分を区別し，異なる対応がとられることになる。事業の組織や施設，業務等を分離・分割することは，「構造分離」（structural separation）と呼ばれる。

　分社化など，組織の再編を伴う構造分離は，「**アンバンドリング**」（unbundling）*，あるいは「**リストラクチャリング**」（restructuring）* と呼ばれる。例として，日本国有鉄道は，1987年に JR 東日本や JR 北海道など地域ごとに分割され，民営化された。

　また，組織が保有する経営資源を他社に譲渡することは「ダイベスティチャー」（divestiture）と呼ばれる。これは，政府所有の設備を民間業者に譲渡する場合等が当てはまる。

(3)　PPP

　官と民の分離ではなく，「官民パートナーシップ」（public-private partnership，PPP），すなわち官と民の連携という視点から進められる改革もある。公益事業の実施プロセスに民間の力，特に資金を積極的に活用する方法に，"**PFI**"* がある。PFI は，行政が契約によって公益事業を民間事業者に長期間にわたって包括発注し，民間主導で公共サービスを提供する仕組みである。このうち，公共施設等の所有権を行政に残したまま運営権を付与する仕組みは，「コンセッション方式」として知られている。

　PPP においては，税金を含め利用者の支払いに対して最大限の価値を提供するという "VFM"（Value for Money）の理念が重視されている。VFM の観点からは，民間を活用した方がそうでない場合よりも，少ない支払いで同等以上のサー

*アンバンドリングとリストラクチャリング
事業も組織も，複数のより小さな要素（業務，部門，設備など）からなる一種の束のようなものである。「アンバンドリング」とは，この束をばらばらにほどいていくことからきている。なお，このほどく作業を含め，組織の再編は，利用者の便益の向上を含め，事業全体をよりよいものへと再構築するために行われる。このことから，「アンバンドリング」は，「リストラクチャリング」（事業の再構築）とも呼ばれる。

* PFI（Private Finance Initiative）
PFI には，①設計，建設，管理，運営など幅広い業務の包括発注，②長期契約，③民間による資金調達（行政ではなく民間が事業に必要な資金を調達する）といった特徴がある。1999年に PFI 法が制定されたことで，導入が制度的に可能となった（ただしコンセッション方式の導入は2011年）。

ビスが受けられる場合に，PPP が推奨されることになる。

３　日本の公益事業改革

　日本でも，1980年代以降，公益事業改革が急速に進められてきた。日本電信電話公社（現 NTT 各社），日本専売公社（現 JT），日本国有鉄道（現 JR 各社），日本航空，道路公団（現 NEXCO 各社），日本郵政公社（現日本郵政等）等，国の公企業の多くが民営化されてきた。

　従来公企業が独占してきた，電力とガス業界でも，構造分離を活用しながら，規制緩和が進められている。電力とガス業界は，いずれも，製造，供給，販売（小売）の各部門から成る。そして，いずれも，巨大な供給設備（電力であれば送電線，ガスであれば導管）を必要とする供給部門が特に「自然独占性」が高い業界である。

　そのため，電力業界とガス業界での規制緩和においては，巨大な供給設備を保有する既存企業が新規参入業者に対して圧倒的に有利な状況に立つことがないよう，工夫が取り入れられている。すなわち，自由化は製造部門と販売部門に限られるほか，独占が維持される供給部門に対しては他部門との兼業を禁止する等，厳しい規制が課せられている。

　また，公益性を担保するために，政府出資が義務づけられている企業もある。例えば，NTT，JT，高速道路6社，日本郵政等では，株式の3分の1あるいはこれを上回る政府出資が義務づけられている。なお，外国人への出資規制が課せられているものもあり，例えば，NTT では，外国人は3分の1未満までしか株式を保有することはできない。

　このように，公益性を担保するために，状況に応じて民営化や自由化の程度には制約もあるものの，概ね，民営化と自由化を進める方向で改革が進められてきた。また，PPP を推進すべく，PFI やコンセッション方式の実施を可能にする法制度改革も進められてきた。

④　日本の公企業の分類

１　国の公企業

(1)　政府現業

　「政府現業」（「現業」ともいう）は，国が営む行政企業である。国の一般会計とは区別して企業特別会計に指定され，独立採算を経営原則とする。かつては複数の現業があったもの

の，2013年に最後の現業であった国有林野事業（農水省林野庁）が一般会計化されたことにより，なくなった。

(2)　独立行政法人

「独立行政法人」は，1990年代後半に導入された新しい制度である。法人格を有しているものの，独立採算制を前提とせず，行政組織の業務執行機関という位置づけである。そのため，独立行政法人は，公企業としての分類が難しい制度である。

2021年4月現在，87もの独立行政法人があり（総務省「独立行政法人一覧（令和3年4月1日現在）」2022年3月29日アクセス），その数は後述する特殊法人よりも多く，2倍以上に上る。多様な事業が，独立行政法人によって担われている。JETRO（日本貿易振興機構），JICA（国際協力機構），造幣局，GPIF（年金積立金管理運用独立行政法人），国立公文書館，国立科学博物館，国立美術館，大学入試センター，日本学生支援機構，日本学術振興会，UR（都市再生機構）等がある。

(3)　特殊法人

「特殊法人」は，特別法に基づいて設立される法人であり，経営の自主性が認められている。多くの特殊法人は株式会社形態を採用している。2021年4月現在，33もの特殊法人が存在する（**資料2-1**）。

特殊法人には，様々な名称のものがある。

「公社」の名称がついた特殊法人は，今は存在しないが，NTT各社，JR各社，JT（日本たばこ産業）はかつて公社であった。

「公団」の名称がついた特殊法人も，今は存在しないが，高速道路を運営するNEXCO各社はかつて公団であった。

「事業団」もかつては多くあったが，国が所管する事業団は，日本私立学校振興・共済事業団のみが残っている。

これらのほかにも，銀行（国際協力銀行），公庫（例，日本政策金融公庫），金庫（例，商工組合中央金庫）等の名称がついたものがある。

日本年金機構，NHK（日本放送協会），日本中央競馬会，放送大学学園も特殊法人である。

特殊法人は，国の公共企業体の代表例としてしばしば扱われる。日本政策金融公庫や国際協力銀行等は，政府の出資比率を100％とすることが法律で定められている。ただし，民営化が進む中で，NTT各社，日本郵政，日本郵便等，民間

資料2-1　所管府省別特殊法人一覧

内閣府(2)
　沖縄振興開発金融公庫，沖縄科学技術大学院大学学園

総務省(6)
　日本電信電話株式会社（NTT），東日本電信電話株式会社（NTT 東日本），西日本電信電話株式会社（NTT 西日本），日本放送協会（NHK），日本郵政株式会社，日本郵便株式会社

財務省(5)
　日本たばこ産業株式会社，株式会社日本政策金融公庫，株式会社日本政策投資銀行，輸出入・港湾関連情報処理センター株式会社，株式会社国際協力銀行

文部科学省(2)
　日本私立学校振興・共済事業団，放送大学学園

厚生労働省(1)
　日本年金機構

農林水産省(1)
　日本中央競馬会

経済産業省(3)
　日本アルコール産業株式会社，株式会社商工組合中央金庫，株式会社日本貿易保険

国土交通省(12)
　新関西国際空港株式会社，北海道旅客鉄道株式会社（JR 北海道），四国旅客鉄道株式会社（JR 四国），日本貨物鉄道株式会社，東京地下鉄株式会社（東京メトロ），成田国際空港株式会社，東日本高速道路株式会社（NEXCO 東日本），中日本高速道路株式会社（NEXCO 中日本），西日本高速道路株式会社（NEXCO 西日本），首都高速道路株式会社，阪神高速道路株式会社，本州四国連絡高速道路株式会社（JB 本四高速）

環境省(1)
　中間貯蔵・環境安全事業株式会社

（注）　1：（　）内は法人数（2021年4月1日時点）。
　　　　2：複数府省共管の特殊法人は，主たる所管府省にのみ掲げている。
（出所）　総務省「所管府省別特殊法人一覧（令和3年4月1日現在）」（2022年3月29日アクセス）を一部加筆・修正。

＊認可法人
特別の法律に基づいて，行政の認可の下に設立される法人。日本銀行は，日本銀行法に基づいて設立された認可法人であり，公益の観点から，出資や配当等の面で厳しい規制が課されている。ほかに，日本赤十字社法に基づく日本赤十字社等も認可法人である。

出資が大幅に入った特殊法人も少なくない。いわゆる公私混合企業である。なお，法的位置づけは特殊法人ではなく「**認可法人**＊」であるが，日本銀行も半官半民の法人である。

［2］　地方自治体の公企業
（1）　地方公営企業
　「地方公営企業」は，地方自治体が営む行政企業である。電気，ガス，上下水道，病院，交通，港湾整備，宅地造成に係る事業等，多種多様な事業を手掛けている。中には，事業全体の100％近くが，地方公営企業によって営まれている事業もある（**資料2-2**）。

資料 2 - 2　民営も含めた事業全体に占める地方公営企業の割合（2019年度時点の情報）

事　業	項　目	全事業 (A)	公営企業分 (B)	(B)／(A) (%)
水　道	現在給水人口	1 億2456万人	1 億2402万人	99.6
工業用水道	年間総配水量	43億 5 百万 m³	43億 3 百万 m³	99.9
鉄軌道	年間輸送人員	251億90百万人	25億99百万人	10.3
自動車運送	年間輸送人員	45億32百万人	8 億59百万人	19.0
電　気	年間発電電力量	8631億86百万 kWh	80億43百万 kWh	0.9
ガ　ス	年間ガス販売量	1 兆7146億 1 百万 MJ	273億75百万 MJ	1.6
病　院	病床数	1529千床	172千床	11.2
下水道	汚水処理人口	1 億1636万人	1 億522万人	90.4

（出所）　総務省「令和元年度地方公営企業決算の概況　第 1 編令和元年度地方公営企業決算の概要　第 1 章総論」 6 頁，2022年 3 月29日アクセス。

(2)　地方独立行政法人

「地方独立行政法人」は，地方自治体が所管する独立行政法人である。2003年に制定された地方独立行政法人法に基づいて設立，運営される。2020年 4 月時点で，150の地方独立行政法人がある。水道事業などの地方公営企業が対象とする事業も行ってよいとされているが，地方公営企業が対象とする事業を行っている独立行政法人61法人の事業はすべて病院・医療事業である（総務省「地方独立行政法人の設立状況（令和 2 年 4 月 1 日現在）」2022年 3 月30日アクセス）。

(3)　地方公社

「地方公社」は，地方自治体が設立する公共企業体である。住宅供給，道路，土地開発の事業を手掛ける各公社（地方住宅供給公社，地方道路公社，土地開発公社）は，「地方三公社」と総称される。2021年 3 月末時点で，全国には688の地方三公社がある。その内訳は，地方住宅供給公社が37，地方道路公社が30，土地開発公社が621である（総務省「第三セクター等の状況に関する調査結果（令和 3 年 3 月31日時点）」1 頁，2022年 3 月31日アクセス）。

(4)　第三セクター

「第三セクター＊」は，地方自治体の公私混合企業である。セクターとは区分のことであり，第三セクターは，公企業（第一セクター），私企業（第二セクター）に次ぐ， 3 番目の区分ということである。第三セクターは，地方自治体の出資比率が25％以上の企業を指す場合が多い。

　地域公益事業への民間資本の活用を促す狙いもあって，1980年代に，地方自治体出資の公私混合企業が盛んに第三セ

＊第三セクター
日本では，公企業，私企業に次ぐ第 3 の区分として，（地方自治体が出資する）公私混合企業のことを指す。他方，海外では，「第三セクター」とは，NPO 等の市民団体のことを指す。海外では，市民団体が，政府や民間企業に次ぐ存在として扱われるほど，影響力が大きいことによる。日本では，市民団体は，第四セクターとも呼ばれる。

＊一般財団法人
絵画や著書や人形など，集められた財産に法人格を与えた非営利組織。設立時には，300万円以上の財産を必要とする。財産そのものは人間（自然人）ではないので，理事や評議員など，7名以上の人間が必要である。

＊一般社団法人
人の集団に法人格を与えた非営利組織。財産活用を目的とした一般財団法人とは異なり，2名以上で設立でき，資本金も不要である。

クターと呼ばれるようになった。そのため，国が出資する公私混合企業も第三セクターと呼ぶ場合があるが，これはあまり一般的ではない。

　第三セクターは，株式会社などの営利法人のほかに，「**一般財団法人**＊」や「**一般社団法人**＊」といった「**非営利法人**」である場合もある。営利法人の例としては，株式会社札幌ドーム，株式会社東京国際フォーラム，多摩都市モノレール株式会社等がある。非営利法人の例としては，一般社団法人富士見町開発公社，一般社団法人東八甲田ローズカントリー等がある。2021年3月末時点で，6461もの第三セクターが存在しており，営利法人（3355法人）と非営利法人（3106法人）がそれぞれ半数を占めている（総務省「第三セクター等の状況に関する調査結果（令和3年3月31日時点）」1頁，2022年3月31日アクセス）。

　多額の税金を投入する第三セクターは，納税者からの納得を得るために，見通しが甘く実現の見込みも薄い事業計画を打ち出しがちである。さらに，補助金や損失補償といった政府の後方支援を背景に，採算意識やサービス精神が低くなりがちである。税金を投入する分，制度上の制約も課せられる。その結果，第三セクターが経営破綻するケースが続発しており，縮小・整理に向けた動きが全国各地で起こっている。

（村田大学）

第3章
株式会社の大規模化と支配・統治変化

　本章においては，株式会社の発展および大規模化による企業の所有構造について述べ，それらを通じて企業支配と企業統治の変化を検討する。株式会社の発展に寄与した株式会社の制度上の特徴，株式会社の大規模化に伴う株式所有の分散段階と経営機能の分化について説明する。また，バーリ＝ミーンズ（Berle, A. A. & Means. G. C.）の経営者支配論を中心に大企業の企業支配の形態および企業は誰のものかという観点から大企業の企業統治の変化を検討し，現代企業における企業統治と企業の社会的責任について説明する。

1　株式会社の発展と株式会社制度

1　株式会社の発展

　株式会社制度を理解するには，その前提となる「企業」について理解しておく必要がある。企業とは，簡単に言えば，文字通り事業を起こす，事業を行う事業体を意味する。

　古くは，事業は自給自足することからスタートし，中世（4世紀〜16世紀）では，生活を充足することを目的に生活に必要な分だけを生産して消費する家業が主流であり，生活に必要な生産を超えた余剰生産は行われていなかった。すなわち，余剰分をもって営利を追求するために事業を行う本来の企業の性格を有する事業体ではなかった。

　初めて人々が営利追求を目的として事業を行う「企業」が登場したのは，近代の資本主義経済の下であった。

　最初に現れた企業は，個人が出資して経営を行う個人企業である。個人企業がより多くの利益を獲得しようとすると個人の資金に限界があり，その限界を克服する制度として生み出されたのが「会社」である。

　個人企業は個人が出資し経営する単独資本であるのに対し，会社は複数の出資者から集めた資金で設立・経営される結合資本である。

　会社制度を利用すれば，不特定多数の出資者から資金を集めることができ，会社の大規模化が可能となる。大規模化は，市場の競争において競争優位を確立することができ，よ

り多くの利益を獲得することができる。

　この会社制度の特徴が顕著に現れている会社形態が「株式会社」である。会社が経営活動を行うには元手となる資本が必要であるが，その資本を株主から調達して経営を行うのが株式会社である。このように株式会社の本質は，多くの利益を獲得するために必要な資本を株式市場から多く集めることが可能な資本集中機構である点である。優れた資金調達能力によって高い生産力を実現し，経済成長および資本主義の発展に大きく寄与した。

［2］　株式会社制度の特徴

　株式会社制度の主な特徴は，以下の通りである。

　第1に，出資者の有限責任制である。会社が倒産して負債がある場合，資本を出資した出資者は出資額の範囲においてのみ責任を負う。

　第2に，資本の証券化である。株式会社は株式を発行して資金を調達する。株式とは，株式会社の株主としての権利を表すもので，株式会社が資金を出資した人に対して発行する証券である。発行方式は，会社の資本を等額の「株式」に分割した「等額株式制」をとる。例えば，資本金が1000万円あるとした場合，1000万円を1000円の株式に均等に割り，それを10000株発行する。上場した株式会社の株式は，いつでも「自由に譲渡が可能」であり，株主は株式市場で自由に株式の売買ができる。ただし，未上場企業は定款において株式の譲渡が制限される。

　第3に，会社機関の設置などが挙げられる。会社は**法人***であり，自ら意思決定を行うことが不可能で，会社に代わって実際に意思決定を行う自然人または自然人の集まりである会議体の「会社機関」が必要である。会社機関には，株主総会，取締役，取締役会，代表取締役，監査役，監査役会，会計参与，会計監査人などがある。

　株式会社は，株式を発行して不特定多数の投資家から出資された資金を利用して企業活動を行う。このような株式会社ならではの制度を活用することによって巨額の資本を調達し，会社の規模を大きくした結果，現代の大企業が出現するようになった。

　株式会社制度の特徴を備えていた世界最初の株式会社は1602年に設立されたオランダ東インド会社であり，400年前

＊法人
法律上，人として扱われるもの。組織体に法人格（法律上，権利を有し義務を負う）が与えられたもの。

のことである。

　株式会社制度が広く普及しはじめたのは，19世紀からである。18世紀のイギリスの**産業革命**[*]を経て，1892年に会社法が制定されてから近代的な株式会社制度が完成した。さらに，19世紀末から20世紀のアメリカにおいて株式会社が飛躍的に発展した。このときに行われていた企業の**M&A**[*]によって株式会社の大規模化が進み，大企業によって大量生産，大量販売，大量消費が行われ，経済発展にも大きく貢献した。

② 所有の分散と経営機能の分化

　株式会社は大規模化するにつれ，株式構造に変化が現れ，経営機能の分化が進むようになった。株式会社の大規模化に伴う所有の分散による経営機能の分化は，株式の分散度合いに応じて，所有の分散の初期段階，拡大段階，極大段階と3段階に進んでいく。

１　所有の分散の初期段階

　株式会社の所有の分散が初期段階である小規模の株式会社においては，多額出資者である大株主が自ら経営を行う。このように経営活動を担当する多額出資者の大株主は機能資本家（functioning capitalist）と呼ばれ，「所有と経営が結合」している状態である。

　ほかの多数の少額出資者である小株主は経営には携わらず，出資額に応じた配当金のみを受け取ることが一般的である。このように経営に参加しない少額出資者の小株主は無機能資本家（non- functioning capitalist）と呼ばれ，「所有と経営が分離」されている状態である。

２　所有の分散の拡大段階

　株式会社の規模が大きくなると株式の分散がさらに進み，企業の経営は複雑化および高度化が進み，経営者にはより高い経営能力に加え，専門的知識が求められるようになる。

　そこで，そのような能力や知識をもつ専門経営者が機能資本家に代わって経営を担当するようになった。このような現象を所有と経営の分離といい，所有者（機能資本家）と経営者（専門経営者）が人格的に分離する状態である。

　経営の最高管理職能を直接に担当するものを一般に「経営者」と呼び，経営者は「出資者である経営者」と「出資者で

＊産業革命（Industrial revolution）
18世紀後半（1770年）にイギリスではじまった技術革新（機械制工場と蒸気力の利用を中心）による産業・経済・社会の大変革である。手工業生産から工場制生産へと変わり，機械設備をもつ大工場が成立し，大量生産が可能となり，社会構造が根本的に変化して，近代資本主義経済（労働の商品化）が確立した。

＊M&A（Merger and Acquisitions）
Merger（合併）とは，2つ以上の会社が，1つの会社に統合することであり，吸収合併と新設合併がある。Acquisition（買収）とは，他会社の全部または一部を買い取ることであり，合意の下行われる友好的M&Aと合意を得ずに行われる敵対的M&Aがある。

はない経営者」に分けることができ，出資者ではない経営者
が固有の意味においての経営者，いわゆる「専門経営者」
（specialist manager），「被用経営者」（employed manager）とな
る（藻利，1984，34頁）。

　機能資本家によって任命された専門経営者は，機能資本家
に雇用され，経営活動を任され，経営活動を直接的に担当す
るが，機能資本家の期待に応えない場合や機能資本家の意向
に沿わない経営活動を行った場合は，機能資本家によって解
雇される。そのため，専門経営者の経営活動は機能資本家の
意向によって制約されており，経営活動は，専門経営者を通
じて間接的に機能資本家が担当しているものといえる。

　この段階で企業の支配者は，専門経営者の任免権をもち，
専門経営者を通じて間接的に経営を行う所有者である機能資
本家である。所有者である機能資本家が企業を支配してお
り，「所有と支配は結合」しているが，直接的な経営は専門
経営者によって行われているため，「所有と経営は人格的に
分離」される状態になる。

［3］　所有の分散の極大段階

　一般的に発行済みの株式の保有率が50％を超えると企業の
支配権を手にすることができる。しかしながら，株式の分散
が極度に進んだ大規模の株式会社においては，会社の規模が
巨大化しているため，50％を所有するには膨大な資金が必要
になり，実現するのは極めて困難である。そこで，大規模な
株式会社の株式を50％保有していなくてもある程度まとまっ
た株式を保有していれば支配が可能となる。

　大規模化した株式会社においては，株主数も膨大になり，
株主総会に参加する株主数は少ない。そこで，株式を所有し
ていない専門経営者は，株主総会の議案を可決できる定足数
を満たすために，株主から委任状を収集し，過半数の議決権
を集め，自ら株式を所有しなくても，株主に代わって議決権
を行使し，株主総会の議案を可決することができる。

　法律上では，取締役会のメンバーである取締役は株主総会
で株主によって選任され，経営者の経営活動を監視し，次期
経営者の選任は取締役会で行われることになっている。

　しかし，実際には株主総会の株主によって取締役が選任さ
れるのではなく，経営者が推薦した取締役が選任され，次期
経営者の選任も取締役会によるものではなく現役の経営者が

資料 3 - 1　　株式分散度合いによる経営機能の分化

株式の分散度合い	経営機能の分化
第1段階（初期）	機能資本家による直接的管理 機能資本家（所有と経営が結合） 無機能資本家（所有と経営が分離）
第2段階（拡大）	資本家（大株主）による間接的管理 資本家（所有と支配は結合） 資本家が支配，専門経営者が経営（所有と経営が人格的分離）
第3段階（極大）	資本家の直接的・間接的企業管理なし 資本家は所有，専門経営者による支配および経営が成立 所有と支配・経営の分離

　（出所）　筆者作成。

推薦した候補者が選任されている。

　このように経営者が取締役の選任権と経営者の任免権および企業の最高意思決定機関である株主総会における意思決定権を掌握し，企業を支配することができる。

　さらに株式の分散化が進み，株式が広範囲に分散されると5％以上を所有する大株主が存在しない企業では，支配力をもつ大株主が存在しなくなる。そのために機能資本家は直接的にも間接的にも企業支配にかかわらず，株主総会における議決権および経営者の任免権を握る専門経営者による企業の支配・経営がなされ，「経営者支配」が成立する。このように支配力が所有者である株主から経営者に移行した状況を「所有と支配の分離」，あるいは「所有と経営の分離」という（**資料3-1**）。

③　大企業の企業支配

　現代大企業の企業支配の代表的な形態であるバーリ＝ミーンズが提示した「経営者支配」（management control）の概念と支配の形態について説明する。

1　経営者支配論

　企業活動に重要な影響を及ぼす企業支配の概念は，企業の所有と支配の分離を発見したバーリ＝ミーンズによって提起されている。

　彼らは，1932年『近代株式会社と私有財産』（*The Modern Corporation and Private Property*）において，株式会社の規模の拡大に伴って株式が広い範囲に分散し，所有と支配の分離

がみられ，「経営者支配」が成立することから企業支配の概念を提起した。所有権が広く分散され，会社の諸活動を支配するに十分な株式を所有する個人または集団が存在しなくなり，支配する権利を，委任状の収集を通して実質的に取締役を選出することができる経営者が有することになり，経営者が企業を支配する「経営者支配」が確立されると述べた。

2　支配の概念

彼らは，「支配」を，「取締役を選出する実際の権限」(the actual power to select the board of directors) として把握し，経営者が次期の取締役の選出を実際に行う「経営者支配」が成立していたと指摘した。

バーリ＝ミーンズ以後，支配の概念に対して様々な規定が行われているが，企業支配の概念は大きく2つに分類することができる。「支配」を，第1に，「管理（management）行為」，「意思決定（decision making）行為」と理解するものと，第2に，「制約」(constraint)，「経営者の任免」，「経営者の監督（monitoring)」と理解するものがあるが，本章においては，「支配」を「経営者の任免」として定義する。

3　支配形態の分類

バーリ＝ミーンズは，株式会社の規模が拡大するにつれ，株式会社の所有権が分散され，所有と支配の分離がみられると指摘し，支配の形態を大株主の持株比率を基準に，次の5つの形態に分類した。
　①完全な所有権による支配
　②過半数持株支配
　③法律的手段による支配
　④少数持株支配
　⑤経営者支配
完全所有支配は持株比率が80％以上，過半数所有支配は50％〜80％，少数所有支配は20％〜50％，持株比率が20％に満たない場合は経営者支配であると設定した。

これらのうち，①，②，③の形態は法律上の基盤に基づいた支配形態であり，④，⑤は事実上の基盤に立つものであるとした。
　①完全な所有権による支配は，個人会社にみられる形態で，個人または小集団が株式の全部またはほとんどを

資料3-2　最大資産額（非金属）200社支配形態

(単位：%)

支配のタイプ	バーリ＝ミーンズ （1929年）	ラーナー （1963年）	ハーマン （1974年）
完全所有支配	6		
過半数所有支配	5	3	1.5
少数所有支配	23	9	14.5
法的手段による支配	21	4.5	
経営者支配	44	83.5	83.5
金融支配	—	—	0.5
その他とも　計	100	100	100

（出所）　正木久司『経営学講義』晃洋書房，1991年，88頁。

所有し支配する。

②過半数持株支配は，所有と支配との分離の第1段階であり，個人または集団が過半数の株式を所有し支配する。

③法律的手段による支配は，個人または集団が過半数の所有権をもたずに会社の支配権を維持するために**ピラミッド型支配**[*]，無議決権株式，議決権信託などの法律的手段を利用する。これは，単一所有権または，過半数所有権と同じように安全な支配形態である。

④少数持株支配は，個人または集団が自分たちのもつ株式投資によって会社を支配する地位につくために，分散株主から十分な委任状を収集し，過半数の議決権を確保し事実上の支配をもつ。

⑤経営者支配は，所有権が高度に広く分散されているので，会社の諸活動を支配するに十分な少数権益をもつ個人または集団が存在せず，支配は，委任状の収集を通して実質的に取締役を選出することができる経営者が有する。

＊ピラミッド型支配
親会社が子会社の株式を50％以上所有し，その子会社が孫会社の株式を50％以上所有し，親会社が子会社や孫会社を支配する手段である。

彼らは以上のような支配の形態を分類に基づいて，アメリカにおける200社の大企業にみられる所有と支配の分離の程度を調査した。その結果，アメリカの大企業200社のうち，44％が経営者支配の企業であることが明らかになった。すなわち，アメリカの大企業においては，株式所有権の分散が増大するに伴い会社の支配は所有者ではなく，経営者に移されたことが指摘された。

また，経営者支配が確立したことにより，支配権をもたな

い所有者と所有権をもたない支配者との間で利害が対立すると指摘した。このような両者間の利害の対立から，コーポレート・ガバナンス問題が提起されるようになった。

その後，バーリ＝ミーンズと同じ分析手法で1963年ラーナー（Larner, R. J）が行った調査結果においては，83.5％が経営者支配の企業に分類され，アメリカの大企業において経営者支配が進んでいることを明らかにしている（**資料 3 - 2**）。

④　大企業の企業統治の変化

経営者支配が成立した後，論点は，株式会社の支配者は誰かという企業支配から，株式会社は誰のものかという企業統治へとシフトしてきた。

企業統治（corporate governance）の問題領域は，第 1 に，企業は誰のものか，企業は誰の利益のために経営されるべきかという問題と，第 2 に，経営者を誰がいかに監視すべきかという問題がある。したがって，企業統治問題は，経営者の経営活動に対する監視・牽制は，誰の利益の観点から行うべきかという問題を取り扱う研究であるといえよう。

ここで，企業統治論の論点の 1 つである「企業は誰のものか」，「企業は誰の利益のために経営されるべきか」という問題にかかわる変化について検討する。

企業統治の変化について，企業支配と企業統治をめぐる環境の変化を基準に，（1）伝統的な株式会社観における企業統治，（2）新株式会社観における企業統治，（3）現代の企業統治の 3 つの段階に分けて検討する。

［1］　伝統的な株式会社観における企業統治

伝統的な株式会社観においては，企業は，法律に基づき所有権を有する出資者である株主のものである。その株主のために経営されなければならないと定められている。

大企業の支配者は最大の株式を保有し，株主総会を牛耳る最大所有者である大株主が支配者となる。そのため，大企業においても株主のために経営されることになる。

また，所有者である株主から選任された経営者は株主の意向に沿って株主の利益のために経営を行うべきである。万が一，経営者が株主の意向に沿わない経営を行った場合は，株主は株主総会や取締役会という会社機関を通して経営者を解任することができるシステムになっている。

　すなわち，伝統的な株式会社観において，企業は法律上株主のものであるという価値観が支配的であるといえる。

[2]　新株式会社観における企業統治

　バーリ＝ミーンズ（1932）が指摘したように，株式会社における所有に基づく支配は，企業の大規模化に伴い，所有が広範囲にわたって分散されることによって所有と支配が分離され，株主から支配株主が存在してない「経営者支配」へ移行した。

　新株式会社観においては，株式会社の大規模化によって経営者支配が成立し，経営者が企業主権を有していた。

　経営者支配が成立している大企業では，経営者が株主に代わって会社機関における支配力をもっている。そのため，株主は自分らの代理として取締役を選任し，取締役会は経営者の経営活動が株主の利益のためになされているかをチェックすることになる。しかしながら，本来会社機関は経営者の経営行動を監督・監視する機能を果たさなければならないが，その機能を果たさず，形骸化していることが多く，経営者は私益のために不正行為を行うなどの企業不祥事が多発した。

　このように大企業における企業統治問題として経営者が株主ではなく，経営者自身の私益のために経営活動を行うという企業統治問題が発生した。

[3]　現代の企業統治

　この問題を所有権論に基づいて所有者である株主のために経営活動を行うように改善させるための活動が1970年代のアメリカの法律家たちによって議論されるようになった。

　すなわち，企業が誰のために経営されるべきかという問題に対して，経営者の主権で行われていた経営から，株主のための経営へと変化がみられるようになった。

　しかしながら，1980年代後半以後は，企業を株主のためのものから**ステークホルダー**[*]（stakeholder：利害関係者）のものへと移行する活動が行われた。その背景には1970年代のアメリカにおいて多発した企業不祥事が多様なステークホルダーに被害を与えたことが影響している。

　アメリカでは，ペンセントラル鉄道の倒産（1970年），**ウォーターゲート事件**[*]（1973年）など，1970年代に巨大企業の不祥事が発生し，このような企業不祥事は，株主だけでは

＊ステークホルダー（stakeholder）
「企業目的の達成に影響を及ぼし，あるいは影響される集団もしくは個人」（Freeman, 1984）を指す。企業とステークホルダーは相互に影響し合う関係にある。

＊ウォーターゲート事件（Watergate Affair）
1972年6月17日アメリカの首都ワシントンD. C. のウォーターゲート・ビルにある民主党全国委員会本部に盗聴装置が仕掛けられようとしたことに端を発し，ニクソン大統領の辞任にまで発展した事件である。

なく多くのステークホルダーにも負の影響を与えた。

例えば，ペンセントラル鉄道の倒産は，業績の悪化および経営者の不適切な経営活動に対する取締役会の監視機能の不全がもたらした結果である。この倒産によって年間9000万人の鉄道利用者，9万5000人の従業員，沿線の地域社会，融資をしている金融機関，取引先など多くのステークホルダーが大きな損失を被った。

このように企業不祥事が多くのステークホルダーに不利益を与え，負の影響を及ぼすことから，企業経営の監視活動の重要性を社会が認識するようになり，企業統治の確立への社会的要求が高まった。

1980年代後半のアメリカにおいては，敵対的M&A，とりわけ，**TOB**[*] が活発に行われており，それを通して経営者の不適切な経営によって企業価値が低下している企業に対する監視機能が働いていた。

また，機関投資家は投資先の企業経営に積極的参加し，株主権を行使するようになった。例えば，M&Aに際して買収防衛策をとる企業の経営者に対抗するために株主提案を行ったり，独立性の高い取締役を選任したり，人種差別問題の撤廃，環境問題，雇用問題など社会的課題への取組みにかかわる株主提案などを行った。

その背景には，1974年に制定された**エリサ法**[*]によって年金基金管理者はその管理者としての責任を負うことが義務づけられ，積極的に資産運用を行い，年金基金加入者に不利益を与えないようにしなければならなくなったことがある。

また，大量に株式を所有する年金基金，生命保険会社，投資信託などの機関投資家に資金委託する者の多くが一般市民であり，彼らは社会的課題への関心が高く，それらにかかわる株主提案は株主総会においても賛成票を集めるようになった。

1980年代以後の現代の企業統治は，企業不祥事を背景に，株主のために経営されるべきであるという伝統的な価値観に戻そうとする活動から，株主だけではなく株主を含むステークホルダーを重視する価値観へシフトしてきた。

⑤ 企業統治と企業の社会的責任

企業は事業活動を行う上で，粉飾決算，**インサイダー取引**[*]，欠陥商品の販売，自然環境の汚染，食品の産地偽装，労

＊TOB（take-over bid：株式公開買い付け）
企業経営権の取得を目的に，証券取引所外において，被買収会社の株主から，市場価格より高価で株式を買い取り買収すること。大量株式を短期間に取得可能である。

＊エリサ法（ERISA: Employee Retirement Income Security Act：従業員退職所得保障法）
企業年金受給権者の保護を目的として1974年に労働省主導で制定された連邦法で，年金基金運用にかかわるファンドマネージャーを含む年金受託者の義務を提示したものである。同法によって①受託者は加入者および受給権者の利益のみを追求すること，②年金資産運用において年金受給権者の利益を追求する義務に基づき，受託者責任を果たすこと（Prudent man rule：思慮ある者），③リスク回避のため，分散投資を行うことなどが義務化された。

＊インサイダー取引（Insider Trade）
上場会社の会社関係者が，会社の重要な内部情報（重要事実）を知り，その情報が公表される前にこの会社の株式などの売買を行うこと。

働者の人権侵害，公害問題などの多くの企業不祥事を起こ
し，社会に弊害を及ぼした。これに対して社会から厳しい批
判を受けるとともに企業統治の改善および **CSR**[*]（Corporate
Social Responsibility：企業の社会的責任）に対する社会からの要
求が益々厳しくなっている。すなわち，社会は，企業が経営
者の経営行動の監視機能を強化させて企業統治を改善し，企
業不祥事による弊害および社会への負の影響を最小化し，
CSR 経営を実践することを期待している。

＊ CSR
➡第7章「企業の社会的責
任論の変遷」参照。

　実際に多くの大企業はこのような社会の要請および期待に
応え，株主のみならず，すべてのステークホルダーのために
経営されねばならないという認識の下，CSR 経営を実践し
ようとしている。

　CSR は，企業が永続事業体として存続し，成長するため
に，「企業を取り巻く環境主体である利害関係者および社会
や環境に対して企業が自発的に果たすべき責任」と定義づけ
られる。

　このような状況下，ステークホルダーには企業経営を監視
する機能の担い手として役割を果たすことが期待されてお
り，企業には CSR に積極的に取り組むことが期待されてい
る。

　ステークホルダーには，株主，消費者，従業員，取引先，
政府，NGO，地域社会などがある。株主は資本市場，消費
者は商品市場，従業員は労働市場，取引先は企業間の取引市
場の取引活動を通じて，また，政府は法規制を通じて，
NGO は地域社会の利益を通じて，企業の経営活動に影響を
及ぼすとともに企業経営を監視する監視機能を発揮し，企業
統治に影響を与えることができる。

　企業は社会の構成メンバーであるステークホルダーの期待
や要請に応える経営を行うことによって CSR を果たすこと
ができる。企業が CSR 経営を実践し，社会から求められる
経営を行うように監視・牽制するシステムとして企業統治の
確立が必要とされる。

　現代の企業において企業統治は，経営者の経営活動が利害
関係者の利益を保護するために経営を行っているかどうかを
監視・チェックするシステムであるといえよう。

（金　在淑）

II

会社の機関とガバナンス

第**4**章

日本の最高経営組織と企業統治

　日本の大規模株式会社には，監査役設置会社，指名委員会等設置会社，監査等委員会設置会社の３つのタイプがある。1990年代には監査委員会設置会社のみであったが，企業統治改革の過程でほかの２つのタイプが追加された。本章では，これら３つのタイプの株式会社の機関構造とその機能について詳しく解説する。新設された２つのタイプは企業統治改革の結果でもあるので，各機関の役割も企業統治との関係から説明することになる。各国の企業統治改革において中心になっているのは取締役会の改革であり，とりわけ取締役会内委員会に注目が集まっている。日本では，指名，報酬，監査の権限を社長が握る，いわゆる経営者支配の状況が長く続いてきたが，今日まさにこの体制が転換を迎えつつある。

1 監査役設置会社の機関構造

　株式会社には株主総会，取締役会，監査役会，代表取締役，取締役，監査役，**3委員会**[*]，会計参与，会計監査人などの機関がある。株式会社はこれらの機関を組み合わせて最高経営組織を設計する（機関設計と呼ばれる）ことになるが，これらの機関の組み合わせは47通りになるといわれる。しかし，実際に東京証券取引所（東証）に上場されている会社の機関設計は監査役会設置会社，指名委員会等設置会社，監査等委員会設置会社の３つのタイプに限られる。1990年代までは，日本の株式会社はすべて監査役設置会社であったが，主としてコーポレート・ガバナンス改革の目的で，2003年の商法改正で委員会等設置会社（今日の指名委員会等設置会社）が新設され，2015年の会社法改正で監査等委員会設置会社が新設された。

　したがって，指名委員会等設置会社と監査等委員会設置会社は監査役会設置会社から移行することによって設立されたものであり，そのため現在でも監査役会設置会社の数が最も多くなっている（**資料4-1**）。

　ここでは上場企業の最高経営組織を中心に考察するので，まず日本の上場会社の約３分の２を占める（資料4-1）監査役会設置会社の機関構造からみていくことにする。監査役会

＊3委員会
取締役会の中に設置される「指名委員会」，「報酬委員会」，「監査委員会」の３つの委員会のこと。指名委員会等設置会社ではこの３つの委員会の設置が法律で義務づけられている（法定の委員会）が，監査役設置会社，監査等委員会設置会社などでは義務づけられていないため，これらの会社が指名・報酬委員会を置く場合は任意の委員会と呼ばれる。

資料4-1　上場企業のタイプ別企業数

(上段：会社数，下段：割合％)

	2014年	2015年	2016年	2017年	2018年	2019年	2020年	2021年
監査役会設置会社	3,357 (98.3)	3,252 (93.6)	2,800 (79.8)	2,665 (75.3)	2,635 (73.3)	2,562 (70.4)	2,495 (67.8)	2,417 (64.7)
指名委員会等設置会社	57 (16.7)	64 (1.8)	70 (2.0)	74 (2.1)	71 (2.0)	76 (2.1)	76 (2.1)	81 (2.2)
監査等委員会設置会社	—	158 (4.6)	637 (18.2)	798 (22.6)	888 (24.7)	1,001 (27.5)	1,106 (30.1)	1,237 (33.1)
合計	3,414	3,474	3,507	3,537	3,594	3,639	3,677	3,735

(出所)　井上泉『企業不祥事とビジネス倫理』文眞堂，2021年，328頁。

＊取締役会
取締役会は株主総会で選任された取締役によって構成され，株主に代わって会社の業務が適正に運営されるように監督することを任務としている。取締役会は意思決定機関であり，業務執行は行わない。

＊監査役会
監査役は株主総会で選任され，会社の業務監査および会計監査を任務とする。大規模な会社には監査役会の設置，および3名以上の監査役を置きその半数以上を社外監査役とすることが義務づけられているため，最低2名の社外監査役を置いている。

設置会社の最高経営組織は，株主総会，**取締役会**[＊]，**監査役会**[＊]，代表取締役などで構成されている。

　株主総会は，株式会社の最高機関であり，法令または定款に定められた事項に関しての決定権が認められている。それは主として，定款の変更や解散・合併といった会社の基本的事項，配当などの株主の利益にかかわる事項および取締役や監査役の選任・解任などである。

　日本企業においては，1990年代まで取締役会のメンバーはそのほとんどが業務執行担当者によって占められており，業務執行とそれに対する監視という2つの機能が分離されていなかった。本来，取締役会は受託機関として，株主に代わって業務執行担当者の業務執行を監視する責任を課せられていたのであるが，取締役会メンバーのほとんどすべてが業務執行担当を兼務していたため（**資料4-2**），監視機能が働かなかったのである。

　代表取締役は，対外的に会社を代表し，取締役会の決めた基本方針に従って業務執行にあたる。しかし，日本においては通常，代表取締役である社長の権限が極めて強く，現実には取締役会が株主のために代表取締役らの仕事を厳しく監視するという，法律の想定した状況とは異なっていた。

　このような状況は，近年のコーポレート・ガバナンス改革によって徐々に改善されつつある。

2　監査役会設置会社の企業統治における問題点と改革

　日本の株式会社に対しては，コーポレート・ガバナンスの観点から多くの問題点が指摘されてきた。ここでは，コーポレート・ガバナンス改革が本格化する前の監査役会設置会社

資料 4 - 2　監査役会設置会社のトップマネジメント組織

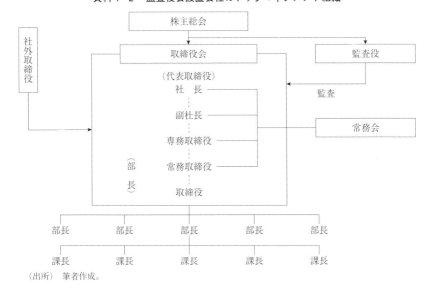

（出所）　筆者作成。

の会社機関についてどのような問題があったのかを検討していくことにする。問題点を正しく認識することによって，それをどのように改革すればよいかが明確になるためである。

　1990年代までの上場企業の株主総会は，同一日時に**集中開催**され，30分程度の短時間で終了（**短時間総会**）し，一般株主には発言させない総会運営などが問題とされてきた。しかし，1995年に96％だった株主総会の同一日への集中度は，機関投資家の粘り強い要求や **CG コード**の適用もあり，2016年には32％に低下し，改善がみられる。

　全く質問がなく，短時間で終了するような株主総会の形骸化が長く続いた背景には日本企業の**株主安定化政策**やその手段の1つである**株式相互所有（株式相互持ち合い）**がある。しかし，株式相互所有はコーポレート・ガバナンスの視点から問題が指摘されてきた。

　株主総会に先立って，安定株主から経営者の下に集められた委任状に基づき，議決権を経営者が行使することによって，経営者は次期取締役の選任や役員報酬の決定権を掌握することになる。法律上は経営者は取締役会によって選任されることになっているが，これとは逆に経営者が取締役を選任する，まさにバーリ＝ミーンズ（Berle, A. A.&Means. G. C.）が指摘した経営者支配の状態になっているのである。近年の

＊集中開催

日本の上場企業は例えば，6 月25日の午前10時から2000社程度の企業が一斉に株主総会を開催することが慣例となっていたが，複数の企業の株式を所有する個人株主はそのうちの1社にしか出席できないことになる。このような慣行により個人株主が排除されるだけでなく，多くの企業の株式を大量に所有する機関投資家からも厳しい批判が出ていた。

＊短時間総会

株主総会は社員株主などが一般株主の質問や発言を遮る強引な方法で運営されたため，経営陣にとって必要な議決事項を機械的に承認するだけで，極めて短時間のうちに終了し，形骸化していた。一般株主に発言させない強引な議事運営は，その後裁判で違法行為であ

るとの判決が下されたこと
もあり，次第になくなって
いった。

＊CGコード
➡第6章「CGコードとSS
コードによるガバナンス改
革」参照。

**＊株主安定化政策（安定株
主づくり）**
日本企業の経営者は，乗っ
取り（敵対的企業買収）防
止を目的に，企業，保険会
社，銀行，従業員，取引先
などに自社の株式を長期的
に所有してもらう，いわゆ
る安定株主づくりに熱心で
あった。すなわち，株式相
互所有の相手企業，メイン
バンク，従業員持株会，取
引先持株会などのいわゆる
安定株主に自社の株式を長
期的に所有してもらうこと
によって，乗っ取り屋（敵
対的買収者）が自社の株式
を取得することを阻止した
のである。

**＊株式相互所有（株式相互
持ち合い）**
株式を相互に所有するA
社とB社は株主総会の前
に総会議決についての白紙
委任状を持ち合い相手の企
業に送る。A社の経営者
はB社の所有するA社株
式の白紙委任状を受け取る
ことになるが，A社は多
くの会社と持ち合い関係に
あるので，それらの会社か
ら送られてくる白紙委任状
はすべての発行株式数のか
なりの比率を占めることに
なる。A社の経営者は，
持ち合い相手のほかに，安
定株主からも白紙委任状を
受け取ることができるた
め，株主総会の前に議決権
の過半数を獲得しているの

コーポレート・ガバナンス改革は取締役などの役員の選任，
役員の報酬決定，役員の業務の監査などの権限を経営者から
切り離す方向で進められている。

それは具体的には，その会社や経営陣と利害関係をもたな
い社外取締役すなわち**独立社外取締役**＊を選任し，社長以下の
業務執行担当者の業務等を客観的に評価・監視することであ
る。さらに，独立社外取締役が主導する指名委員会が次期取
締役を指名し，独立社外取締役が主導する報酬委員会が役員
報酬を決定するように取締役会を改革していくことである。

監査役会についても同様の改革が進められている。1990年
代までは，監査役は事実上社長が任命し，その報酬も社長が
決定していた。社長に人事権や報酬額の決定権を握られてい
たのでは社長やその業務に対する公正な監査はできない。監
査役会の改革は，まず独立社外監査役を半数以上選任するこ
とであった。

また，多くの企業の不正会計においては監査法人と経営者
が癒着することが粉飾決算などを発生させていたというこれ
までの経験から，経営者が監査法人を選任していた慣例を改
め，監査役会が監査法人を選任する方式に改められた。

取締役会についての改革は，CGコードによって独立社外
取締役を2名以上選任することが求められたが，多くの企業
でこの規範が達成されている。また，2021年CGコードはプ
ライム市場上場会社に対して独立社外取締役を3分の1以上
選任することを求めたが，この規範も高度な水準で達成され
ている。さらに，監査役会設置会社と監査等委員会設置会社
には法律で義務づけられていない指名・報酬委員会も，任意
の委員会として設置する企業が増加している。

③　指名委員会等設置会社と監査等委員会設置会社の機関構造

［1］　指名委員会等設置会社の機関

指名委員会等設置会社＊では監査役が廃止され，複数（最低
2名）の社外取締役の選任が義務づけられ，取締役会の中に
指名委員会，報酬委員会，監査委員会の3つの委員会の設置
が法律で義務づけられた。3つの委員会は3名以上で構成さ
れ，その過半数に社外取締役が選任されなければならない。

また，指名委員会等設置会社では業務執行を担当する執行
役が置かれ，全社的意思決定を担当する取締役会と業務執行
を担当する執行役の役割分担を明確化した。業務執行と業務

資料 4 - 3　指名委員会等設置会社の機関

（出所）　筆者作成。

執行の監視という 2 つの機能を明確に分離したことが指名委員会等設置会社の大きな特徴である。取締役は原則として会社の業務を執行できないことになっているが，執行役を兼務することはできる。その点において，業務執行機能とそれに対する監視機能の分離は不徹底なものとなっている。執行役は取締役会において選任・解任される。さらに，監査役会設置会社における最高経営責任者である代表取締役に代わって代表執行役が設けられることになった（**資料 4 - 3**）。

指名委員会等設置会社は社外の人物（社外取締役）が取締役候補者の決定など，会社の強い権限を握ることになるため，経済界の拒否反応は強く，指名委員会等設置会社に移行した企業は非常に少ない。

企業統治改革に非常に積極的に取り組んできた企業のほか，東京電力や東芝などといった，重大事故で政府からなかば強制された企業や不祥事を起こして株主からの強い圧力を受けた企業などが指名委員会等設置会社に移行している。

２　監査等委員会設置会社の機関

指名委員会等設置会社の監査委員が取締役会の決議によって選定されるのとは異なり，**監査等委員会設置会社**の監査等委員は，株主総会で株主から直接選任され，業務執行担当者から独立した立場で業務執行担当者の監査・監督を委任される取締役である。監査等委員会の職務は，取締役の職務執行の監査，監査報告書の作成，株主総会に提出する会計監査人の選任・解任議案の決定などである。

が普通であった。持ち合い比率は1990年には約50%であったが，CG コードが持ち合いの解消を求めていることから，2018年には14.5%に低下した（西山賢吾「我が国上場企業の株式持ち合い状況（2018年度）」『野村資本市場クォータリー』2019 Autumn, 2 頁）。

＊独立社外取締役
その会社やその会社の経営者と利害関係をもたない取締役のこと。例えば，その会社の経営陣と血縁関係にある者やその会社から報酬を得ている者（顧問弁護士や会計士など）は独立性がないとされる。その会社の大株主や大口の取引先の経営者なども独立性が認められない。

＊指名委員会等設置会社
2002年に商法が改正され，委員会等設置会社の制度が導入されたが，これは2006年施行の会社法で委員会設置会社に名称変更され，さらに2014年の会社法改正で指名委員会等設置会社と改称された。ここでは2014年

資料 4 - 4　監査等委員会設置会社の機関

（出所）　筆者作成。

以前の議論をする場合でも，便宜上，指名委員会等設置会社の名称を用いることにする。

＊**監査等委員会設置会社**

2014年改正会社法で新設された監査等委員会設置会社は，監査等委員と呼ばれる特別な権限をもつ取締役によって構成される，監査等委員会をもつ株式会社である。監査等委員会は 3 名以上の取締役で構成され，その過半数が社外取締役でなければならない。監査等委員である取締役は，ほかの取締役と区別され，株主総会で選任され，その任期は 2 年である。

＊**監査等委員**

監査等委員は取締役であるので，取締役会での議決権やほかの取締役の選任や報酬についての意見を述べる権限をもっている点で，監査役と異なる。つまり，監査機能だけでなく監督機能ももっている点で監査役とは異なる。

　指名委員会等設置会社の監査委員会は取締役会の内部機関であるので委員長は取締役会の決議によって選定されるのに対し，監査等委員会設置会社の監査等委員会は取締役会の内部機関ではないため，委員長は互選などによって選定される（森・濱田松本法律事務所編『監査役・監査委員会・監査等委員会』中央経済社，2016，281頁）。同じ会社やその子会社の業務執行取締役や執行役は**監査等委員**になることはできないという規定が設けられ，業務執行担当者と監査担当者が分離されている。監査する者とされる者とが同一であっては適切な監査ができないためである（**資料 4 - 4**）。

　監査等委員会設置会社では，監査役会設置会社と同様，代表取締役が業務執行を担当する。また，監査等委員会設置会社では，業務執行は執行役でなく取締役が担当することから，監査役設置会社と指名委員会等設置会社の中間に位置づけられる形態と考えることもできる。

　監査等委員会設置会社では，取締役の過半数が社外取締役である場合または定款で定めた場合には，重要な業務執行の決定を大幅に取締役に委任することができる。実際には，監査等委員会設置会社への移行を決議する株主総会においてこの旨の定款変更を同時に決議するのが一般的である（塚本英巨「監査等委員会設置会社という選択」『商事法務』2021年12月15日，31頁）。指名委員会等設置会社と異なり，指名委員会と報酬委員会の設置は法律で義務づけられていないが，任意の指名委員会と報酬委員会を設置する会社が増加している。

　監査等委員会は社外取締役を中心とする少数の取締役で構

成されているため，大きな企業組織から広範な情報を集める
ことは困難である。そこで，内部監査部門との十分な連携に
よってその機能を発揮することが期待されるが，内部監査部
門は社長の指揮命令に服するように設計されているのが普通
である。

　監査等委員会設置会社の数は2015年の制度導入から年々増
加し，2021年には上場企業のほぼ３分の１に達した。監査役
会設置会社から監査等委員会設置会社への移行がこのように
急速に進んだ理由は第１に，監査等委員会設置会社では社外
役員の選任において企業の負担を減らすことができるからで
ある。監査役会設置会社では社外監査役を少なくとも２名選
任しなければならないが，監査等委員会設置会社では社外監
査役を選任する必要がない。実際に監査役会設置会社から監
査等委員会設置会社に移行する際に，これまでの社外監査役
が監査等委員会設置会社の社外取締役として横滑りすること
が非常に多かった。第２の理由は，監査役会設置会社という
形態が日本に独特のものであるため，多くの海外機関投資家
の理解を得られないことである。海外で広く事業を展開する
企業や海外株主比率が高い企業では監査等委員会設置会社に
移行する圧力が働いたのである。

③　取締役会内委員会の設置と日本の企業統治の課題

　2015年を境に日本のコーポレート・ガバナンスが大きく改
善し始めた。同年に，改正会社法の施行と，特にCGコード
および**SSコード**[*]の適用が開始されたためである。２つの
コードの適用により，会社機関にどのような変化が生じてい
るのか，以下でみていくことにする。

　まず，最も大きな変化と考えられるのは，社外取締役，な
かでも**独立社外取締役の選任**[*]が急増したことである。今後プ
ライム市場には，独立社外取締役の過半数選任が求められる
と予測されているため，独立社外取締役の数はさらに増加を
続けると考えられる。

　CGコードでは指名委員会，報酬委員会の設置も推奨され
ているため，両委員会を設置する企業の比率も増加を続けて
いる。2014年には，東証１部上場企業において，両委員会の
いずれも設置していない企業の比率が92.5％であったのに対
し，2021年には29.0％に減少した。

　各委員会の独立性も高くなってきている。2021年時点で，

＊SSコード
➡第６章「CGコードとSS
コードによるガバナンス改
革」参照。

＊独立社外取締役の選任
日本取締役協会の調査によ
ると，１部上場企業におい
て社外取締役の選任が０の
企業が2004年には70.1％で
あったのに対し，2021年に
は0.05％に減少した（日本
取締役協会「上場企業の
コーポレート・ガバナンス
調査」2021年８月１日）。
2017年CGコードは独立社
外取締役を２名以上選任す
ることを求めているが，こ
の要求を満たしている企業
の比率は2021年には97％に
達した。2022年４月の東証
の市場区分の変更では，プ
ライム市場に上場する企業
に３分の１以上の独立社外
取締役の選任求めている
が，2021年８月の時点で，
79％（東証１部）の企業が
この要求を満たしている。
このように，独立社外取締
役を選任する企業の比率
は，CGコードの適用が開
始された2015年から急上昇
している。

＊CEO
➡第５章「アメリカの最高
経営組織と企業統治」④
③参照。

＊指名委員会の独立性
取締役が経営者の利害関係
者ばかりで構成されること
になると，取締役会の経営
者に対する監視機能が働か
なくなり，経営者が長期に
渡って企業業績を低迷させ
たり，不正を働いたとして
も経営者を解任することが
できなくなる。経営者に対
する監視が無機能化するこ

とによって企業が破綻し，多くのステークホルダーに多大な損失を与えた例は枚挙にいとまがない。

＊経営者の権力の正当性

巨大企業の経営者は，時に100万人を超える従業員の雇用と解雇の権限，巨額の資本や経営資源の配分の権限など企業内部における権力のみならず，企業外部への政治力の行使，社会への影響力の行使など，強大な権力を行使している。この強大な権力は誰から与えられたものなのだろうか。経営者支配型企業の経営者について，その権力の行使に正当性はあるのだろうかという問題提起である。所有経営者（大株主である経営者）であれば，その権力は所有権制度によって与えられたものであり，その権力の行使は法律によって裏打ちされたものである。また，例えばアメリカの大統領は４軍の統帥権をもち，巨額の国家予算の執行権，巨大な国家組織の指揮権をもっている。しかし，その強大な権力は選挙を介して国民から与えられたものであり，その権力には正当性がある。

＊報酬委員会の独立性

報酬に関する企業統治改革は，客観的な役員報酬基準を設定し，その基準に基づいて経営者から独立した機関が個々の役員の報酬額を決定するという方向で進められることになる。

指名委員会の委員長が社外取締役である１部上場企業の比率は，法定の指名委員会で87.0％，任意の指名委員会で56.0％であった（東京証券取引所「東証上場会社における独立社外取締役の選任状況及び指名委員会・報酬委員会の設置状況」2021年8月2日）。報酬委員会の委員長が社外取締役である１部上場企業の比率は，法定の報酬委員会で85.5％，任意の報酬委員会で56.7％であった。

　ところで，指名委員会や報酬委員会に独立性が求められるのはなぜであろうか。株式会社の経営者は，日本でもアメリカでも，法律上は株主総会で選任された取締役が取締役会で代表取締役やCEO*（経営者）を選出することになっている。ところが，多くの企業において現実には経営者が取締役を選任し，現経営者の意を受けた取締役会が次期経営者を選出しており，法律とは逆になっている。これはまさにバーリ＝ミーンズが1932年に指摘した経営者支配の状況にほかならない。経営者を監視する役割をもつ取締役会が経営者のイエスマンばかりで構成されるようになると，経営者が暴走したときにそれを止める手段がなくなってしまう。**指名委員会の独立性***は企業不祥事を防止し，企業成長を促進すべく経営者を監視していくために不可欠とされている。

　さらに，経営者支配に対しては古くから，**経営者の権力の正当性***の問題も提起されている。所有権制度によって与えられたものでなく，選挙によって選ばれたものでもない，経営者支配型企業の経営者の強大な権力に果たして正当性があるのだろうかという疑問が起こるのは当然のことであろう。ちなみに，バーリ＝ミーンズは経営者支配型企業の経営者がステークホルダーに対する責任を果たすことによってこの問題を解消できると考えた。

　次に**報酬委員会の独立性***がなぜ必要なのかについて考えてみよう。日本の企業においては役員報酬の総額が株主総会で承認され，その中から経営者が個々の役員の報酬を決定し，配分するという方法が長年の慣行となってきた。経営者を監視する立場の取締役や監査役の報酬を，監視される側の経営者が決定していたのでは監視機能が働かないのは当然のことであろう。

　さらに，近年のCGコードにおいては，業績連動型報酬制度の導入が推奨されている。業績連動型報酬制度は経営陣に企業業績を向上させるためのインセンティブを与える仕組み

であり，また，業績が低迷しているにもかかわらず経営者報酬を上昇させようとする行為への抑止を目的とするものである。しかし，CGコードの浸透が進む中でも，これまでのところ**日本の役員報酬制度**に大きな変化はみられない。

ところで，海外においては業績連動型役員報酬制度に基づく経営者の高額報酬に対する社会の批判が近年ますます高まりつつある。欧米では役員報酬に占める業績連動型役員報酬（主として**ストック・オプション**）の比率が非常に高く，固定給の比率が低いのが普通であるが，ストック・オプションでは役員報酬が株価に連動することになるため，経営者は株価を上昇させることに熱心になる。株価を上昇させることに過度に執着するあまり，粉飾決算に走る例も後をたたない。アメリカのエンロンなどはその一例ということができる。

さらに，近年では世界的な**格差拡大**への社会の懸念が強まり，経営者の高額報酬が厳しい批判にさらされている。

このような批判の高まりの中で，アメリカの企業経営者の団体であるビジネス・ラウンドテーブルは株主資本主義からステークホルダー資本主義への転換を表明するまでになった。

また，アメリカ企業の株主総会では，経営者の高額報酬に反対する株主提案が過半数を獲得するようなケースも目立つようになってきている。

このように，役員報酬は，経営者からの独立性の高い報酬委員会において，透明な報酬基準と報酬決定プロセスに従って決定されることが，経営者への監視機能の維持のために必要である。また，業績連動型報酬制度は企業業績向上へのインセンティブとして必要であるが，海外ではあまりにも高額な役員報酬が社会的な問題となっている。そのため，イギリスやドイツでは経営者の高額報酬に対する規制の動きもみられる。

（佐久間信夫）

＊日本の役員報酬制度
日本の大企業（時価総額で上位100社）に対する調査によれば，取締役の個別報酬が経営トップに一任されている企業は55％にのぼった（『日本経済新聞』2021年8月26日）。この調査によれば，2021年の時点では，取締役の個別報酬が取締役会で決められている企業は26％，報酬委員会で決められている企業は18％に過ぎない。

＊ストックオプション
➡第5章「アメリカの最高経営組織と企業統治」❺ ② 参照。

＊格差拡大
アメリカ大企業378社のCEOの報酬額の中央値は，2020年度で15億8000万円であり，GE社のCEOの報酬は79億7000万円であった（『日本経済新聞』2021年7月21日）。アメリカでは経営者と一般従業員の報酬の格差がますます広がっており，2020年のアメリカ主要500社のペイレシオ（CEOの報酬がその会社の従業員の賃金の中央値の何倍かを示す）は193倍になっている。低賃金やリストラなどに苦しむ従業員が増加する一方で，経営者だけが高額報酬を受け取る状況に，資本主義体制の持続可能性を危ぶむ声が日増しに高まってきている。

第5章

アメリカの最高経営組織と企業統治

アメリカの企業統治構造は，株主総会で選ばれた取締役によって構成される取締役会が業務執行と監督の両方の機能を担っている。取締役会の内部に設置した監査委員会，報酬委員会などの各委員会では，独立取締役に権限を委譲しており，独立取締役の監査の役割は他国より大きい。本章ではアメリカの企業統治の概念や特徴，ルール，また，企業統治の改革を主導してきた機関投資家の役割や株主総会などを確認し，問題点も指摘する。

1 最高経営組織と会社機関構造

1 アメリカの企業統治の概念

アメリカではコーポレーションとは一般的に株式会社という意味で使われており，コーポレート・ガバナンスは，規模の大きい株式会社を対象に，企業を統治するという意味である。

コーポレート・ガバナンスの問題が初めて論じられたのはアメリカで，その後，世界中に広まった。

具体的には，コーポレート・ガバナンスとは，企業の不正，不祥事防止のために，経営を監査，監視する仕組みのことをいうが，特にアメリカでは**独立取締役**[*]など外部の役員が大きな役割を果たしている。

その一環である内部統制とは，企業内の経営者や従業員に対するルール遵守のための仕組みのことを指している（金融庁「内部統制の基本的枠組み」）。企業統治を強化するためには企業内の内部統制のルールの実効性を高めることも必要である。

アメリカでは株主の権利と平等性の確保にも力を入れており，また，従業員・金融機関・取引先といったステークホルダーとの関係も重視しているためステークホルダーの利益を守る必要もある。コーポレート・ガバナンスには，これらの仕組みを整備することなども含まれている。

アメリカでは株主総会の下に取締役会があり，日本のように監査役会は存在しない。その代わり，各委員会が設置され

＊独立取締役

日本では一般的な社外の取締役を社外取締役と呼び，各社の基準に委ねられている独立性の高い社外取締役を独立（社外）取締役としている。アメリカでは独立性の基準はNYSE（ニューヨーク証券取引所）などが決める。日本より厳しく，比率も高いことから本章ではまとめて，独立取締役と表現する。

ている。委員会には監査委員会，指名委員会，報酬委員会などがあり，社外の取締役がメンバーで，大きな影響を与えている。

［2］　歴史的変貌

　次に取締役会の構成や歴史的変貌について振り返る。アメリカはコーポレート・ガバナンスの先駆であり，その本格的な議論は1970年代の**アメリカ法律協会（ALI）**に遡る。

　1970年代には不祥事が多発し，ALIなど法律の専門家によるコーポレートガバナンス改革の議論が活発になった。2000年代前半になっても不祥事企業の連鎖は続き，アメリカのコーポレート・ガバナンス制度が未熟であることが再確認され，さらに法律・規定が強化された。

　従来の株主がコントロールしている企業統治構造だけでは監査・監督が十分ではなく不祥事も多発したことで**バーリ＝ミーンズ**は，1932年に発表した著書『近代株式会社と私有財産』の中で，アメリカの200の企業の実態調査から，「所有と支配の分離」という概念を指摘した。株主は，株式を持っているため，株主総会に出席し，経営者の選任や議案の承認を行い，企業や経営者をモニタリングする。しかし実際には，企業の規模が大きくなり複雑になると，株主は経営者のように常に企業に出社しているわけではないため情報不足に陥り，企業をチェックすることができない。そのため，株主の支配力が低下して，企業の所有と経営が分離するというものである。

［3］　企業統治の課題とトップマネジメントの関係

　アメリカのトップマネジメントの組織は，株主（株主総会）が取締役（独立取締役を含む）を選び，取締役会が経営者を選任する。そのため，経営者は株主に利益をもたらさなければならないという前提の元で業務を執行する（**資料5-1**）。

　もし経営者が不祥事に関与した場合や業績を悪化させた場合，株主は経営者を解雇することができる。アメリカの株式会社は，株主のために利益を追求する組織であるという伝統的な意識が根強く，株主が経営方針に深く関与しているといえる。

　現在のアメリカの企業統治構造は，独立取締役へ権限が集中している。そのため，逆に独立取締役のモラルハザードが

＊アメリカ法律協会（ALI）
1923年，アメリカの裁判官，弁護士，法学教授であるウィリアム・ハワード・タフト，チャールズ・エヴァンス・ヒューズ，ラーンド・ハンドなどが複雑な法律の整備などのために設立した。

＊バーリ（Berle, A. A.）＝ミーンズ（Means. G. C.）
経営者支配論とは大規模株式会社は株主である所有者によって支配されるのではなく，経営者によって支配されているという説で，1930年代にバーリとミーンズが，所有と支配の分離という概念を実態調査で明らかにした。

資料 5‒1　アメリカの企業統治構造

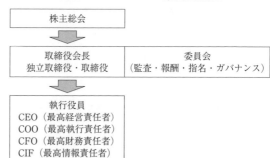

(出所)　佐久間信夫『企業支配と企業統治』白桃書房，2003年，
179頁，今西宏次「会社機関とコーポレート・ガバナンス」
佐久間信夫『コーポレート・ガバナンス改革の国際比較』
ミネルヴァ書房，2017年，69頁などを基に筆者作成。

増えているといった問題も出てきている。企業の不正会計を
阻止しなければならない独立取締役が，逆に不正を促進して
いる例もある。これらは独立取締役の権限が大きいことが背
景にある。アメリカは独立取締役の影響力が最も大きい国だ
といえる。女性や外国人といったダイバーシティ人材も多
い。独立取締役の監査機能，リスク管理，IT などの面で能
力が，他国より高く，独立取締役への期待が大きいといえる。

❷　アメリカの株主総会

⬚1⬚　株主提案

　上場企業の最高決定機関は株主総会であり，重要な議案が
決議される。議案を出す権利は会社側だけでなく株主にもあ
り，株主が提出した議案を株主提案という。なんでも議題に
できるわけでなく，また，一定の株式保有などが株主提案で
きる条件である。また，1 人の株主が複数の議案は提案でき
ず1 議案までに限られる。こういった傾向は日本でも増えて
いるが，日本に比べアメリカでは議案を提出する個人株主は
非常に多い。近年，アメリカの株主総会では，環境問題や人
権問題，いわゆる ESG 関連の株主提案が多くなっており，
そのために経営戦略も変化している。

⬚2⬚　プロクシーファイト

　株主が株主総会において，株主提案を可決するための手段
として委任状（proxy）を争奪するプロクシーファイトがあ

る。議決権の数が多いほど議決権を行使できる可能性が高くなるため，議決権を有する大株主や機関投資家などをどれくらい味方につけるかがカギとなる。可決するには，議決権行使として重要なほかの株主の委任状を奪い合うことになり，プロクシーファイトは「委任状争奪合戦」などともいわれている（ISS「Proxy Voting Guidelines Benchmark Policy Recommendations」）。

3　SAY ON PAY

　SAY ON PAY とは，取締役の報酬（pay）に関して株主が意見を言うこと（say）を認めることである。取締役の報酬について，株主総会に諮る制度のことである。経営者の巨額な報酬の支払いや一般従業員との所得格差が問題視され，この制度が導入された。これはイギリスが最初に取り組んだ制度で，アメリカでは，2010年の**ドッド＝フランク法（DF法）**[＊]により，SAY ON PAY が法定された。それまでは，個別の役員の報酬については，報酬委員会が外部コンサルタントの助言により報酬額を決定していたが，それに対して株主の関与はなかった。

　アメリカでは，DF 法により，一定金額以上の取締役の報酬に開示を義務づけることになった。この制度によって株主の賛否における拘束力はないが，マスコミなどへの影響力はあり，経営者には圧力となる。

③　コーポレート・ガバナンスのルール

1　会社形態

　次に，アメリカのコーポレート・ガバナンスと会社の形態について説明する。

　アメリカでは法人と非法人は区別されており，個人企業，パートナーシップ，株式会社である法人企業と大きく３つに分類されている。さらに細かくみると，個人事業（proprietorship），経営・利益分配に参加する権利を共有するパートナーシップ（partnership），経営権を有せずに個人責任を負わない有限責任（Limited Partnership），パートナーシップの責任を有限にした有限責任パートナーシップ（Limited Liability Partnership, LLP），全出資者は有限責任でありながら税法上は事業の利益は個人所得としても申告できる有限責任会社（Limited Liability Company），株主は事業から発生する債務に

＊ドッド＝フランク法（DF法：ウォール街改革・消費者保護法）
Dodd Frank Wall Street Reform and Consumer Protection Act：「ウォール街改革，及び消費者保護に関する法律」の略称で2010年7月にオバマ前大統領下で成立したアメリカの金融規制改革法。

個人責任を負わない有限責任で，日本の株式会社にあたるコーポレーション（corporation）がある。

　アメリカでは株主主導のコーポレート・ガバナンスが展開されており，また，そのためモニタリングは株主の役割という意識があった。株主が選んだ取締役が重要事項を決定し，業務執行役員がそれを執行する。また，業務を執行する内容は，取締役会によって監査され，最終的に株主総会で評価される。

　かつては多くは，個人企業とパートナーシップであった。しかし，現代では株式会社が大半を占めている。**クラーク**[*]は，株式会社が普及した要因として，株式会社における特徴と，それを価値のあるものにした社会環境にあると指摘した。株式会社の価値を上げたことで投資家からの資金調達が可能となったと指摘している。

2　SOX法

　サーベンス・オクスリー法[*]（SOX法）は，2001年の不正な会計操作を行ったエンロンからワールドコムに至る一連の会計不正を背景に，粉飾決算などを防止するため財務報告の透明性を保証し，企業に対する投資家の信頼を回復することを目的として2002年に制定された。

　特に，上場企業の財務報告の信頼性を保証するための内部統制のシステムの導入，さらに内部統制の有効性を示す報告書の提出などが義務化された。また，監査委員会の設置を義務づけた。

　また，監査法人には，従来の会計監査に加え，企業が内部統制を導入，維持していることを監査することも求めた。

　例えば，内部統制報告書の作成や正確な財務報告の開示を保証するための内部統制組織のシステムの構築，また，その責任者の明確化も要求された。つまり，監査法人の監督としての役割にも責任を負わせる目的があった。

　その後，2008年の金融危機で問題視された金融機関のコーポレート・ガバナンスの不全を受けて，DF法が制定された。これは，金融機関の肥大化を防止するためのものであり，金融機関への規制強化，銀行がリスクのある取引を行うことへの規制などであった。しかし，これにより再び，株主権を強化し株主に有利に移行することになり，2018年，DF法が改正され，中小規模だけではあるが金融機関への規制が

＊クラーク（Clark, R. C.）
『*Corporate Law*』（1986）の著者。取締役の会社意思決定に係る権限は，株主総会が本来的に有する権限を取締役に委譲しているという理解はなされていないなどと指摘している。

＊サーベンス・オクスリー法（SOX法：米国企業改革法）
アメリカの上院議員ポール・サーベンス（Paul Sarbanes）と，下院議員マイケル・G・オクスリー（Michael G. Oxley）の名前から名づけられた。

緩和された。株主主導であるアメリカのコーポレート・ガバ
ナンスの改革の議論は続くと思われる。

　監督機関としては，アメリカでは独立した機関である**証券
取引委員会（SEC）**[*]がある。証券市場において投資家を保護
することを目的に，不公正な取引に対する処分を実施する権
限がある。日本の証券取引等監視委員会は金融庁の傘下にあ
る機関であるが，違反に対して処分するなどの権限がない。

**＊アメリカ証券取引委員会
（SEC）**
U. S. Securities and Ex-
change Commission は，
投資家保護，公正な証券取
引，ディスクロージャー
（情報公開，情報開示）の
透明性などを目的に1934年
に設立された。

［3］　独立取締役制度

　もともと，アメリカでは株主や権限の大きいCEO（会長）
が自分の言いなりになる取締役や監査法人を選任し，自分の
報酬を自分で決定してきた歴史がある。そのため，CEOか
ら独立した機関として指名委員会，報酬委員会，監査委員会
の設置が求められてきた。

　1973年には，NYSE（ニューヨーク証券取引所）が上場企業
においては監査委員会の設置を求め，1974年には，構成員の
氏名の開示を求めた。1992年に**アメリカ法律協会**[*]（ALI）に
よる最終報告書「コーポレート・ガバナンスの原理—分析と
提　言」（ALI Principles of Corporate Governance, Analysis and
Recommendations proposed Final Draft）3.05にて「大規模公開
会社は監査委員会を設置し，財務書類の監査と業務執行者を
監督する機能を支援する」としたことで，監査機能が強化さ
れることとなった。

＊アメリカ法律協会
➡本章①［2］参照。

　2002年にSOX法が導入され，2003年に，NYSEによる上
場規則が大幅に改正された。独立取締役による経営者の監視
体制が強化されると同時に独立性と構成員について規定を定
めている（**資料5-2**）。

　NYSEの上場企業のガバナンス基準（上場企業マニュアル
303A条）では，上場企業においては取締役の過半数を独立
取締役とすることを求めている。また，303A条02では，独
立取締役の独立性の基準が明記されている。取締役会がその
会社と直接的に重要な関係がないと認める者しか独立性とし
て認められる要件を満たすことができないと定めている。

　独立性のある独立取締役の定義は，(i)本人または，パート
ナー，株主，あるいは会社と重要な関係を有する組織の役員
として，上場企業と重要な関係を有していない，としてい
る。加えて(ii)上場企業の報酬委員である独立取締役は，コン
サルティング，助言に対する報酬を受け取っているかどう

資料 5-2　アメリカの企業統治に関する主な規制

年	主な規制
1940	SEC が外部監査人の推薦権限を執行役でない取締役から成る委員会に付与すべきこと等を提言
1967	**AICPA**[*] が上場企業の監査委員会（社会取締役で構成）の設置を提言
1973	NYSE が上場企業の監査委員会の設置を求める
1974	NYSE が上場企業の監査委員会における構成員の氏名の開示を求める
1977	NYSE による独立取締役だけの監査委員会の設置の義務づけ
1992	ALI による最終報告書に監査委員会の設置を明記
1999	NYSE，NASDAQ の諮問機関であるブルーリボン委員会による監査委員会の実効性の強化に関する報告書および勧告書の提出
2002	エンロン破綻を受け SOX 法成立
2003	SEC が SOX 法を受けた NYSE，NASDAQ の規制改正を承認
2009	NYSE が各委員会にて過半数の独立取締役の設置を義務化
2010	2008年のリーマンブラザーズ破綻を受けて，DF 法成立（報酬委員会設置などを法令上強制）

（出所）　太田洋・松平定之「米国上場企業のコーポレート・ガバナンスに関する最新動向（上）」『商事法務』No. 1959，2012，17頁，浦野倫平「外部監視とコーポレート・ガバナンス」佐久間信夫編『コーポレート・ガバナンス改革の国際比較』ミネルヴァ書房，2017，46頁などを基に筆者作成。

＊ AICPA（The American Institute of Certified Public Accountants：アメリカ公認会計士協会）
1887年設立，前身はアメリカ会計士協会（AIA）である。

か，また，子会社，関連会社とも関係があるかどうかも確認され，独立性の高い独立取締役であることが求められる。

　例えば，過去 3 年以内に従業員，役員であった場合は独立性があるとは認められない。また，当該企業の外部の監査法人に雇用されていた場合も該当しない。

　アメリカの取締役会における独立取締役の構成比率は，8 割以上を占めており，各委員会の全構成員が独立取締役で占められていることも多い。

　以下はコーポレート・ガバナンスに関する主な規制についてまとめた。

4 コーポレート・ガバナンスとステークホルダー

1 機関投資家の役割

　アメリカでは経営悪化時においても，不採算部門の撤退や従業員のリストラなどを実行し，株主への配当が優先される。

＊ SRI（社会的責任投資）
Socially Responsible Investment の略。財務的側面だけでなく企業の社会的責任などを考慮して投資すること。

　機関投資家には保険会社，年金基金，投資信託会社，銀行などの金融機関が該当する。機関投資家が投資する企業を選択する際に注目しているのが **SRI**[*]（社会的責任投資）であり，SDGs（Sustainable Development Goals：持続可能な開発目標）や

CSR[*] などを重視することが多い。アメリカでは環境問題に
取り組む企業を増やすため ESG 投資[*]も注目されている。こ
れは財務情報だけでなく，環境（environment）・社会（social）・
ガバナンス（governance）に関する要素も考慮した投資方法
のことである。温暖化ガス排出の削減，人権問題などに取り
組んでいない企業は投資対象から除外される。

＊ CSR（企業の社会的責任）
➡第3章「株式会社の大規模化と支配・統治変化」❺参照。

＊ ESG 投資
日本では，2015年，投資にESG の視点を組み入れることを掲げた国連責任投資原則（PRI）に対して，日本の年金積立金管理運用独立行政法人（GPIF）が署名したことで普及した。

［2］　ステークホルダーの役割と権限

株主価値を重視するアメリカの企業ではあるが，株主だけ
でなく取引先や関係者，労働者などのステークホルダーとの
関係も重視するようになってきている。

企業にとってステークホルダーとの信頼関係の構築は企業
の成長にとって不可欠である。企業は，自分の利益だけを追
求するのではなく，環境問題にも配慮しなければならない。
地域社会との関係の構築や社会への協力も大事である。これ
らの信頼関係があるからこそ，企業の業績も伸びるものと思
われる。そのため企業はステークホルダーの意見を聞くため
のコミュニケーションの場を設けるなど体制づくりも強化し
なければならない。

最近では，アメリカにおいても，企業は，株主だけでなく
従業員や地域社会などすべてのステークホルダーに経済的利
益をもたらす責任があるという考えに移行している。

［3］　個人株主と機関投資家

機関投資家は年金加入者や保険加入者から拠出された金額
資金を株式に投資し，一般的に長期投資を行うことが多い。
一方，個人投資家は，個人の資産を企業などに投資する。

株主総会は，企業の最高決定機関であり，大事な議案を決
議する。株主には提案権が与えられ，審議して欲しい議案を
提案することもできるが，アメリカの個人株主による株主提
案は非常に多く，日本とは比べものにならない。

機関投資家や個人の株式保有の割合が大きいと，取締役に
対する影響力も大きくなる。

また，経営者がどれくらい株式を保有しているかというこ
とは，企業に大きな影響を及ぼす。株式所有構造は，企業内
の取締役会におけるパワーバランスに影響があり，コーポ
レート・ガバナンスにも影響を及ぼすことになる。

経営者とは，創業者を含め最高経営責任者：CEO（Chief

Executive Officer), 最高財務責任者：CFO（Chief Financial Officer), 最高執行責任者：COO（Chief Operating Officer）などもも含まれている。例えば，彼らのうち1人が最大数の株式を保有している場合，影響力が最も大きくなり，場合によっては独裁的な経営に陥るといった懸念もある。

5　企業不祥事とコーポレート・ガバナンス

1　アメリカの企業不祥事

　1990年代，機関投資家の圧力によって独立取締役の選任が進んだ。その結果，独立性の高い取締役会において，アメリカの著名なCEOが業績不振などを理由に次々に解雇された。

　独立取締役制度，コーポレート・ガバナンスの体制としては先駆者であったアメリカにおいて，2001年，総合エネルギー会社のエンロン社が倒産し，経営陣の粉飾決算が明るみになった。それを受けて，従来の制度だけでは十分ではないという見解から，SOX法が制定されただけでなく，NYSEとNASDAQの規制も強化された。

　アメリカの不祥事企業の特徴は，組織的な不正が多い日本企業と違い，経営者が個人または数人での不正取引が多い。

2　コーポレート・ガバナンスと社外取締役

　アメリカのエンロン事件では，監査・監督の機能を発揮するはずの独立取締役が，独立性を失い機能しなかった。また，監査するはずの会計監査法人も不正に関与しており，不正金額も巨大で，エンロンショックといわれるほど，大きな社会問題となった。

　また，大手通信会社のワールドコムは，創業者兼CEOによる巨額で不透明な融資が発覚，破綻した。独立取締役は，通常の報酬以外に多額の**ストック・オプション**＊を得ていた。

　上記のようにアメリカでは，監査委員会の全員が独立取締役で構成されているなど，独立取締役の権限が強いにもかかわらず独立性を失い，監査機能を果たしていないことも問題視された。

　そのため現在は，独立取締役のモニタリング効果としてイギリスが世界的に見本にされており，第三者機関の役割も充実している。

　それでもアメリカの独立取締役に対する期待は大きく，

＊ストック・オプション
会社があらかじめ決めた価格（権利行使価額）で自社株を購入できる権利のことで，取締役などに付与する仕組み。

資料 5 - 3　監査委員会における独立取締役の役割

- ・外部の**独立監査役（監査人[*]）**から指摘された箇所の修正
- ・年次報告書，監査証明，監査報告，財務報告書などに対して，外部の独立監査人と経営者による意見のとりまとめ
- ・内部統制の適性
- ・外部の独立監査役（監査人）の監査結果，監査報告書を受けて，提案事項のとりまとめ
- ・資産の運用状況の確認
- ・企業内の監査部門の監査の結果を受けて業務監査報告書の作成

（出所）　ALI コーポレート・ガバナンス原則 3A. 03を基に筆者作成。

2008年の金融危機の翌年に改正された NYSE の上場企業マニュアル（303A 条）では，アメリカの上場企業は，指名委員会，報酬委員会，監査委員会を設置し，取締役の過半数を独立取締役とすることなどが義務化されている。また，独立取締役だけの独立委員会の設置も義務づけられている。

独立委員会においては，構成員のメンバー全員が独立取締役でなければならず，もし規定に反した場合には規定の適用除外となる企業を除いて，上場禁止を指示される。

＊独立監査役（監査人）
外部の会計のチェック機能を果たす会計監査をする公認会計士や監査法人のこと。監査対象企業や経営者と利害関係をもたないものをいう。

③　監査委員会における独立取締役の役割

本来の独立取締役は，企業内に設置されている監査委員会にて監査をする機能がある（**資料 5 - 3**）。監査委員会の委員長が会計士の資格保有者である独立取締役であることは，実効性が高い監査が期待できる。また，監査委員会の構成員に経営者が含まれると，その影響力が及び，利害関係から監査がゆがむことがあるため，公正な判断をする独立取締役だけが構成員でなければならない。監査委員会のほかの役割としては，会計事務所の指名・解約や内部監査担当役員の指名，外部独立監査人の報酬・監査契約などがある。

④　各委員会の役割と実態

監査委員会，報酬委員会，指名委員会の各委員会には独立取締役が大きな役割を果たしており影響力もある。各委員会の委員長は独立取締役が担い，過半数が独立取締役でなければならず，全員が独立取締役で占めている委員会も多い。

アメリカでは所有と経営の分離によりモニタリング機能を強化しており，取締役会の下に設置されている監査委員会，指名委員会，報酬委員会の独立取締役に多くの権限がある。

（柏木理佳）

第**6**章
CG コードと SS コードによるガバナンス改革

　2015年のコーポレート・ガバナンス・コード（CG コード）の適用開始とともに日本のコーポレート・ガバナンス改革は急速に進展した。同時に適用が始まったスチュワードシップ・コード（SS コード）も日本の大企業のコーポレート・ガバナンス改革を後押しした。日本の CG コードや SS コードはイギリスの制度をモデルとしたものであるが，海外のコーポレート・ガバナンス改革は日本のはるか先を行っている。本章では，CG コードと SS コードによる日本のコーポレート・ガバナンス改革の進捗状況を紹介するとともに，その課題についても考察する。

＊キャドバリー委員会
キャドバリー委員会はもともと財務報告審議会（FRC），ロンドン証券取引所などの要請に基づき，財務報告書やアカウンタビリティの改善を目的に設置されたものであったが，委員会の活動中に BCCI 事件やマックスウェル事件などが起きたため，取締役会や会計監査人の CG についても検討されることになった（関，2003，70-71 頁）。BCCI 事件は多国籍銀行 BCCI が，資金洗浄，麻薬取引，多額の使途不明金の発覚により1991年に経営破綻した事件であり，マックスウェル事件は新聞社等の企業グループの経営者であったロバート・マックスウェルがグループ企業の企業年金を投資のために流用し，多額の損失を被ったため年金給付ができなくなった事件である。

1　イギリスにはじまる CG コード

　今日，世界的にコーポレート・ガバナンス（CG）改革の主流となっているコーポレート・ガバナンス・コード（CG コード）はイギリスにはじまるということができる。イギリスの製菓会社の会長であったエイドリアン・キャドバリーは1992年に「コーポレート・ガバナンスの財務的側面に関する委員会」，いわゆる「**キャドバリー委員会**」の委員長として，学会，監査法人，法曹界，証券取引所などの委員から構成される12名の委員とともに「キャドバリー報告書」を公表した。

　当時の企業不祥事を踏まえ，キャドバリー委員会は企業が遵守すべき19項目から成る最善慣行規範（Code of Best Practice）を作成した。その意図するところは，すでにイギリス企業には CG についての優れた慣行があるので，法律による強制ではなく，この優れた慣行を企業に遵守させることによって CG の改善を図ろうとするものである。その方法は「遵守せよさもなくば説明せよ」（Comply or Explain）といわれる方法であり，規範を提示し企業がそれを守れない場合にはその理由を説明しなければならないというものである。規範を守るか守らないかは個別企業の判断に任せるが，守れない場合にはその理由を説明し，公表することによってその妥当性の判断を市場に任せようという方法である。

　ここで特に重要なことは，個別企業による規範の遵守状況の公表を，証券取引所が上場企業に義務づけたことである。すなわち，ロンドン証券取引所は1993年に規範の遵守状況を年次報告書に記載することを，上場規則で義務づけた。このように，法律（ハード・ロー）で強制するのではなく，民間が策定した規範（ソフト・ロー）を自主規制機関である証券取引所が上場規則として採用しながらCG改革を進めていくという方法は，その後のイギリスにおいて引き続き用いられただけでなく，ヨーロッパ各国にも採用され，さらにアジアをはじめ世界各国でも用いられるようになった。CGについて法律で細目を規定する手法はルール・ベース方式と呼ばれるのに対し，原則を提示してその遵守状況を開示させる手法はプリンシプル・ベース方式とも呼ばれている。

　19項目の最善慣行規範には取締役会，非業務執行取締役（イギリスにおける社外取締役に相当する），業務執行取締役，報告および管理の4分野が含まれているが，特に独立した非業務執行取締役による業務執行の監視が重視されている。そのため，取締役会内に非業務執行取締役によって構成される監査委員会，報酬委員会，指名委員会の設置を求めている。

　イギリスではキャドバリー委員会報告書の後，取締役報酬に関心が向けられることになったため，イギリス産業連盟（CBI）は流通大手企業のリチャード・グリーンブリー会長に取締役報酬制度を検討する委員会の設置を依頼した（関孝哉「イギリスの企業統治構造」佐久間信夫編著『企業統治構造の国際比較』ミネルヴァ書房，2003年，72頁）。これを受けてグリーンブリーは石油会社BP会長，通信会社BT会長らを構成メンバーとする委員会において，1995年に報酬問題についてのいわゆる**グリーンブリー報告書**[*]を公表した。

　キャドバリー委員会の規範がイギリス企業に浸透していく中で，それが柔軟性を欠いているという評価もなされるようになってきた。1995年に，ロンドン証券取引所やCBIの支援の下，ICI（インペリアル・ケミカル・インダストリーズ）会長のロナルド・ハンペルを委員長とするCG委員会，いわゆるハンペル委員会が設置され，98年にハンペル報告書が公表された。その特徴は，企業のCG体制は個々の企業の事情に合わせて考慮されるべきであるというものであった（関，2003，73頁）。

　ロンドン証券取引所は1998年，キャドバリー報告書，グ

＊グリーンブリー報告書
グリーンブリー報告書では，独立非業務執行取締役による報酬委員会の設置や，株主に対する情報開示などを求める最善慣行規範が記載された。グリーンブリー報告書の規範はロンドン証券取引所の上場規則に採用され，規範の遵守状況の開示が求められることになった。

リーンブリー報告書，ハンペル報告書を統合して，統合規範（Combined Code）を作成し，新たな上場規則として採用することになった。その後ターンバル委員会，ヒッグス委員会，スミス委員会などが次々に報告書を公表したが，2003年にはさらにこれら3つの報告書が統合された「統合規範」が公表された。

このように，民間が主導してCG規範を策定し，それを証券取引所が上場規則として採用し，コンプライ・オア・エクスプレインの方法で，CG改革を進めていくという方法は，その後世界に浸透し，今やCG改革の大きな流れとなっている。

イギリスではその後も規範の改訂が続けられてきたが，2010年には「イギリス・コーポレート・ガバナンス・コード（UK Corporate Governance Code）」という名称になった。また，2010年には「イギリス・スチュワードシップ・コード」と「監査法人ガバナンス・コード」が公表され，多方面からのCG改革が促進されてきた。

② 日本のCGコードとその効果

日本のCG改革は1990年代初めの企業不祥事を契機に，法律の改正などを通して進められたが，大きな成果を上げることはできなかった。1991年に発覚した証券会社の大口投資家に対する，大規模な損失補填問題に対しては，1993年に商法が改正され，大企業に3名以上の監査役の選任や社外監査役選任などが義務づけられた。1997年には大手証券会社による総会屋への利益供与事件，山一證券や北海道拓殖銀行の経営破綻など日本経済を揺るがすような大事件が相次いで発生した。これを受けた**2002年の商法改正**∗では，監査役の半数以上に社外監査役を選任することを義務づけたほか，社外取締役の2名以上の選任を義務づける，**委員会等設置会社**∗（現在，指名委員会等設置会社に名称が変更されている）が導入された。

CG改革は，企業不祥事の防止という観点からだけでなく，企業業績の向上という観点からも重視されている。日本経済は1980年代末のバブル経済崩壊以降，長期に渡って低迷を続けてきた。日本企業の利益率や生産性は外国企業と比べ極めて低く，GDP成長率や従業員の賃金も外国と比べ著しく低いものにとどまっていた。そのため，日本企業の株価上昇率は海外企業に比べて非常に低く，投資先としての魅力を

＊**2002年の商法改正**
元来，経営の監視のためには，経営者に対する選任・解任の権限をもつ社外取締役の強化が必要であり，海外企業の取締役会では過半数を社外取締役とするのが一般であったが，日本では産業界の反対により社外取締役の選任は進まなかった。取締役の改革ではなく，経営者に対する強制力の弱い監査役の改革で糊塗してきたことが日本のCG改革が遅れた要因の1つであった。

＊**委員会等設置会社**
この機関設計の選択は任意であったため，監査役設置会社から委員会等設置会社に移行する会社は極めて少数にとどまった。委員会等設置会社は社外取締役を2名以上選任しなければならないが，多くの日本企業は社外取締役の選任に極めて消極的であり，そのことが委員会等設置会社の普及が進まなかった理由といわれている。CGにとって重要といわれる独立性の高い社外取締役は，日本においては，1990年代末まで一部の企業を除いてほとんど選任されることがなかった。委員会等設置会社は，現在，指名委員会等設置会社に改称されている。

欠いていたため，海外から投資を呼び込むことも困難であった。1990年代から2000年代に及ぶ経済の長期低迷状態は「失われた20年」と呼ばれ，企業業績の改善が必要であることは誰の目にも明らかになっていた。

　そのような状況の中で2012年に発足した第2次安倍晋三内閣は大胆な経済成長戦略を打ち出し，企業統治改革をその柱の1つに据えた。その結果，2015年にコーポレート・ガバナンス・コード（**2015年 CG コード***）とスチュワードシップ・コード（SS コード）の適用がはじまり，日本の CG 改革が大きく動きはじめた。今日，いわゆるアベノミクスについての評価は様々であるが，CG 改革については概ね高い評価が与えられている。

　CG コードは2018年と2021に改訂され，2018年の改訂（2018年 CG コード）では原則の数は78に増加し，2021年の再改訂（2021年 CG コード）では83になった。

　CG コードは遵守しなくても罰則がないため，遵守率が低く CG の改善が進まないように思われがちであるが，現実には，これによって日本の CG 改革は急速に進むことになった。すなわち，日本において問題が指摘されながら，長年に渡って改善が進まなかった，独立社外取締役の選任，株式相互所有の解消，取締役会内委員会の設置などが急速に進展することになった。CG コードの適用開始から1年後の2016年に，東証は上場企業の **CG コード遵守状況***について公表したが，遵守率は比較的高かった。

　2015年 CG コードは，報酬委員会や指名委員会などの任意の委員会の設置を推奨した。指名委員会等設置会社では，監査委員会，報酬委員会，指名委員会の3委員会の設置が法律で義務づけられていた（法定の委員会）。それに対し，監査役会設置会社と監査等委員会設置会社は報酬委員会および指名委員会の設置は義務づけられていなかったため，コードによってこの2つの委員会（**任意の委員会***）を設置することが推奨されたのである。

　2018年には CG コードが改訂された。改訂された部分はおもに「政策保有株」（株式相互所有のこと），「企業年金」「取締役会」「経営戦略」などである。政策保有株については，その解消を従来より強く求める表現に変わった。また，取締役会については，必要があれば，独立社外取締役の3分の1選任，指名・報酬委員会の設置などが推奨された。2018年 CG

＊2015年 CG コード
2015年に適用開始された CG コードは73の原則から成る。73の原則は，3つの層で構成され，5つの基本原則，31の原則，47の補充原則から成る。基本原則は①株主の権利，②ステークホルダーとの協働，③情報開示，④取締役会等の責務，⑤株主との対話についての抽象的な原則である。この基本原則を具体化したものが31の原則であり，それをさらに具体化したものが47の補充原則である。当時の東京証券取引所の1部上場企業と2部上場企業には，73原則のすべてが適用されることになった。東京証券取引所のマザーズ市場，JASDAQ 市場への上場企業はこの5つの基本原則が適用された。

＊CG コード遵守状況
2016年時点で，東証1部，2部上場企業の84.5％の企業が，73項目のコードの90％以上を遵守していた。特に遵守率が上昇したのは独立社外取締役の2名以上の選任という原則で，前年（2015年）に比べて遵守率が21.3ポイントも上昇し，78.8％の企業が遵守していた（東京証券取引所「コーポレートガバナンス・コードへの対応状況（2016年7月時点）」，2016，5頁）。

＊任意の委員会
取締役や最高経営者の人事に大きな影響力をもつ指名委員会はコーポレート・ガバナンスにとって特に重要とされている委員会であるが，コードの適用が開始された2015年を挟んで，2014

コードの効果はすぐに現れた。株式相互所有の市場全体に占める割合は，1990年の約5割から2018年には15％に減少した（『日本経済新聞』2018年6月15日）。独立社外取締役の選任や株式相互所有の解消，委員会の設置において，CGコードの効果が顕著であった。

③ 東証の市場区分変更と2021年CGコード改訂

東証は証券取引所の**市場区分の変更**＊を決定した。すなわち，従来の1部市場，2部市場，マザーズ市場，JASDAQ市場の4市場からプライム市場，スタンダード市場，グロース市場の3つの市場に区分し，2022年4月から適用を開始した。2021年にはCGコードが再改訂されたが，この21年CGコードは新市場区分への変更を前提にしたものであった。

東証が市場区分を変更した理由は，①4つの市場の差がわかりにくいこと，②上場基準と上場廃止基準に差があること，③市場一部上場企業の数が海外と比べて多すぎること，などである（東京証券取引所「市場構造の在り方等に関する市場関係者からのご意見の概要」2019年5月更新版）。

これまで4つの市場に上場してきた企業は，自らの判断で新市場を選ぶことができるが，これまでより厳しい流動性基準をクリアしなければならない。プライム市場の上場基準は流通株式時価総額が100億円以上で，流通株式比率が35％以上となっている。スタンダード市場の上場基準は，流通株式時価総額が10億円以上で，流通株式比率が25％以上である。グロース市場の上場基準は，流通株式時価総額5億円以上，流通株式比率25％以上となっている。プライム市場において流通株式比率35％以上が求められたのは，市場の規律にさらされていることや，特別決議の際に3分の2以上を安定株主で固めていないことを重視したためである。

しかし，実際には2022年に1部市場の84％にあたる1830社がプライム市場に移り，プライム市場を国際性とガバナンスを備えた，日本を代表するような少数の優良企業のための市場にしようという意図から大きく外れたものとなった。

2021年6月に改訂版が公表された2021年CGコードでは，プライム市場には基本原則，原則，補充原則の全83原則と，特にプライム市場向けの原則が適用される。スタンダード市場には83の原則が，グロース市場には基本原則だけが適用されることになった。改訂の主要な部分は①**取締役会の機能発**

揮*, ②企業の中核人材における**多様性（ダイバーシティ）の確**
保*, ③サステナビリティ（ESG要素を含む中長期的な持続可能
性）をめぐる課題への対応，を内容とするものである（浜田
宰・水口美弥「コーポレートガバナンス・コードと対話ガイドライ
ンの改訂について」『ジュリスト』2021年10月号，16頁）。

　サステナビリティをめぐる課題への対応については，取締
役会がESGに取り組み，その取り組み状況について開示す
べきであるというものである。2021年CGコードの特徴は
「ESG経営・SDGs対応」を非常に強く強調していることで
ある。2021年CGコードはESG課題がリスクの回避だけで
なく，収益機会にもつながり，企業価値向上にとっても重要
であるとして，その取り組みについて開示を求めている。特
にプライム市場上場会社に対しては，気候変動が自社の事業
活動や収益等に与える影響について分析し結果を開示するこ
とを求めている。開示にあたっては **TCFD*** またはそれと同
等の枠組みに基づく開示の質と量を要求している。

④　日本のSSコードとその効果

　CGコードは上場企業にCG改革のための指針を示し，企
業にその指針の遵守を通して企業自らがCG改革を進めるこ
とを促すものである。これに対して日本のスチュワードシッ
プ・コード（日本版SSコード）は，上場企業の株式を大量に
所有する**日本の機関投資家***に対して積極的にCG活動を行う
よう求めるものである。

　現在の経営者が次期取締役を選任する権限をもつことは経
営者支配と呼ばれるが，日本では株式相互所有の相手企業や
その他の安定株主（従業員持株会や取引先持株会など），そして
機関投資家から送られてくる白紙委任状が経営者支配の極め
て重要な基礎となっていた。

　年金基金が運用している膨大な資金はもともと年金加入者
から拠出された資金であり，年金基金は本来年金加入者の利
益になるように行動しなければならないはずである。つま
り，年金基金は株式として投資された資金が企業によって効
率的に運用され，企業の健全な成長をもたらすように用いら
れているかを監視しなければならないはずである。そして，
最終的に年金加入者に十分な配当と株価上昇益を還元するこ
とこそが年金基金の本来の責任である。さらに投資先企業が
十分な利益を上げ，企業不祥事によって企業価値が低下する

＊多様性（ダイバーシティ）の確保
企業の中核人材における多様性の確保は，具体的には女性・外国人・中途採用者の管理職への登用に務めることを求めている。さらに，ジェンダーや国際性についての改訂ガイドラインの例示には職歴や年齢も加えられている。多様性は長期的に企業価値を向上させるという考えに基づいている。

＊TCFD（気候関連財務情報開示タスクフォース）
2015年12月に金融安定理事会（FSB）によって設置された機関。企業の財務に関連のある気候関連情報の開示を推奨している。企業などは，自社のビジネスに影響を及ぼす気候変動のリスクと機会について把握し，それを開示することが求められる。

＊日本の機関投資家
生命保険会社や年金基金など，日本の機関投資家は，かつて上場企業の株式を大量に所有しているにもかかわらず，投資先の株主総会で積極的に議決権を行使してこなかった。それどころか，日本の機関投資家は株主総会の前に投資先企業の経営者に白紙委任状を送るのが普通であったので，株式相互所有の相手企業から送られてきた白紙委任状などと合わせることによって，経営者は株主総会の前に議決権の過半数を握り，取締役の選任や役員報酬のような重要な議案をほぼ経営者の思い通りに可決することができた。

ような事態を防止するような立場から議決権を行使することが，年金加入者に対する年金基金の責務である。保険会社や信託銀行についても同様のことがいえる。

このように機関投資家は資金の出し手に対して責任を果たすべきであるにもかかわらず，日本の機関投資家は長い間，その本来の役割を果たさないままであった。アメリカではすでに1974年に**エリサ法**が制定され，年金基金の年金加入者に対する責任が法律で規定されている。SS コードは機関投資家が議決権行使や経営者との対話を通して，その本来の責務を果たすべきことを求めたものである。

日本の SS コードはイギリスの SS コード（英国版 SS コード）をモデルに2014年に策定され，2015年から適用が初められた。日本版 SS コードは2017年に改訂が行われ（2017年 SS コード），さらに2020年に再改訂が行われた（2020年 SS コード）。SS コードは，機関投資家が取るべき行動原則であり，2014年 SS コードでは 7 つの原則と21の指針が提示され，これらの原則と指針に対し遵守するか説明するか（Comply or Explain）を公表することが求められた。この原則の中で，機関投資家は投資先企業との建設的な対話や議決権行使結果の公表を求められることになった。金融庁は2016年に **SS コードの遵守状況**について公表した（金融庁「スチュワードシップ・コード受入機関の取り組み方針・活動内容の公表状況」2016年 2 月18日）。

2017年の改訂では原則そのものは変更せず，指針を加筆あるいは追加する形で改訂が行われ，指針の数は30に増加した。この改訂では，機関投資家をアセット・オーナーと運用機関に区別し，それぞれの機関に対し原則を提示した。日本の金融機関は，同一金融グループ内に証券会社，銀行，投資顧問会社（運用機関）などをもつものが多いが，投資顧問会社が親会社やグループ会社の利益を優先して議決権行使をする場合にはアセット・オーナーとの間に利益相反が生じることになる。この改訂ではそうした利益相反が生じないような取り組みを運用機関に求めた。また，議決権行使結果の個別開示も求めた。これは，例えば取締役選任議案について，一人ひとりの取締役候補者に対する賛否を明らかにすることを意味する。機関投資家の個々の取締役候補者に対する評価が，これによって明確になる上，各機関投資家の対応状況が広く社会に公表されることになる。

＊エリサ法

➡第 3 章「株式会社の大規模化と支配・統治変化」❹ ③ 参照。

＊SS コードの遵守状況

2015年11月時点での 7 つの原則の遵守率は，原則 5 を除いて80％超と比較的高かった。遵守率が最も低かった原則 5 のうち議決権行使結果の開示は遵守率が63％，エクスプレイン（説明）率10％，開示なしが27％であった（金融庁，2016年 2 月18日，4 頁）。この時点では議決権行使結果の公表についての遵守率の低さが最も大きな問題であったが，そのほかにも企業年金による SS コードの受け入れが少ないこと，議決権行使助言会社における助言サービスへの経営資源投入が不十分であることなどの問題点が指摘された。

資料 6 - 1　　国内機関投資家による株主総会議案への反対率の推移

（資料）　ICJ「6 月総会概況」を基に大和総研作成。
（出所）　鈴木裕・中村文香「機関投資家の議決権行使状況（2017年）」『金融資本市場』大和総研，
　　　　2017年，2 頁。

　さらにこの頃には，海外機関投資家による資本効率の改
善，独立社外取締役の増員，ESG に関する企業の取り組み
の開示などの要求が強まってきた。2017年の株主総会におい
て国内機関投資家の反対比率が高かった議案は，買収防衛策
や役員退職金支給議案などである（**資料 6 - 1**）。議決権行使
助言会社が公表する助言方針は機関投資家の議決権行使の動
向に大きな影響を与えているが，ISS 社やグラス・ルイス社
といった有力な助言会社は独立取締役の選任や女性取締役の
選任を強く求めるようになってきている。
　2020年 3 月には SS コードが再改訂され（2020年 SS コー
ド），原則の数は 8 原則，34指針に増加したが，この中で，
インベストメント・チェーンにおける従来の運用機関，ア
セットオーナーのほかに機関投資家向けサービス提供者とい
う主体が新たに定義された。機関投資家向けサービス提供者
は，具体的には議決権行使助言会社や年金運用コンサルタン
トなどを指すが，これらの主体に対する新しい指針が追加さ
れた。インベストメント・チェーンの構造と各主体の役割お
よび2020年 SS コードの改訂点は**資料 6 - 2** でわかりやすく
説明されている（島貫まどか・高澤乃絵「スチュワードシップ・
コードの再改訂の概要」『経理情報』2020，28頁）。そこで，この
資料 6 - 2 に従って2020年の再改訂 SS コードの主要な改訂
点についてみていくことにする。まず，改訂点①は「スチュ

資料 6-2　再改訂版コードのポイント

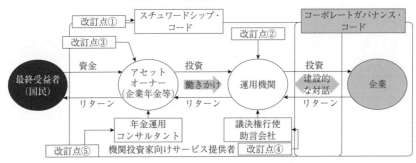

〈再改訂のポイント〉
① 全体に関わる点
　(1) サステナビリティ（ESG要素を含む中長期的な持続可能性）の考慮
　(2) 債券等に投資する機関投資家へのコードの適用
　(3)「中長期的な企業価値向上」という目的の意識
② 運用機関：建設的な対話の促進に向けた情報提供の充実
③ アセットオーナー：企業年金のスチュワードシップ活動の後押し
④ 議決権行使助言会社
⑤ 年金運用コンサルタント　────機関投資家向けサービスの質の向上

（出所）　島貫まどか・高澤乃絵「スチュワードシップ・コードの再改訂の概要」『経理情報』2020年，28頁。

＊情報提供の充実
改訂前のSSコードでは，議決権行使結果を議案ごとに公表することを求めていたが，2020年SSコードでは，「利益相反が疑われる議案」や「重要と判断される議案」については，賛否にかかわらずその理由を公表することになった。また，投資先企業との対話を含むスチュワードシップ活動の結果を公表することも求められることになった。

＊企業年金
企業年金はSSコードの受け入れが少ないことが大きな課題であるが，SSコードは母体企業に企業年金によるスチュワードシップ活動を促進することを求めている。

ワードシップ責任」の定義の中で「運用戦略に応じたサステナビリティ（ESG要素を含む中長期的な持続可能性）の考慮」に基づいて建設的な対話を行うという文章が明記されたことである。近年，格差の拡大や気候変動問題の深刻化を背景に，世界的にESGへの取り組みが叫ばれているが，こうした動向を捉えたものということができる。

　改訂点の②は，「運用機関に建設的な対話の促進に向けた**情報提供の充実**＊」である。

　改訂点の③は，**企業年金**＊等のアセットオーナーのスチュワードシップ活動の後押しである。

　改訂点の④は，機関投資家向けサービス提供者のサービスの質の向上である。これまで，議決権助言会社は機関投資家の議決権行使に大きな影響力を発揮してきたが，その助言の根拠などが必ずしも明らかではなく，欧米でもこの点が問題視されてきた。2021年SSコードは助言会社が十分な人的・組織的体制を整備することで，より透明性の高い助言を提供することを求めている。

　改訂点の⑤は年金運用コンサルタントに対し利益相反管理体制の整備・公表を求めるものである。

　SSコードの2回の改訂を通して，機関投資家に対する要

求は強化，より具体化されてきたが，企業年金によるコードの受け入れが少ないことが大きな課題である。すなわち，企業年金の数が1万を超えているのに対し，受け入れ企業年金の数は39機関に過ぎない（平田智士「スチュワードシップ・コード再改訂の影響」『生命保険経営』第89巻第1号，2021年，38頁）。改訂点③はこのような状況に対応しようとするものである。

　個別の議決権行使結果を公表している機関数は2018年の106機関から2020年の124機関に増加し，賛否理由を公表している機関も20機関から47機関へと増加している（平田，2021，38頁）。このデータからみる限り SS コード改訂は効果を発揮しつつあるように思われる。

⑤　イギリスの CG 改革の動向

　イギリスの CG コードは，1992年のキャドバリー報告書以降，何度も改訂が行われてきたが，2018年にも大幅な改訂が行われた。その主な改訂点は，①ステークホルダーの利益考慮，②適切な企業文化の構築，③サクセション（後継者計画）とダイバーシティ，④役員報酬である。

　イギリスでは1979年のサッチャー政権の発足以来，小さな政府の名の下に福祉の切り捨てや大企業優遇政策などによって弱者へのしわ寄せが起こり，失業問題，人種暴動などの社会不安が増大した。こうした社会不安は2008年のリーマンショックやその後の金融危機などによって増幅されることになり，深刻な社会の亀裂は2016年の**ブレグジット***に顕著な形で現れることになった。イギリスでは，このような事態に対処するために2018年改正会社法で企業の年次報告書の中に「ステークホルダー利益考慮の内容とその効果などを記載することが必要となった」（林順一「英国のコーポレートガバナンス・コード及びスチュワードシップ・コードの改訂の背景・内容と我が国への示唆」『ビジネス・マネジメント研究』16，2020年，71頁）。

　イギリスの2018年 CG コード改訂はこのような流れの中で行われたため，**ステークホルダー利益考慮***に特に重点が置かれるものとなった。イギリスではこのコードの適用開始以前から，すでに FTSE100 社のうち22社が従業員とのエンゲージメントについての対応を実施している（林，2020，73-75頁）。

　日本版 SS コードのモデルとなったイギリスの SS コード

＊**ブレグジット**
イギリスは EU 加盟28カ国を構成する有力なメンバーであったが，2016年の国民投票で EU から離脱することを決定した。これはブレグジット（Brexit）と呼ばれ，EU 各国はもちろん，世界の経済に大きな衝撃を与えた。投票翌日には株価が急落し，全世界の株式時価総額の5％に相当する330兆円が1日で消失した。

＊**ステークホルダー利益考慮**
2018年イギリス CG コードは取締役会の役割としてステークホルダーに対する責任が明記され，とりわけ，従業員とのエンゲージメントに際して具体的に3つの方法を提示した。つまり，①従業員の中から指名された取締役，②正式な従業員諮問委員会，③従業員の声を代弁する非業務執行取締役の3つで，そのうちの1つまたはその組み合わせを用いるべきであるとしている（林順一「英国スチュワードシップ・コード改革に関する一考察」『国際マネジメント研究』第9巻，2020年，72頁）。

は，イギリスの銀行危機への対応を踏まえ，2010年に制定された。その後，2012年に一部改訂が行われた後，2019年に大幅な改訂が行われ（2019年イギリスSSコード），2020年から適用が開始された。

イギリスでは2019年に大手建設会社**カリリオンの不正会計***が発覚し経営破綻したが，会計監査を担当していた監査法人KPMG，コンサルティング業務を請け負っていた3つの大手監査法人，FRCなどの規制機関に批判が集中した。

このような経緯を経て2019年10月にSSコードが改訂・公表されたが，FRCはSSコードの変更点として①SSコード適用対象先の拡大，②SS活動の内容とその成果の報告強化，③ESG要素の考慮，④対象資産の拡大，⑤組織目的などの説明の5項目をあげている（林，2020，35頁）。①は，従来のSSコードが主としてアセットマネジャーを対象としていたのに対し，SSコードの適用対象をアセットオーナーやサービスプロバイダーにまで拡大したことである。②は，「投資先企業とのエンゲージメント，議決権行使の内容，投資価値をどのように保護し増大させたのか」といった活動内容とその成果を年次報告書で報告することを求めている。③は，気候変動を含めたESG要素を考慮することを求めている。④は，署名機関に対し，「上場株式だけでなく，債権，プライベートエクイティ，インフラへの投資や，英国外への投資など」についてもスチュワードシップの実践状況を説明することを求めている。⑤は署名機関に対し，「彼らの組織目的，投資哲学，戦略，企業文化や，それらが彼らのスチュワードシップ活動にどのような影響を与えるかについての説明」を求めた（林，2020，35-36頁）。

2019年イギリスSSコードの最も大きな変更点は，機関投資家に対する要求方法をComply or ExplainからApply and Explainに変更したことである。これによって署名機関は原則を必ず適用した上でその結果を開示することが求められるようになったのである。2019年英国SSコードは，キングマン報告書からかなり後退した内容となったものの，自主規制を基本とする従来のコードからより強制力をもったコードへの極めて大きな方向転換と考えることができる。

今日，格差拡大や環境問題の深刻化に直面し，抜本的な社会改革がなければ資本主義体制そのものの存続が困難であるとの認識が世界の財界人を含めた多くの人々の共通認識と

＊カリリオンの不正会計
この事件を調査し報告書として公表したキングマン報告書は，FRC，監査法人そしてSSコードに対する抜本的な改革を要求するものであった。それは，イギリスのこれまでのコーポレート・ガバナンスの基盤であった自主規制モデルを放棄し，政府の規制当局による厳しい規制への転換を要求するものである（林，2020，34頁）。

なっている。アメリカの大企業経営者で構成されるビジネ
ス・ラウンドテーブルやダボス会議においても同様のステー
クホルダー重視の提言が相次いでおり，株主資本主義からス
テークホルダー資本主義への移行が世界的な動向となってい
る。さらに，アメリカやイギリス，ドイツなどにおいては，
株主利益ではなくステークホルダーへの貢献や社会課題の解
決を目的とする会社である**ベネフィット・コーポレーション
(BC)** の法制化が進み，BC の設立も盛んに行われている。
従来の株主利益重視主義は転換点を迎えている。

　2015年からはじまった，CGコード，SSコードに依拠した
日本の CG 改革は，イギリスに範を取る改革であったことか
ら，今後の日本の CG 改革もイギリスに追随するものとなる
ことが十分考えられる。

（佐久間信夫）

**＊ベネフィット・コーポ
レーション（BC）**
アメリカでは40近くの州で
BC が法制化されている。
アメリカでは2018年時点で
7700社の BC が設立されて
いる。同様の制度はイギリ
ス（2006 年），ド イ ツ
（2013年），フランス（2019
年）などで制定されている
（『日本経済新聞』2022年5
月25日）。

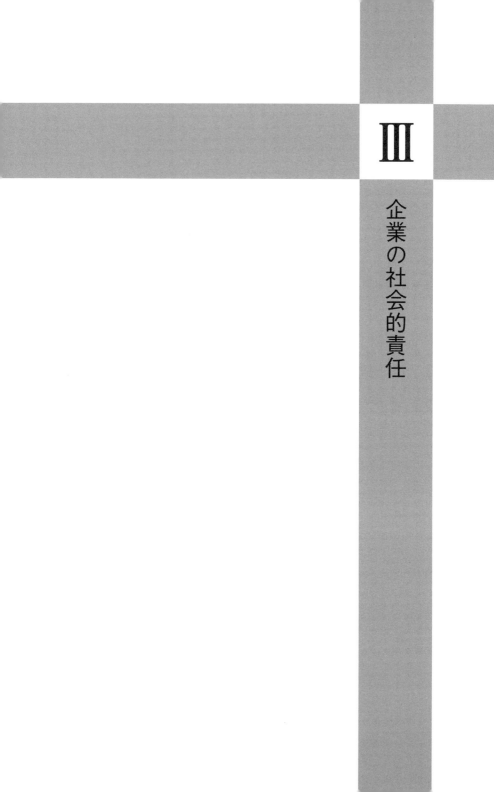

III

企業の社会的責任

第7章

企業の社会的責任論の変遷

本章では企業の社会的責任論について，①定義，②社会・環境の変化，③CSR 理論，④グローバル・ガバナンス，⑤CSR 経営戦略を中心に検討して，その変遷と体系について理解する。CSR 理論に加えて，経営環境の変化によって CSR 実践も変化していることが見て取れるであろう。本章を通して CSR の全体像を理解することができる。

1 企業の社会的責任の考え方

1 企業の社会的責任の思想

　企業には「企業の社会的責任」(Corporate Social Responsibility, CSR) を果たすことが求められる。企業は社会に「埋め込まれた」存在として，多くの社会関係の下で事業を展開しているからである。近年では CSR と呼称されることが多いが，企業の社会的責任は古くから問われてきた。例えば江戸時代には，近江商人の「三方よし」（売り手よし，買い手よし，世間よし）や，大丸百貨店の「先義後利」（義を先にして利を後にする）などの思想がみられる。

　このような思想は海外でもみられる。イギリスでは，**キャドバリー**や**ラウントリー**などの**クエーカー**企業家が，その教義に基づく福利厚生充実や寄付活動などの社会貢献を実施してきた。アメリカでも，同時期には**ロックフェラー**や**カーネギー**などによる寄付活動がみられた。それらは大規模であり，シカゴ大学，カーネギーメロン大学，カーネギーホールなどの設立に資金が提供された。また**フォード**は，寄付だけでなく「労働者のために」という考えの下に，未熟な労働者の私生活にまで入り込んで支援を展開してきた。

　このように CSR は古くから取り組まれてきたが，近年では従前の内容とは異なる特徴が見受けられる。本章では CSR について，その定義，CSR の根本をなす理論，さらには近年の展開を学術と実務の両側面から検討する。これを通して，企業の社会的責任の変遷を理解し，企業に求められる役割の変化と企業の環境適応を学ぶ。

＊キャドバリー (Cadbury, J.)，ラウントリー (Rowntree, J.)
両企業とも菓子製造業であり，ラウントリー社は1988年にネスレ社 (Nestlé) に買収された。キャドバリー社は今日においても存続しており，日本では「メントス」や「キシリクリスタル」などが知られている。

＊クエーカー教 (Quaker)
キリスト教プロテスタントの一派であり，平和主義と博愛主義を重んじる思想を有している。クエーカー企業家による社会的責任の実践は，このような宗教観を反映したものと考えられる。

＊ロックフェラー (Rockefeller, J. D.)，カーネギー (Carnegie, A.)，フォード (Ford, H.)
ロックフェラーはスタンダード・オイル社 (Standard Oil)，カーネギーは US スチール社 (U. S. Steel)，フォードはフォード・モーター (Ford Mo-

tor）の創業者である。当
時のアメリカの企業家によ
る社会貢献には，自身が
行ってきた所業に対する贖
罪の意味が込められてい
る。

２　CSR の定義

　初めて CSR に言及したのはシェルドン（Sheldon, O.）であ
る。彼は「管理の第一の責任は社会的で公共的」なものであ
り，企業評価について，利益や生産性など数値化可能な「科
学的基準のみではなく，公共の福祉・利益への貢献という最
高の基準でも測定されるべき」と述べている（Sheldon, O.,
1923, *The Philosophy of Management,* SIR ISSAC PITMAN &
SONS, p. xi＝田代義範訳『経営管理の哲学』未來社，1974年）。ラ
ウントリー社の経営者の経験から，CSR を自覚し，その実
現にはリーダーシップが必要になると指摘している（Shel-
don, 1923, pp. 28-29）。経営者が従業員や地域社会に対して貢
献することから，「経営者の社会的責任」ともいえる。
　シェルドンも含めた上記企業家の CSR は，企業が社会的
責任を果たすよりも，経営者の価値観とリーダーシップに基
づく行為なのである。このような CSR は「暗黙的 CSR」
（implicit CSR）と呼称され，戦略的かつ制度的に実施される
CSR（「明示的 CSR*」）とは異なる性質をもっている。それは
見返りを求めるのではなく，彼ら自身の自然の振る舞いとし
て無意識的に実践されていく。企業は地域社会に対して，暗
黙的に社会的責任の履行と貢献を実施してきた。このような
CSR を認識・理解することが重要であり，以下では，研究
者による定義をみることで CSR の特徴を紐解いていこう。
　まず，新自由主義経済学者であり，**マネタリスト***として著
名なフリードマン（Friedman, M.）の定義（1970年）をみる。

＊明示的 CSR（explicit CSR）
CSR 担当取締役の任命，
CSR 専任部署の設置，
CSR 研修の実施，CSR 報
告書の発行など，CSR を
遂行する仕組みが組織に制
度化されている状況を示し
ている。外部からも当該企
業の CSR を認識すること
が可能であり，企業評価の
向上にも活用される戦略的
行為である。
＊マネタリスト（monetarist）
マクロ経済における貨幣供
給の役割の重要性を主張す
る経済学の一派である。国
家財政に負担をかける財政
政策よりも，中央銀行によ
る貨幣供給量の調整によっ
て，景気をコントロールし
ようとする。

　　「企業には唯一の社会的責任が存在する。企業利益を最
　大化するように経営資源を用いて，経営活動を行うこと
　である」（Friedman, M., 1970, "The Social Responsibility of Busi-
　ness is to Increase its Profits," *The New York Times,* Septem-
　ber 13, 1970, p. 33）。

　これによると，企業が負う責任は利益の最大化に限定され
る。資本主義社会では，株主が利益獲得のために私財を投じ
て企業（株式会社）を設立する。株主は株価上昇や高配当を
期待することになり，また彼らが経営に関与しない場合に
は，「専門経営者」に委託するようになる。専門経営者は株
主の負託を受けるため，利益を最大化してその期待に応える
必要がある。資本主義社会における企業責任の明確な論理で

あり，フリードマンはこの点を強調している。

　しかし，新しいグローバル課題の出現によって，世界的に協力して課題解決へ取り組む必要性が出てくると，CSR の定義も広がっていく。例えば，ボートライト（Boratright, J. R.）や谷本寛治は以下のように定義する。

　　「企業利潤や組織的健全性だけでなく，倫理的基準や社会的に望ましい判断に基づいて，企業目的を選択し成果を評価すること」（Boatright, J. R., 2003, *Ethics and the Conduct of Business*, Pearson Prentice-Hall, p. 373）。

　　「企業活動のプロセスに社会的公正性や環境への配慮などを組み込み，ステイクホルダー…中略…に対して**アカウンタビリティ**[*]を果たしていくこと。その結果，経済的・社会的・環境的パフォーマンスの向上を目指すこと」（谷本寛治「新しい時代の CSR」谷本寛治編著『CSR 経営—企業の社会的責任とステイクホルダー—』中央経済社，2004年，5頁）。

　これらから，CSR とは利益に加えて，企業目的の設定において倫理や社会という非財務的基準を盛り込むとともに，その達成を求める概念であることがわかる。企業の成果を利益だけでなく，社会や環境の側面からも評価する考えを**トリプル・ボトム・ライン**[*]という。これが必要になる理由は，経済・社会・環境が持続可能な発展に関係するからである。まず人間が生活するには，良好な自然環境が必要になる。安定した気候や資源の豊富さが，人々の定住（社会形成）を可能にする。ついで経済活動には治安，教育水準，防災体制などの社会の質が基盤となり，また社会を維持するためにも，雇用を創出し生活に必要な財を提供する企業（経済）が必要になる。このように経済・社会・環境は相互依存の関係となっており，トリプルウィンの達成が求められる。

② われわれを取り巻く社会的・環境的課題

［1］ 株式会社の近代化：所有と経営の分離

　株主が専門経営者に経営を委託した状態を「所有と経営の分離」（separation of ownership and management）という。バーリ＝ミーンズ（Berle, A. A. & Means, G. C.）が，1929年

＊アカウンタビリティ（accountability）
「説明責任」と訳出される。企業では，投資をする株主や融資をする金融機関に対しては，資金提供に対する責任として事業状況を説明することが求められる。ただし，近年では，環境問題や社会課題への取り組みについても，説明責任を果たすことが求められるようになっている。

＊トリプル・ボトム・ライン（Triple Bottom Line）
ここでいう「ボトム・ライン」とは，損益計算書の最終行のことである。すなわち，営業活動の最終結果を示す当期純損益という項目であり，当該企業の成果を表している。

時点のアメリカ200大企業（資産額）の株式所有と支配形態を調査して明らかにした概念である。

　企業の大規模化に伴い新規株式が発行されると，株主数が増えて株式所有も分散し，単独株主が過半数所有できず経営に対する支配権を失う。その結果，株式を保有しない専門経営者による企業経営の支配（management control：経営者支配）が現出したが，その割合は44％（88社）に達していた。大規模な上場株式会社では，経営者が企業を実質的に支配する体制になっていた（Berle, A. A. and G. C. Means, 1932, *The Modern Corporation and Private Property*, The MacMillan Company pp. 94-117= 北島忠男訳『近代株式会社と私有財産』文雅堂銀行研究社，1959年）。

　専門経営者が経営を支配したとしても，彼らは株主利益を考慮しなければならない。同時に企業の大規模化は，その活動による社会的な影響力の増大を意味する。結果として，株主利益の追求のみが困難になり，ステークホルダー（利害関係者）全体への配慮が不可避になる（櫻井克彦「企業存続の概念と今日的意義」『日本経営教育学会全国研究大会研究報告集』第62号，2010年：23-26頁，24頁）。大企業体制の到来，株式所有の分散，経営者支配の出現は，企業が株主利益の追求だけではなく，社会的存在として広範なステークホルダーに対して責任を果たす必要性を生じさせたといえる。このことが，企業に対してCSRを求める初期の背景となっている。

　それでも英米では，**アングロ・サクソン**[*]型の企業経営の価値観として，その第1目的は株主価値の最大化にあることが一般的である。ステークホルダーの中で株主利益が最も優先される価値観であり，そのような事情を反映してフリードマンのような発想が生じると考えられる。

［2］ グローバル・ガバナンスとの関係性

　しかし，第2次世界大戦後には，国や地域的な課題に加えてグローバルな課題が発生してきた。前者には，日本では公害問題に代表される環境破壊と健康被害，アメリカではDDT農薬による環境問題，人種差別と公民権運動などが挙げられる。またEU（欧州連合）各国では，**社会民主主義**[*]による財政悪化が，国有企業の民営化と失業者の増大につながった。

　後者のグローバル課題では，まず環境破壊や資源枯渇が出

＊アングロ・サクソン（Anglo-Saxon）
イギリスやアメリカにおける根幹をなす民族である。その企業経営に関する価値観は，金融市場（証券市場）からの資金調達と，株主価値を最大化することに特徴づけられる。

＊社会民主主義（Social Democracy）
資本主義経済の1つの在り様であり，国家において生じる様々な課題（雇用，福祉，環境など）について，政府が全面的な責任を負って取り組む政治思想である。一般的に「大きな政府」ともいわれることがある。

現する。「環境と開発に関する世界委員会」（World Commission on Environment and Development, WCED）が，「持続可能な開発」（sustainable development）を提示したことで注目を集めた。それは「将来世代のニーズを損なわないように，現世代のニーズを満たす開発」のことであり（World Commission on Environment and Development, 1987, "Report of the World Commission on Environment and Development: Our Common Future," pp. 1-300, p. 41），過剰開発や資源乱獲による自然の再生力低下を防いで，持続可能な資源利用を目指そうとしている。

　ついで気候変動（Climate Change）という課題について，「気候変動に関する政府間パネル」（Intergovernmental Panel on Climate Change, IPCC）の「第1次評価報告書」（1990年）で明らかにされ，1995年の「第2次評価報告書」では経済的な影響も示された。IPCC報告書を受けて，1997年の第3回気候変動枠組条約締約国会議において「京都議定書」が採択され，先進国に対して**温室効果ガス**[＊]（GHG）の排出削減目標が設定された。京都議定書の約束期間（2008〜2012年）は終了し，現在はパリ協定（2015年採択）に基づいて，GHG排出削減の枠組みがつくられている。同協定では，2100年の平均気温上昇を産業革命以前よりも2℃以内に抑える必要性が提示された。その達成に向けて，2050年にはGHG排出量を40〜70％削減（2010年比）し，2100年にはゼロ以下（カーボンニュートラル）にする必要がある。

　また現代社会では，生物多様性の毀損，脱原発，化学物質の取り扱いなどの環境課題も存在する。イスラム国やアルカイダなどのテロや紛争が相次ぎ，国際的な難民発生も社会課題の1つになっている。中国新疆ウイグル自治区やロヒンギャ民族の迫害など人権問題も散見されるし，人権侵害の発生地域での操業への批判も高まっている。さらに**経済の南北格差**[＊]が拡大しており，食料や医療提供などの不十分さによって，多くの人命が失われている国々も多い。

　さらに1970年代以降，財政的な困難さから**新自由主義思想**[＊]が台頭したことで，各国政府の課題解決能力が低下してきた。地球規模的な社会・環境課題の解決に対して，NPO（非営利組織）やNGO（非政府組織）はもとより，多国籍に活動する営利主体（企業）にも貢献が求められるようになった。グローバル・ガバナンス（Global Governance, GG）という考

＊温室効果ガス（Greenhouse Gas）
地球温暖化をもたらす温室効果を有する大気成分のことである。二酸化炭素（76.0％）が主要な温室効果ガスとして知られているが，それ以外にもメタン（15.8％），一酸化二窒素（6.2％），フロンガス（2.0％）がある。

＊経済の南北格差
先進工業国と発展途上国の経済的な格差のことを表している。全体的に，北半球には先進国が多く，南半球に途上国が多いことから，このような名称がつけられている。新型コロナウイルス・ワクチン供給でも，経済力のある先進国で急速に普及した一方で，途上国ではその接種の遅れが指摘されたことは記憶に新しい。

＊新自由主義（Neoliberalism）
政府が果たす役割を最小限にして，規制緩和や民営化などを通して，市場での自由な経済活動を重視する資本主義思想のことである。

え方の台頭である。ここでいうガバナンスとは，「個人と機関，私と公とが，共通課題に取り組む多様な方法の集合体」のことである（The Commission on Global Governance, 1995, *Our Global Neighbourhood: The Report on the Commission on Global Governance*, Oxford University Press, p. 2= 京都フォーラム監訳・編集『地球リーダーシップ―新しい世界秩序をめざして―』日本放送出版協会，1995年）。その上で GG は，「地球規模で解決を迫られている諸問題に，主権国家のみならず，国際機構，企業，NGO など」が協働して解決に取り組む管理や体制と定義される（福田耕治「グローバル・ガバナンスと EU の持続可能な発展戦略」福田耕治編『EU とグローバル・ガバナンス』早稲田大学出版部，2009年：3-35頁，6頁）。地球規模での課題解決には，公的機関だけでなく，企業を中心とする民間機関，さらには各主体間での連携や協働が重要になってくる。

このように地域だけでなく，グローバル課題が発生しており，企業も地球市民として解決に取り組む必要が出ている。ボートライトや谷本による CSR の定義には，GG の視点が見て取れる。実際に企業を地球市民として捉えて，課題解決への貢献を求める世界的な潮流もある。国連グローバル・コンパクト（UN Global Compact, UNGC），国連責任投資原則（Principles for Responsible Investment, PRI），ISO26000，SDGs（Sustainable Development Goals：持続可能な開発目標）などである。また，欧州委員会（European Commission, EC）による CSR の政策的推進のように，国や地域での取り組みも進展している。

③ 企業の社会的責任に関する理論

[1] CSR ピラミッド

企業の社会的責任論は，「企業と社会」（Business and Society）論から誕生した。企業と社会論とは，社会の中の企業の思考に基づき，企業が果たす責任と役割を論ずるものであり，正当性と義務，CSP（Corporate Social Performance），社会問題マネジメント（Social Issues in Management）などを議論してきた。特にキャロル＝ブックホルツ（Carroll, A. B. & Buchholtz, A. K.）は，ステークホルダーとの関係性から CSR を明確に分類する枠組みを提示した。「CSR ピラミッド」（The Pyramid of Corporate Social Responsibility）という枠組みであり，階層の下位から上位に移行すると，基礎的責任から

資料 7 - 1　CSR ピラミッド

社会貢献的責任
(Philanthropic Responsibilities)

倫理的責任
(Ethical Responsibilities)

法律的責任
(Legal Responsibilities)

経済的責任
(Economic Responsibilities)

(出所)　Carroll, A. B. and A. K. Buchholtz, 1999,
*Business and Society : Ethics and Stakeholder
Management Forth Edition*, South-Western
College Publishing., p. 37を加筆修正。

高次責任へと性質が変化していく（**資料 7 - 1**）。このような
特徴はマズロー（Maslow, A. H.）の**欲求階層説**とも共通して
いる。

　CSR ピラミッドの最も基礎的な責任は経済的責任であり，
事業活動を通して利益を上げる責任である。利益が上がるか
らこそ，ステークホルダーへの配分が可能になる。例えば，
従業員への所得の提供，株主には投資に見合う配当支払い，
国家には法人税の支払い，さらに再投資による業容拡大など
である。もちろん，社会貢献に資金を拠出するにも利益がそ
の原資となる。経済的責任は，CSR を果たすための重要な
要因の 1 つになっている。

　次いで法律的責任は法令を遵守した事業活動であり，近年
ではコンプライアンス（法令遵守）と呼称されたり，その仕
組みとして内部統制に関する議論も活発になっている。法令
遵守は至極当然かつ容易な行為と思われがちだが，組織的な
活動には法令違反を伴う場合が多い。近年でも，雪印食品の
食肉偽装（2002年，食品衛生法違反），東芝の粉飾決算（2015年，
金融商品取引法違反），日産自動車の役員報酬の過少申告
（2018年，金融商品取引法違反）など枚挙にいとまがない。

　上位の責任事項に該当する倫理的責任がある。倫理的な行
為とは，法律や条令など以外にも，社会通念や価値観から逸
脱しないこと，つまり道徳的に正しい行動をすることであ
る。例えば，発展途上国の操業における児童労働問題があ
る。当該国では労働法制が不十分であり，児童労働が違法行
為にならない場合も多い。しかし，児童労働は児童の学習機
会を奪い，長期的には彼らの健全な成長を阻害する。社会価

**＊欲求階層説（Hierarchy
of Needs）**
人間の欲求が低次から高次
にかけて，階層的に現れる
と考える理論である。低次
の欲求が満たされること
で，高次の欲求が発生する
というものであり，低次か
ら高次にかけて以下のよう
に整理される。①生理的欲
求→②安定欲求→③所属欲
求→④承認・尊厳欲求→⑤
自己実現欲求であり，①〜
④はいったん満たされると
動機づけ要因として機能し
ない欠乏動機に位置づけら
れる。これに対して，⑤は
際限なく追及し続ける成長
動機となる。

＊1　倫理的責任とは，第
8 章の企業倫理とは切り離
して捉えるべき概念であ
り，あくまでCSR の 1 つ
を形成する行動を示してい
る。

資料 7-2　企業のステークホルダー

（出所）　Carroll and Buchholtz, 1999, p.
7を加筆修正。

値からの逸脱行為に対しては，NGO からの批判対象となり，
それが波及すると，当該企業製品の不買運動に発展すること
もある。このような批判の回避だけでなく，企業は社会的な
側面から正しい行動をする必要がある。

　最も上位の社会貢献的責任とは，社会全般や人々の**生活の
質**の改善に寄与する行為である。資金・物資の寄付や，人材
派遣などの行為であり，フィランソロピー（philanthropy）と
呼称され，特に文化・芸術を支援する取り組みをメセナ
（mécénat）という。上記のクエーカー企業家やロックフェ
ラーらの行為は，フィランソロピーに該当している。

2　ステークホルダーとは

　それでは，企業は誰に対して CSR を果たすのか。その対
象がステークホルダーであり，フリーマン（Freeman, R. E.）
によると，企業の行動に影響を及ぼしたり，あるいは企業の
行動から影響を受ける個人や集団と定義される（Freeman, R.
E., 1983, *Strategic Management : A Stakeholder Approach*, Cam-
bridge University Press., p. 52）。政府や金融機関など企業に大
きな影響力を有する主体から，消費者のように個別の力は小
さいが，製品・サービスの購入を通して影響を及ぼす主体も
含んでいる。企業からの影響についても，その大小は異なる
が，様々な主体が企業から影響を受ける。

　ステークホルダーを分類すると，**資料 7-2** のようになる。
政府・自治体は徴税・規制主体，従業員は事業の担い手，消
費者は買い手，取引先は材料・部品の納入主体，銀行・株主
は資金提供者，地域社会は存続の基盤として企業と利害関係
を有する。企業は彼らに対して責任を果たし，事業継続と存
続のために「社会的正当性」を獲得する必要がある。なおス
テークホルダーの分類は多様であり，これら以外に自然環
境，学校，NGO・NPO などを含める場合もある。

4 グローバルな社会的責任に関する動向

1 EU の動向

　近年では，CSR を明示的に活用する動向もみられる。この取り組みを地域レベルで展開してきたのが EU であり，EC が執行機関として中心的な役割を担っている。その CSR 政策は，長期的な視点に基づく戦略的行為となっている。

　まず，2002年に EC が「政策文書」(Corporate Social Responsibility: A Corporate Contribution to Sustainable Development) を公表して，マルチステークホルダー・フォーラム (European Multi-Stakeholder Forum on Corporate Social Responsibility, EMSF) を設置するとともに，企業政策の１つに CSR を位置づけた。EMSF では，産業界，労働組合，NGO などが一堂に集まって CSR が議論された。多様なステークホルダーが，特定事項について議論することをマルチステークホルダー・プロセス (MSP) という。MSP では時間と労力を要するが，いったん合意すると，ステークホルダー全体から信任が得られ，社会的な正当性を有するようになる。

　EMSF は2004年に「最終報告書」(Final Results & Recommendation) を発表し，EU における CSR の意味を明確にした。その要点は，①企業の自発的な取り組みであり，②課題解決プロセスを事業に取り込みつつ，③企業の競争力にも貢献するというものである。EC は2006年に第２回目の政策文書を公表し，CSR 促進政策を拡充していく。特に「CSR のための欧州アライアンス」が注目される。それは CSR を促進する協働組織であり，EU の230に及ぶ企業と，83の経営者団体・CSR 推進団体が参加し CSR について議論する。その成果は，CSR ヨーロッパ (1995年設立) という組織が，「CSR ツール・ボックス」という実践指針として公表し企業への浸透を図っている。

　欧州全体での CSR 推進だけでなく，EU 各国の CSR 政策も活発化していく。イギリスやフランスなどが CSR 先進国として知られており，前者では CSR 担当大臣の設置，会社法におけるステークホルダーの利益考慮義務化，EITI* の推進など政府主導で CSR 政策を実施してきた。企業の CSR 実践を促進して，その明示化を図っているのである。社会・環境課題の解決に取り組みつつ，企業の評価向上，リスク低減，事業円滑化などを目的とした戦略的な CSR 政策が展開

＊ EITI（Extractive Industries Transparency Initiative：採掘産業透明性向上イニシアティブ）
石油，ガス，鉄鉱石など資源採掘に携わる採掘産業の透明性を向上させる取り組みである。採掘産業には，産出国政府との間に汚職や賄賂など不透明な関係があったことを批判されてきた。このことから EITI では，採掘産業の透明性（特に資金面）を向上させ，ガバナンスを確立して，産出国と先進国の双方が持続的に発展することを促進している。

されている。

＊ ISO（International Organization for Standardization：国際標準化機構）
ISO はスイスのジュネーブに本拠を置く，品質規格（ISO9000 シリーズ）や環境規格（ISO14000 シリーズ）などマネジメント・システムの国際規格を策定する機関である。その規格は，国際的な取引をする上での「パスポート」的な役割を担っている。➡第9章「企業の環境問題への取り組み」❷ ２ ，第10章「企業の『人権』問題への取り組み」❷ ２ 参照。
＊2　詳細については，グローバル・コンパクト・ネットワーク・ジャパン HP（https://www.ungcjn.org/）を参照のこと。

２　国際機関による CSR 促進

　地域レベルだけでなく，国際連合や ISO* も CSR を促進している。まず2000年の UNGC では，国連が企業に対して，企業市民として責任ある行動（人権，労働，環境，腐敗防止の10原則）を要求している。2015年時点で1万3000以上[*2]の団体が UNGC に署名し，原則に従った行動を実践している。ついで PRI では，投資家や金融機関の投融資に際して ESG の組み込みを求めている。ESG とは，環境（environment），社会（social），ガバナンス（governance）であり，PRI に署名した金融機関は ESG6 原則に基づいて投融資を行う責任が生じる。ESG に取り組むことで投融資を受けやすくなるため，企業も CSR に取り組む誘因となる。日本でも年金積立金管理運用独立行政法人が PRI に署名したことで，ESG への注目が急速に高まった。

　2010年には ISO から ISO26000 が発表された。ISO26000 は，組織の社会的責任に関する国際的なガイダンスであり，認証を必要としないため拘束力を有さない。しかし影響力の強い ISO が，CSR の枠組みを示したことに一定の意義があり，企業も参照すべき指針となっている。ISO26000 では，①組織統治，②人権，③労働慣行，④環境，⑤公正な事業慣行，⑥消費者課題，⑦コミュニティという7つの中核主題が示されている（**資料7-3**）。E には④，S には②，③，⑤，⑥，⑦，G には①がそれぞれ該当するため ESG とも整合的であり，ESG に基づく CSR 実践課題といえる。例えば，S ⑦のコミュニティ（地域社会）では，教育および文化，雇用創出および技能開発など具体的な行動を示している。

　また ISO26000 では，ステークホルダー・エンゲージメント（stakeholder engagement）が重視されている。社会や環境課題に対する彼らのニーズを把握する対話であり，CSR 報告書の発行，協議会の設置，相談窓口の設置などが行われている。ISO26000 は，ESG に基づく CSR 枠組みと，ステークホルダーとの対話を重視する指針となっている。

　近年，社会的に注目される SDGs がある。SDGs は，2015年の国連総会で採択された「持続可能な開発のための2030アジェンダ」であり，「『誰一人取り残さない』持続可能で多様性と包摂性のある社会」を目指して17目標が設定された（**資**

資料 7 - 3　ISO26000 における 7 つの中核主題

中核主題	課　題
①組織統治	
②人権	・デューディリジェンス　・人権に関する危機的状況　・加担の回避 ・苦情解決　・差別及び社会的弱者　・市民的及び政治的権利 ・経済的，社会的及び文化的権利　・労働における基本的原則及び権利
③労働慣行	・雇用及び雇用関係　・労働条件及び社会的保護　・社会対話 ・労働における安全衛生　・職場における人材育成及び訓練
④環境	・汚染の予防　・持続可能な資源の利用　・気候変動の緩和及び気候変動への適応 ・環境保護，生物多様性，および自然生息地の回復
⑤公正な事業慣行	・汚職防止　・責任ある政治的関与　・公正な競争 ・バリューチェーンにおける社会的責任の推進　・財産権の尊重
⑥消費者課題	・公正なマーケティング，事実に即した偏りのない情報，及び公正な契約慣行 ・消費者の安全衛生の保護　・持続可能な消費　・教育及び意識向上 ・消費者に対するサービス，支援，並びに苦情及び紛争の解決 ・消費者データ保護及びプライバシー　・必要不可欠なサービスへのアクセス
⑦コミュニティ	・コミュニティへの参画　・教育及び文化　・雇用創出及び技能開発　・健康 ・技術の開発及び技術へのアクセス　・富及び所得の創出　・社会的投資

（出所）　ISO/SR 国内委員会監修『ISO26000：2010—社会的責任に関する手引—』日本規格協会，2011年，pp. 79
-182に基づいて筆者作成。

料 7 - 4 ）。日本では政府主導の下で推進しており，事業活動
に際して SDGs を意識する企業が多くなっている。各目標
は，「経済の持続可能性」，「社会の持続可能性」，「環境の持
続可能性」に再分類される（高岡伸行「ポスト MDGs としての
SDGs への CSR アプローチ— ISO26000 の CSR 経営観の含意—」
『経済理論』第381号，2015年：103-125頁，117頁）。「経済」はガ
バナンスに含まれる項目であり，SDGs の行動枠組みも ESG
に対応している。SDGs は，企業の CSR 活動にとっても参
照すべき指針になっており，金融機関では，SDGs への取り
組みを金利設定要因に組み込む動向もある。

⑤　社会的責任の理論に関する近年の動向

　近年の CSR 理論は，社会・環境課題を解決するだけでな
く，経営戦略との関係で捉えて展開されている。CSR を経
営戦略に位置づけた研究者として，ポーター＝クラマー
（Porter, M. E. & Kramer, M. R.）がいる。「競争優位の CSR 戦
略」（2006年）では，企業が価値を創出する**バリューチェー
ン**＊（VC）の社会的影響を指摘しつつ「受動的 CSR」と「戦
略的 CSR」を提示する。受動的 CSR とは，VC からの悪影

＊バリューチェーン（value chain）
企業が価値を創出する一連のプロセス（流れ）のことである。まず，購買物流→製造→出荷物流→販売・マーケティング→アフターサービスという主活動がある。それだけでなく，主活動を支援するために，全般管理，人事管理，技術開発，調達活動などの支援活動も存在する。これらの活動によって，企業は「マージン」という利益を創出するのである。

資料7-4　SDGs の17目標

（出所）　国際連合広報センター HP より引用。

響を軽減しつつ，よき企業市民として社会貢献を行うことで
あり，戦略的意図がなく競争優位に結実するかも不透明であ
る。これに対して戦略的 CSR とは，VC を社会に役立つも
のへと変容させつつ，戦略的にフィランソロピーを実施し
て，競争環境における社会課題を解決して，企業にとって有
利な事業環境を創出する（Porter, M. E. ＆M. R. Kramer, 2006,
"Strategy & Society: The Link between Competitive Advantage
and Corporate Social Responsibility," *Harvard Business Review*,
December 2006, pp. 78-92＝村井裕訳「『受動的』では価値を創出で
きない競争優位の CSR 戦略」『DIAMOND ハーバード・ビジネス・
レビュー』2008年1月，2008年，36-52頁）。

　そしてポーター＝クラマーは，戦略的 CSR を発展させた
CSV（Creating Shared Value：共通価値創造）を提示する。共
通価値とは，社会・環境における課題解決と経済的価値（企
業利益）の両立を意味している。企業目的を株主価値最大化
にするのではなく，共通価値の創造と再定義し，社会課題の
解決に貢献する事業へと変革すべきだという。事業活動を通
して，社会・環境課題が解決され企業利益にもつながる経営
モデルなのである。企業は経済的価値を追求する存在である
が，CSV により社会や環境価値が創出され，それが蓄積さ
れれば，持続可能な発展に近づき新しい資本主義を誕生させ
るという（Porter, M. E. & M. R. Kramer, 2011, "Creating Shared
Value: How to Reinvent Capitalism - and Unleash a Wave of In-
novation and Growth," *Harvard Business Review*, January-Febru-

ary 2011, pp. 63-76= 編集部訳「経済的価値と社会的価値を同時実現する共通価値の戦略」『DIAMOND ハーバード・ビジネス・レビュー』2011年 6 月，2011年，8-31頁）。

　そのほか，プラハラッド（Prahalad, C. K.）は「BOP ビジネス」を提示する。BOP とは "Bottom of the Pyramid" の略称であり，発展途上国における貧困層を指している。年間所得が3000ドル以下の人々であり，その総人口は約40億人に達する。BOP 層では栄養や衛生面が不十分であり，一般的な医療さえ受けられない状況にあることが多い。貧困層の生活の質を改善しつつ，事業として両立させたり，長期的な収益基盤の確立を目指す取り組みが BOP ビジネスである。健康・住環境・医療の支援，インターネット施設の整備や与信提供などがみられる[*3]。

　また，コトラー＝リー（Koler, P. & Lee, N.）のように，マーケティングから CSR を捉える研究もある。社会からの主張や課題を "cause" で捉えて，それへの対応のためにコーズ・プロモーション（Cause Promotion）とコーズ・リレーテッド・マーケティング（Cause Related Marketing）を実施する。前者はプロモーションを通して課題に対する意識を喚起する行為であり，後者は売上の一部を社会貢献に寄付する取り組みである（Kotler, P. & N. Lee, 2005, *Corporate Social Responsibility: Doing the Most Good for Your Company and Your Cause*, John Wiley & Sons= 恩藏直人監訳・早稲田大学大学院恩藏研究室訳『社会的責任のマーケティング―「事業の成功」と「CSR」を両立する―』東洋経済新報社，2007年）。これらは社会課題の解決を図りながら，製品・サービスのプロモーションを行うものであり，マーケティングの一環に CSR を取り込んだ企業活動といえる。

（矢口義教）

*3　BOP ビジネスの事例については，Prahalad, C. K., 2005, *The Fortune at the Bottom of the Pyramid: Eradicating Poverty through Profits*, Wharton School Publishing（スカイライトコンサルティング訳『ネクスト・マーケット―「貧困層」を「顧客」に変える次世代ビジネス戦略―』英治出版，2005年）を参照のこと。

第**8**章

企業倫理の理論と実践

本章では，企業倫理の概念と役割，制度化状況をみた上で，その実践に向けた2つの戦略をみていく。企業倫理は極めて複雑な概念であるが，その全体的な枠組みと実践事例をみることで，それを整理し，理解しやすいものにする。本章の検討を通して，企業倫理の理論と実践についての体系的な理解が可能になる。

① 企業倫理の役割と概念

1 本章の目的

企業とステークホルダー（利害関係者）との関係性が複雑さを増している状況下で，企業倫理（Business Ethics）は，企業不祥事に代表される負の影響の増大を背景として議論されてきた。このため企業倫理については，法令遵守や不祥事・不正を予防する行為というネガティブな概念として捉えられることが多い。しかし，この捉え方には誤解があるため，企業における企業倫理の実際を捉えることが，その正確な理解につながる。本章ではこのことを目的にして，企業倫理の概念を整理し，企業活動における倫理の組み込み（制度化）をみる。その上で企業倫理の実践として，「法令遵守」と「誠実さ」という2つの観点から，望ましい在り様を検討していく。

2 企業倫理の概念整理

企業倫理を理解する上で，まず「倫理」の概念を検討する必要がある。『広辞苑』によれば，倫理とは「実際道徳の規範となる原理」，また学問としての倫理学とは「社会的存在としての人間の間での共存の規範・原理を考究」することと定義される（稲村出編『広辞苑 第五版』岩波書店，1998年，2820頁）。ここでの要諦は「道徳」であり，人間が社会と共存するための規範と原理ということになる。

企業倫理における倫理の意味について，エプスタイン（Epstein, E. M.）は，「個人または組織的な行為に関する道徳的な内省と選択」と定義し，道徳的**内省**に基づく選択は「真空状

＊内省
深く心から自分自身をかえりみる行為であり，反省とほぼ同義である。

態」で行われるのではないと主張する。つまり，特定の諸関
係の中で行われ，意思決定者に対して社会的価値を認識した
行動を求めている。そして企業倫理を，「個人と組織で行わ
れる事業活動における制度・政策・行動の道徳的意義に関す
る体系的な内省」行為と位置づけている（Epstein, E. M.,
1989, "Business Ethics, Corporate Good Citizenship and the Cor-
porate Social Policy Process: A View from the United States,"
Journal of Business Ethics, Vol. 8 No. 8,: pp. 583-595,　p. 584）。
事業活動における諸側面（制度や行動）に関して，社会的価
値に基づき思慮をめぐらせて**意思決定**することなのである。

*意思決定(decision mak-ing)

　それでは，企業倫理を具体的にどのように定義づけて，全
体的な枠組みを捉えるべきであろうか。従来の研究を俯瞰す
ると，企業倫理が明確に定義されていないように思われる。
その理由は企業倫理という概念が，倫理学や哲学的な側面か
ら，法令や社会規範という制度的な関係性，企業存続の正当
性，企業倫理の実践や成果など，抽象的な性質から実践的な
側面までを含めた幅広い性質を有するからであろう。

特定の行動をするに際し
て，様々な選択肢（代替
案）を評価し，選択するプ
ロセスである。ただし，す
べての選択肢を人間は列挙
できるわけではないため，
限定された範囲内の選択肢
に基づいて意思決定をする
ことになる（「限定された
合理性」〔bounded ratio-
nality〕）。

　企業倫理の概念を検討するために，企業倫理，企業の社会
的責任（CSR），企業の社会的即応性（Corporate social respon-
siveness）の3者間の関係性を整理すべきとエプスタインは
述べている。企業倫理は経営者の価値観に基づいた行為であ
り，「道徳的内省」が鍵概念になる。伝統的には経営者の個
人的な行為とみなされてきたが，近年では組織的な枠組みで
議論されている。これに対してCSRは，組織的な意思決定
を踏まえて，特定課題に対する成果の達成に関係している。
ステークホルダーに対して，負の影響ではなく正の影響や便
益をもたらす行為が該当する。そして，企業の社会的即応性
は組織的な意思決定に焦点を当てており，社会課題の動向に
ついての予知・対応・管理に関係する。CSRが成果志向で
あるのに対して，社会的即応性は意思決定という組織内の過
程を示している。このことから企業倫理とは，道徳的な内省
の枠組みの中で，成果（product）と過程（process）の両側面
を統合する概念になるという（Epstein, E. M., 1987, "The Cor-
porate Social Policy Process: Beyond Business Ethics, Corporate
Social Responsibility, and Corporate Social Responsiveness," *Cali-
fornia Management Review*, Vol. 29 No. 3: pp. 99-114, pp. 104-
105）。

　このような前提を踏まえて，筆者は，企業倫理を以下のよ

資料 8 - 1　企業倫理と CSR の全体像

(出所)　Epstein, 1987, 1989に基づいて筆者作成。

うに定義する。すなわち企業倫理とは，道徳や社会的な価値観をステークホルダーとの関連で企業（経営者と従業員）の意思決定や活動に取り入れることで，社会との良好な関係を構築する取り組みである。経営者の意思決定や価値観が含まれることから，社会に対する「企業姿勢」を問うている。企業倫理の実践が CSR であり，CSR ピラミッド（第 7 章参照）にみられる責任を果たすことで，課題解決や社会貢献が達成される。また，企業倫理の実践を担保する仕組みとして「企業倫理の制度化」（後述）が進んでいく。

　企業倫理について，CSR や社会的即応性との関係を踏まえて整理すると**資料 8 - 1** のようになる。まず経営者や組織の道徳的な内省に基づいて，社会的価値を考慮した意思決定が実行される。ついで企業倫理の実践が CSR であり，経済，法律，倫理，社会貢献の 4 つの責任を，ステークホルダーに果たして社会的な成果を上げる。CSR 活動の如何によって，彼らが抱える課題を解決したり（正の成果），拡大させたり（負の成果）するからである。そして，上記の通り社会課題に関する予知や対応が行われる。課題の把握が倫理的な意思決定を行うのに必要であり，これに該当するのが企業の社会的即応性なのである。①道徳的な意思決定→② CSR の実践→③ステークホルダーへの成果→④社会課題の把握（社会的即応性）というプロセスで企業倫理の全体像を捉えることができる。

２　企業倫理の制度化

１　企業倫理の制度化の全体像

　企業倫理の実践は，それを担保する仕組みの側面から確認できる。そのような仕組みは「企業倫理の制度化」（institutionalization of business ethics）と呼称され，倫理的課題の分析と認識に基づいた「企業の内部において展開される具体的実践の組織的体系化」である（中村瑞穂「企業倫理と企業統治―概念的基礎の確認―」中村瑞穂編著『企業倫理と企業統治―国際比較―』文眞堂，2003：1-12頁，9頁）。具体的には「①教育・訓練活動，②倫理行動の監視・評価のための公式的手続き，③倫理違反（ミス・不祥事）に対する規範的なプロセス，④倫理ヘルプラインの設置，倫理担当部署や役員の配置，⑤倫理施策や手続きを策定・評価する職能横断的委員会の設置」などを実施することである（Weaver, G. R., Trevino, L. K. and Cochran, P. L., 1999, "Integrated and Decoupled Corporate Social Performance: Management Commitments, External Pressures, and Corporate Ethics Practices," *Academy of Management Journal*, Vol. 42 No. 5：pp. 539-552, pp. 539-540）。これらに加えて，企業倫理の方針である行動規範（code of conduct）の策定や情報開示も制度化の要素になっている。ステークホルダーは企業倫理に関心をもっており，企業行動から影響を受けるため，特に情報開示は彼らからの信任を得る上で重要な役割の１つを担う。

　資料8-2は，日本における企業倫理体制の整備状況を示している。2007年の数値は日本経済団体連合会（日本経団連）調査であり，会員企業1,337社に対して行われた。回答数は593社，有効回答率は44.4％となっている。また2017年の数値は，企業市民協議会による日本経団連企業1,363社への調査であり，回答数は167社，有効回答率は12.3％となっている。なお2017年の有効回答率が低いことから，参考程度にするべきことに留意されたい。[*1]

２　行動規範，推進機関，担当役員，専任部署

　まず，行動規範についてみていこう。これには倫理綱領や企業行動基準など様々な名称がみられる。これを定める意義は，企業倫理の確立や推進に向けて方針を示して，社内外にその取り組みを知らしめることにある。2007年の行動規範策

*1　アンケート調査における有効回答数の誤差は標本誤差と呼ばれ，下記の数式によって求められる。

標本誤差＝

$$1.96\sqrt{\frac{(M-n)}{(M-1)} \times \frac{p(1-p)}{n}}$$

　なお，M：母集団，n：有効回答数，p：回答比率であり，これを2017年の回答状況に基づいて計算すると，0.047となり，±約4.7％の誤差が生じる。すなわち，最大で約9.4の範囲まで数値が変動する可能性があることを示している。

資料8-2 企業倫理体制の整備

(単位:％)

企業倫理体制の整備	2007年	2017年
行動規範や倫理綱領など	97.8	90.0
横断的な推進機関（委員会）	83.3	71.0
担当役員の任命	78.9	79.0
専任部署	70.7	75.0
職場・部門ごとの担当者	43.2	60.0
教育・研修制度	96.0	79.0
ヘルプライン	96.6	93.7※
情報開示（全般）	96.0	95.0
うちCSR報告書・環境報告書の発行	56.3	89.8

(注) 1：※はデロイト トーマツ2020年版調査の数値。
2：2017年の数値は，小数点以下が記載されていないので，便宜的に「0」としている。

(出所) 日本経済団体連合会「企業倫理への取組みに関するアンケート調査結果」2008年，1-15頁；企業市民協議会「『CSR実態調査』結果」2017年，1-54頁；デロイト トーマツHP https://www2.deloitte.com/jp/ja/pages/risk/articles/srr/survey-report-2020-whistleblowing-system.html（2021年10月16日アクセス）に基づいて筆者作成。

定は97.8％（2017年：90.0％）に達しており，ほとんどの企業で企業倫理の方針が定められている。例えば，資生堂では「資生堂グループ倫理行動基準」を定め，「倫理観をもって業務」に取り組む行動規範を策定している。「資生堂グループ全社員は，持続的発展を目指して行動します」と全体方針を定め，それを踏まえて「お客さまとともに」，「取引先とともに」，「社員とともに」，「株主とともに」，「社会・地球とともに」という5項目に関して倫理的に正しい行動指針を示している。[*2]

＊2 詳細は資生堂HP https://corp.shiseido.com/jp/company/standards/（2021年10月23日アクセス）を参照のこと。

次いで横断的な推進機関については，全部門の管理者や役員などが一堂に集まる委員会形式で開催されることが多い。全社的に企業倫理を推進する体制であり，企業にとって企業倫理が重要課題の1つであることを示している。導入割合は2007年には83.3％（2017年：71.0％）となっており，10社中8社が何らかの横断的推進機関を設置している。なお資生堂では，経営トップ直轄による「コンプライアンス委員会」（委員長：代表取締役）と，地域本社ごとに「コンプライアンス会議」が設置されている。

そして担当役員の任命とは，取締役や執行役の中から，企

業倫理を主担当とする役員を配置することである。担当役員
の配置は、アシックス、日産自動車、資生堂などでみられ、
また2007年と2017年調査の約80％という数値から主要上場企
業で配置が進んでいる。最後に専任部署は、企業倫理の社内
浸透を図るための様々なCSR施策を実施しており、2007年
の70.7％（2017年：75.0％）から70％以上の企業で設置されて
いる。アシックスではCSR統括部、日産自動車ではサステ
ナビリティ推進部、資生堂ではCSR部と、その規模は不明
であるが、専任部署が設置されている。

　このように行動規範、推進機関、担当役員、専任部署の観
点から、経営者や管理職を中心にした取り組みがみられる。
全社的な課題事項への位置づけは、企業倫理を戦略的な重要
課題の1つと認識することの証左になろう。

③ 職場担当者、教育・研修、ヘルプライン、情報開示

　職場・部門ごとの担当者配置や教育・研修制度について
は、具体的な情報開示は少ない。資料8-2から、前者では
2007年の43.2％、2017年の60.0％という状況であり、現場レ
ベル担当者の配置は十分に進展していない。また、後者では
2007年の96.0％（2017年度：79.0％）という数値から、多くの
企業で教育や訓練が実施されていることがわかる。

　一部の企業では、企業倫理教育に関する情報開示が行われ
ている。例えば、富士ゼロックス（現富士フィルムビジネスイ
ノベーション）では、取り組み状況が開示されている（**資料8
-3**）。同社の企業倫理教育の対象は、役員、管理職、一般職
という正規従業員に加えて、契約社員（非正規従業員）や他
従業員（関連会社従業員）を含めている。研修は**OFF-JT**[*]に
よる集合教育と、**WBT**[*]を利用した個別研修で進められる。

　集合教育については、**ALL-FX 行動規範**[*]教育という、同社
の行動規範の理解を深める研修があり、正規従業員だけでな
く、契約社員や他従業員も対象にして行われる。新任役員研
修では会社法やコーポレート・ガバナンスなどを、新任管理
者ではリスク・マネジメントに関する教育を実施している。
法令基礎教育、情報セキュリティ教育、個人情報保護教育に
ついては、WBTによって各自が個別に受講する。なお法令
基礎教育は正規従業員のみを対象にしているが、情報セキュ
リティや個人情報保護に関しては非正規と他従業員にも実施
される。実際には、**OJT**[*]で進行するものと並行的に行われ

＊ OFF-JT（Off the Job Trainig）
従業員教育・研修を進める
際の職場外研修のことを指
している。従業員が業務に
従事しないで、主として外
部講師による講義やディス
カッションなどが行われ
る。どちらかというと、企
業固有の知識よりも、ビジ
ネスの全般的・一般的な知
識修得が中心となる。

＊WBT（Web Based Training）
インターネットを利用した
教育・訓練のことである。
コンピューターを利用した
学習（eラーニング）のう
ちでも、特定のウェブサイ
トにアクセスして、受講者
は、ある程度自由な時間帯
に受講することができる。
しかし、受講者は自身で進
行スケジュールを管理する
必要性や、受動的な知識修
得にとどまるなどのデメ
リットもみられる。

＊ ALL-FX 行動規範
2007年に定められた行動規
範であり、従業員の倫理的
に正しい行動のための規範
集としてガイドブックが作
成されている。①倫理行動
指針、②基本的人権、③
オープンやフェアな事業、
④環境保全・保護などの項
目で構成されている。現
在、富士フィルムビジネス
イノベーションに名称が変
更されるに伴い、行動規範
は富士フイルムグループの
企業行動憲章・行動規範に
統一されている。

＊ OJT（On the Job Training）
実際の職務に従事しながら
行う職業教育・訓練であ

資料 8-3　富士ゼロックスの企業倫理教育

研修名	対象（富士ゼロックスと国内関連会社）					教育内容
	役員	管理職	一般職	契約社員	他従業員	
ALL-FX 行動規範教育	●	●	●	●	●	各行動規範について具体的ケースを用いて解説した教育
新任役員研修	●					会社法，コーポレート・ガバナンスに関する集合教育
新任管理者研修		●				経営に関わるリスク・マネジメント全般に関する集合教育
法令基礎教育 WBT	●	●	●			WEB を用いた基礎的な法律知識の教育
情報セキュリティ教育 WBT	●	●	●	●	●	WEB を用いた情報セキュリティに関する基礎教育
個人情報保護教育 WBT	●	●	●	●	●	WEB を用いた個人情報保護法の留意点に関する教育

（注）　2011年時点のもの。

（出所）　富士フィルムホールディングス「サステナビリティレポート2011」2011年：1-71頁，55頁の図表を加筆修正。

る。例えば，営業担当者であれば，上司の営業活動に同行して営業の実際を学ぶ活動がある。企業倫理では，誤謬防止に関する業務に従事しながら，経験を積んでコンプライアンス能力を高めることなどが想定される。

＊公益通報者保護法

企業による不正行為・法令違反を通報した公益通報者に対して，解雇，降格，減給などの不利益的な扱いから保護する法律のことである（日本経済団体連合会 HP https://www.keidanren. or.jp/journal/times/2018/ 0906_00.html　2021年10月30日アクセス）。なお，2020年6月に可決した改正公益通報者保護法では，従業員300名以上の事業所に内部通報の体制を義務づけている。

＊3　例えば，経団連 HP

ると考えられる。

　次いでヘルプラインとは，相談・通報窓口という内部通報を行う仕組みである。**公益通報者保護法**[＊]が2006年に施行されて以降，企業でもヘルプラインの設置が進んでいる。実際に，2007年時点で96.6％（2017年：93.7％）が導入済みとなっている。日本経団連では，公益通報制度に関して，法律制定や改定時期に合わせて意見を発表したり，勉強会を開催するなど会員企業への導入を推進してきたことが，高い導入率につながったと考えられる[＊3]。

　最後に，情報開示は多様な形式で実施されている。企業HP への掲載，専門の報告書発行，年次報告書に一部記載，**IR**[＊] 説明会・株主総会で説明，消費者との直接対話などである。少なくとも１種類以上の情報を開示する企業は，2007年時点で96.0％（2017年：95.0％）に達している。特に重視されるものが，企業倫理に特化した報告書の発行であり，CSR報告書や持続可能性報告書などの名称がみられる。2007年には報告書発行企業数（56.3％）は十分でなかったが，2017年には89.8％へと拡大しており，近年では報告書による情報開示が進展している。このように企業倫理の制度化をみてきたが，注意すべき点は，これらは日本経団連の会員企業（大企業）に限定されることである。つまり中小企業は含まれてお

資料 8 - 4　大学における企業倫理教育

	経営学部 / 経営学科設置校数	企業倫理科目設置数	割　合
国公立大学	58校	23校	36.2%
私立大学	194校	86校	44.8%

（出所）　矢口義教「大学・短期大学における企業倫理教育—企業倫理教育の確立へ向けた考察—」『東北学院大学経営学論集』第1号，2011年：7-20頁，13-16頁に基づいて筆者作成。

らず，その経営資源的な制約を考慮すると，制度化は十分に進展しているわけではない。

　また企業倫理の制度化では，職業人を育成する高等教育機関の教育体制も検討する意義があるため，経営学部や経営学科を擁する四年制大学をみていく（**資料 8 - 4**）。時期は2010年時点だが，現在でも大きな変化はないと推測される。国公立大学では58校中23校（36.2%），私立大学では194校中86校（44.8%）において企業倫理関連科目が配置されている。経営学教育を行う大学でも，一定の割合で企業倫理教育が普及しており，学生の倫理観の涵養の必要性が認識されてきているといえる。

③　企業倫理の実践：2つの戦略

　企業倫理の実践に際して，ペイン（Paine, L. S.）は，「法令遵守を目指す戦略」（Compliance-Oriented Strategy：法令遵守戦略）と「誠実さを目指す戦略」（Integrity-Oriented Strategy：誠実さ戦略）の2つの枠組みを提示している（**資料 8 - 5**）。両者とも企業倫理の確立を目指すものであるが，前者と後者には大きな違いがある。

　法令遵守戦略の特徴として，①精神的基盤は外部基準への適合という受動的であり，②その目的は法令違反の防止にあるので，③弁護士主導の下にコンプライアンス体制が構築される。④方法では従業員教育に加えて，自由裁量の削減による法令違反の発生可能性を低下させたり，監査・統制や罰則という規律づけが行われる。⑤人間の行動前提については，物質的な自己利益に導かれる「**経済人**」的な人間観で捉えている。

　誠実さ戦略では，①選択した基準に従い自己統制する主体と捉え，②目的を責任ある行動の実践とする。③弁護士の助力を得ながら経営者が主導する体制となり，④教育や監査に

『『公益通報者保護専門調査会』中間整理について聞き意見交換」を参照のこと。
＊ IR（Investor Relations）「投資家向け広報」と訳出される。企業が，株主や投資家などへ向けて，決算書，業績見通し，事業戦略，企業倫理への取り組みなどに関して，説明会や会議などを開催して説明するものである。彼らからの信任を得て，投資の継続や新規投資を呼び込もうとする活動である。

＊経済人（economic man）自らの物質的な利益を最大化するように行動する人間観である。特に経済学が想定する人間観であり，利己的で経済合理的な行動の集合が最も効率的な市場配分を可能にすると考えられている。

資料 8-5　企業倫理確立のための戦略

	項　目	法令遵守を目指す戦略	誠実さを目指す戦略
特徴	①精神的基盤	外部から課された基準への適合	自ら選択した基準に従った自己統制
	②目　的	法令違反行為の防止	責任ある行動の実践
	③リーダーシップ	弁護士の主導	弁護士や人事担当者の助力を得ながら経営者の主導
	④方　法	教育，自由裁量の削減，監査と統制，罰則	教育，リーダーシップ，説明責任，組織全体のシステム，意思決定，監査と統制，罰則
	⑤行動の前提	物質的な自己利益に導かれる存在	物質的利益に加えて価値観，理想，同僚に導かれる社会的存在
実践	⑥基　準	刑法と規制法	企業価値と社会的責任
	⑦担当者	弁護士	経営者と管理者
	⑧取り組み	法令遵守基準の確立，訓練とコミュニケーション，違法行為の報告と取り扱い，調査の実施，法令遵守監査の監督，基準の強制	企業の価値観と基準の確立，訓練とコミュニケーション，企業システムのなかへ組み込み，指導と相談の提供，価値観の達成状況の評価，問題の発見と解決，法令遵守の監督
	⑨教　育	法令遵守基準とシステム	意思決定と価値観，法令遵守基準とシステム

（出所）　Paine, L. S., 1994, "Managing for Organizational Integrity," *Harvard Business Review,* March-April 1994：pp. 106-117, p. 113を加筆修正。

　加えて，リーダーシップ，説明責任，意思決定など人間や組織の行動に焦点を当てた方法をとる。⑤は経済人を否定しないものの，価値観，理想，同僚との関係を重視する社会的存在として人間を捉える。誠実さ戦略では，社会的な価値観を重視する経営者による主体性の発揮にその特徴が見出される。法令遵守は責任ある行動の１つに過ぎず，本質は社会への広範な責任行動となる。

　企業倫理の実践について，法令遵守戦略では⑥基準となる行動指針は法律（刑法と規制法）であることから，⑦実務の推進は弁護士によって担われる。⑧取り組みは法令遵守基準の確立，違法行為の報告，調査と監査・監督などに焦点が当てられる。⑨従業員教育は，法令遵守基準や内部統制・社内手続きなどのシステムに関して行われる。誠実さ戦略では，⑥経営理念や行動規範など企業価値を反映した社会的責任が基準となり，⑦推進の役割は経営者や管理者が担う。⑧価値観を確立してその達成状況を評価基準とし，また指導・相談を通して問題発見と解決を重視する。最後に，⑨法令遵守だ

けでなく倫理的な意思決定や価値観も含めた幅広い観点から教育を行う。

　これらの戦略は**理念型**[*]であるため，どちらかに完全に適合するわけではないが，企業倫理の実践枠組みを示している。法令遵守戦略が監視・監督という規制的・受動的な行動であるのに対して，誠実さ戦略は価値観に基づいた社会的責任の実践といえる。経営者が主体性を発揮することで，組織として問題解決へ取り組む態度が醸成されるからである。法令遵守戦略には限界があり，誠実さ戦略こそが望ましい企業倫理の確立につながる。法律は過去の基準であり現状や将来を反映しないため，責任ある企業には，それは指針として役に立たない（Paine, L. S., 1997, Cases in Leadership, *Ethics, and Organizational Integrity : A Strategic Perspective*, Irwin McGraw-Hill, pp. 93-95＝梅津光弘・柴柳英二訳『ハーバードのケースで学ぶ企業倫理―組織の誠実さを求めて―』慶應義塾大学出版会，1999年）。

④ 企業倫理の実践事例

1 法令遵守を目指す戦略：不二家の事例

　以下では企業倫理の実践事例について，法令遵守戦略として製菓大手の**不二家**[*]による消費期限切れ原料使用を，誠実さ戦略として米製薬大手の**ジョンソン・エンド・ジョンソン社**[*]（Johnson & Johnson, J&J 社）を取り上げる。

　不二家の事例からは，法令遵守のみを目的とする企業倫理の場合には，組織の思考を停止させリスクを大きくする可能性が示される。その端的な事例が，2007年1月に発覚した「消費期限切れの牛乳の原料使用」とそれに関する隠蔽事件である。この事件を契機にして，同社は2か月以上に及んで製品の製造・販売を中止せざるをえなくなる。

　消費期限切れ原料の使用ではあるが，期限を1日超過しただけであり，食品衛生と品質上で何ら問題がなかったという。同社の牛乳原料は超高温滅菌されており，消費期限表示をしていたが，実質的には賞味期限的な性質であり，1日程度の期限超過は品質に全く影響を及ぼさないのである。つまり「形式的なコンプライアンス違反」に過ぎなかったが，消費期限という用語が「食用に堪えない原料を使用」した印象を，結果的に消費者に与えてしまった。

　不二家では，期限切れ原料の使用から「発覚したら雪印の

＊理念型（idealtypus）
社会学者のウェーバー（Weber, M.）が，社会学の研究上の方法論として示した概念である。現実の複雑で多様な事象を捉えるために，その本質や共通する特徴の抽出・論理構築によって社会事象を記述するものである。そのほかにウェーバーの代表的研究として，官僚制組織や支配の類型などがある。

＊不二家
株式会社不二家（東京証券取引所プライム市場上場，2023年10月時点）は，東京都文京区に本社を擁する日本の大手製菓企業である。その創業は1910年で，100年以上の歴史を有しており，「ペコちゃん」を象徴的なマスコットとして，ケーキやアイスクリームをはじめとする洋菓子・食品の製造・販売を行っている。

＊ジョンソン・エンド・ジョンソン社（J&J 社）
　1886年に設立されたアメリカの製薬企業である。ロバート，ジェームス，エドワードのジョンソン3兄弟によって設立された。草創期には，外科用包帯，応急処置具，デンタルフロスなどの開発に注力をし，現代では，絆創膏，コンタクトレンズ，さらには COVID-19ワクチンなど総合的な医薬品を提供している。世界の製薬企業の売上高ランキングでは，5位に位置している（2020年度）。J&J 社 HP（https://www.jnj.co.jp/about-jnj/our-credo）2021年10月29日アクセス。

＊**コンサルティング企業**
企業経営に対して様々なア
ドバイスや支援を行う企業
のことである。経営戦略の
策定，役員・従業員教育，
情報システム構築などの支
援が行われる。マッキン
ゼーやアクセンチュアなど
が，世界的なコンサルティ
ング企業として知られてい
る。

＊**タイレノール（Tylenol）**
1879年にマクニール研究所
（当時はマクニール薬局）
が開発・製造し，米国フィ
ラデルフィアを中心に病院
に対して販売をはじめた。
1959年に J&J 社が同研究
所を買収して，同社の製品
一覧に加えるとともに，
1960年からは処方箋なしで
購入可能な一般医薬品とし
て認可を受けた。日本で
は，2000年から販売が開始
されている。

＊**CEO（Chief Executive Officer）**
アメリカ企業で一般的に用
いられる用語であり，日本
語では最高経営責任者と訳
出される。企業経営の最高
責任者であり，日本企業で
は代表取締役に相当する。
アメリカでは，そのほか経
営陣（役員）については，
COO（Chief Operating
Officer：最高執行責任者）
や CFO（Chief Financial
Officer：最高財務責任者）
などの名称で役割分担する
のが一般的になっている。

二の舞」という恐怖感が社内に醸成されていたという。結果
的に，同社内で「箝口令」が敷かれて，情報の隠蔽に進展し
てしまう。雪印の二の舞とは，2000年に発生した雪印乳業食
中毒事件において，汚染脱脂粉乳の使用が近畿地方の消費者
1万3420人に食中毒を発生させたことを指している。また，
責任感の欠如や製品回収の遅れのため被害を拡大させたこと
が，雪印の「スノーブランド」を毀損し，最終的には解散に
追い込まれてしまう。不二家としては，期限切れ原料の使用
が発覚すれば，企業の解散につながることに恐怖感をもって
いた。

　不二家の**コンサルティング企業**[＊]が，雪印事件を踏まえて，
法令違反が企業存亡に影響することを煽り，そのことを経営
者と従業員が信じ込んでしまった。コンサルタントが形式的
な法令遵守を強調・主導したことが，同社をして情報の隠蔽
行為へと駆り立てたという。同社では，表層的であろうとも
法令遵守の維持・達成こそが，企業の目的になっていた。期
限の厳守だけを重視し，製品製造の品質という本質を見失っ
ていたのである。

　結果として，形式上の法令遵守を維持するための隠蔽行為
が行われた。本来ならば，製造上の事情を説明し，消費期限
という形式基準は遵守できなかったが，品質や安全性は担保
されていることを説明する責任があったと考えられる。不二
家では，法令遵守戦略がとられており，企業倫理の確立より
も，形式的なコンプライアンス達成を目的とする手段の目的
化が生じていた。真の安全や消費者への価値という本来の企
業目的が欠落し，法令違反に対する恐怖感のみが醸成され，
組織的な隠蔽行為へつながり，企業の信頼を貶めることに
なったのである（郷原信郎『組織の思考が止まるとき―「法令遵
守」から「ルールの創造」へ―』毎日新聞社，2011年，205-211頁）。

2　誠実さを目指す戦略：J&J 社の事例

　「タイレノール事件」における J&J 社の取り組みは，誠実
さ戦略を如実に表している。**タイレノール**[＊]（解熱・鎮痛剤）
は同社の看板商品の１つであるが，1982年にシアン化合物が
混入され，それを服用した消費者７名が亡くなった。犯人は
同社に対して100万ドルを要求し，要求を拒否すれば新たな
死者の発生が懸念されていた。当時の会長兼 **CEO**[＊] バーク
（Burke, J. E.）は，同社の「我が信条」（Our Credo）に従い，

資料8-6　我が信条

優先順位	対象	主たる内容
第一の責任	顧客に対して	患者，医師，看護師，父親・母親をはじめとする全ての顧客にニーズに応えられる高い水準の製品の提供
第二の責任	全社員に対して	社員一人ひとりが尊重され，受け入れられる環境の提供
第三の責任	地域社会・全世界に対して	良き企業市民として社会の福祉・健康・教育の改善に貢献
第四の責任	株主に対して	将来に向けた投資・蓄積が行われた後で株主は正当な利益を享受

（出所）　J&J 社 HP に基づいて筆者作成。

犯人の要求を拒否して，消費者に情報を開示するとともに製品の回収に取りかかった（片山修監修『大切なことはすべてクレドーが教えてくれた』PHP 研究所，2007年，23-30頁）。

「我が信条」は，企業価値を反映した行動規範であり従業員の行動の指針になっている。1943年に株式上場する際に策定されたものであり，J&J 社が果たすべき社会的責任についてステークホルダーとの関連で優先順位が述べられている（**資料8-6**）。まず，最も優先される第1の責任は顧客に対するものである。同社製品の使用者である患者，医師，看護師，父親・母親などのニーズに応える高水準の製品を提供する行為である。第2の責任が従業員に対するものであり，全従業員の尊厳が尊重される環境を提供することにある。第3の責任が地域社会・全世界に対して，企業市民として福祉・健康・教育の改善に貢献することである。第4の責任が株主に対するものであり，第1から第3の責任を果たし，さらに将来への投資と蓄積後の残余を株主に還元する。このような行動規範に依拠して，同社は誠実さ戦略を実践してきた。

タイレノール事件に際して，J&J 社ではバーク CEO が我が信条に基づいた企業行動，つまり顧客の利益を最優先にする行動を主導した。短期的には100万ドルを犯人に支払う，あるいは要求を無視して製品を販売し続ける方が収益を見込めたはずである。タイレノールの売上を失い，同社の評判を毀損する可能性があるにもかかわらず，顧客にとって最も望ましい意思決定をしたのである。

J&J 社は新聞・テレビ広告などを通して製品の利用停止を呼びかけた上で，アメリカ全土のドラッグストアからの製品回収に着手した。その際には同社 **OB** 従業員の協力も得て全米中で回収が進められ，事件発生の6週間後には，「三層密

* OB（Old Boy）
学校の卒業生や，部活動・サークルなどに所属していた者を指す総称である。また，企業を退職した人物に対しても OB という場合も多く，特に日本では定年退職をした人物に対して使用するのが一般的である。なお，OB とは男性を対象としており，女性に対しては OG（Old Girl）という呼称が用いられる。

閉構造」という異物混入が困難な新容器を開発して販売再開
にこぎつけた。1986年には再びタイレノールに毒物が混入さ
れたが，J&J社は再び我が信条に従い情報開示と全商品の回
収を行った。最終的に，異物混入を遮断する「ジェルキャッ
プ方式」を開発してからは，事件の再発はなくなった。タイ
レノール事件では，費用増大と売上高減少による同社の損失
は１億ドル以上に及んだが，その後，業績が速やかに回復し
右肩上がり成長を続けていく（片山監修，2007，28-44頁）。

　J&J社では，我が信条に基づき経営者がリーダーシップを
発揮して，組織全体で価値観を達成するために社会的責任を
実践した。その取り組みは顧客に対する誠実な対応であり，
誠実さ戦略の一端をみることができる。企業倫理の実践と
は，誠実さを発揮して，ステークホルダーから社会的正当性
を獲得するプロセスなのだと考えられる。

（矢口義教）

第9章

企業の環境問題への取り組み

本章ではまず，企業の「環境に配慮する経営」，すなわち「環境経営」がどのように発展してきたかを確認する。次に環境経営を実践するための方法を紹介する。さらに，近年の金融を通じた環境問題へのアプローチについて述べる。最後に現代の環境経営において特に重要性が増している「脱炭素」と「サーキュラーエコノミー」の現状と実践について解説する。

1 企業の環境経営の発展

1 企業活動と環境問題

企業の経済活動は，われわれの生活や社会に豊かさをもたらす一方，環境を破壊する要因ともなってきた。近年では，地球温暖化に伴う**気候変動リスク**[*]の高まりを背景に，二酸化炭素（CO_2）などの**温室効果ガス**[*]（Greenhouse Gas, GHG）を大量に排出する（させる）企業に対して，排出抑制を目的としたダイベストメント（投融資の撤退）やエンゲージメント（目的をもった対話）が世界中で行われている。他方，企業においては，太陽光や風力，水力，地熱，**バイオマス**[*]などの再生可能資源を利用した再生可能エネルギー（以下，再エネ）を導入・拡大する動きが活発化している。また，省エネやリサイクルなどの環境保全技術を開発・推進することで，有害物質や廃棄物などを極力生まない持続可能な資源利用システムの構築に挑戦する企業が増えている。

社会の環境への関心や危機感が高まる中，多くの企業が「環境経営」に取り組んでいる。具体的には，ステークホルダーからの要請に応えるため，意思決定プロセスに環境配慮を組み込み，自社の活動が環境に与える影響を測定・評価し，それを企業活動に反映させ，環境負荷を削減し，その成果を公表している。以下では，社会情勢が変化する中で，企業の環境経営がどのように発展してきたかを確認していく。

2 公害時代の企業の環境対策

戦後，工業化に成功した国々は，大気汚染や土壌汚染，河

＊気候変動リスク
地球温暖化に伴う異常気象や自然災害の頻発化，海面上昇，水不足，食料などの資源供給の不安定化などが，社会や経済，企業に与えるリスクを指す。企業の場合，ビジネスモデルや資産価値，サプライチェーン，社会的信用などに影響を与える可能性がある。

＊温室効果ガス
➡第7章「企業の社会的責任論の変遷」 **2** 2 参照。

＊バイオマス
植物や動物の残骸，家畜の糞尿，木材などの生物由来の資源，またはそれらを原料として作られるエネルギー源（例：メタンガス，バイオエタノール，木質ペレットなど）を指す。

川・海洋汚染などの産業公害に直面した。日本では，1950年代半ばから70年代初頭にかけての高度経済成長期に産業公害が深刻化した。公害を引き起こした企業は，環境汚染が地域住民や経済に与える影響を軽視または無視した経営を行っていた。この実態が明らかになると，全国各地で公害反対運動が起こった。政府は1967年に公害対策基本法を施行することで，事業者の環境責任・責務を明確にし，公害被害者の救済を行った。これをきっかけに，**四大公害**[*]訴訟をはじめ被害住民による訴訟が相次いだ。1970年には14の公害関連法案が成立し，その翌年には公害対策を一元的に行うための行政機関として環境庁（現・環境省）が設立された。

　これらを背景に，企業は自らの環境責務を果たすべく，浄化技術を用いて，生産・流通設備末端から出る有害物質を含む排水・排ガスなどを適正に処理するエンド・オブ・パイプ型の環境対策などに取り組むようになった。しかし，当時の企業にとっての環境対策は，あくまで追加的なコストであり，法令遵守の範囲内にとどまる対策が一般的であった。

［3］　利益につながる企業の環境対策

　1970年代に起きた2度の石油危機（オイルショック）は，石油依存度が高い先進工業国の経済成長を鈍化させた。各国は，エネルギー調達リスクを下げるため，省エネ技術や原子力，天然ガス，再エネなどの代替エネルギーの開発を進めた。一方で，1972年の**ローマクラブ**[*]による報告書『成長の限界』や同年に開催された国連人間環境会議での，地球環境や経済開発の限界と持続性に関する警鐘や議論が，その後の環境保全に関わる国際的な取り組みにおける基盤となった。

　日本では，石油危機によるエネルギーコストの増加を背景とした急激な**インフレーション**[*]によって，企業の生産コストが増大した。一方，同時期に急速に成長した**エレクトロニクス**[*]産業によって技術革新や生産の合理化が促された。それらは，省エネや省資源化による生産コストの低下をもたらしただけでなく，有害物質の排出削減・除去などにかかる環境保全コストの低減につながった。1980年代に入ると，省エネや省資源化，環境対策の徹底がコスト削減と利益向上につながると認識する企業や，そもそも有害物質を出さない公害予防型・未然防止型の環境対策を追求する企業が現れはじめた。

＊四大公害
日本の産業公害の中でも特に甚大な被害をもたらした熊本・新潟の水俣病，富山のイタイイタイ病，四日市ぜんそくの総称。いずれの公害訴訟も1970年代に企業側が敗訴している。

＊ローマクラブ
1970年にイタリアで設立された国際的なシンクタンク。資源の限界や環境問題に関する問題提起やその解決策を模索・提言することを目的とした組織であり，世界各国の学者や政治家，企業経営者，環境活動家など，様々な分野の専門家やリーダーたちによって構成される。

＊インフレーション
継続的な物価の上昇を意味し，一般にインフレと呼ばれる。

＊エレクトロニクス
電子工学の一分野で，電子回路を設計・製造し，電気信号を制御することで，情報処理や通信，自動制御などを実現する電子技術を指す。主な応用分野にラジオ，テレビ，自動車，航空機，ロボット，コンピュータなどがある。

4 競争戦略としての環境経営

1980年代以降，酸性雨や有害廃棄物の越境移動，フロンガスによるオゾン層の破壊，地球温暖化，森林破壊，砂漠化，海洋汚染，野生動物種の減少・絶滅などの地球環境問題の解決に向けた国際的な取り組みが活発化した。特に1992年の国連環境開発会議（リオサミット）では，**持続可能な発展**[*]を理念とする行動計画「アジェンダ21」をはじめ，**気候変動枠組条約**[*]や**生物多様性条約**[*]など多くの国際合意が採択された。以降，地球環境問題は世界共通の課題となった。

特に重要視された課題が地球温暖化対策である。1997年の**国連気候変動枠組条約締約国会議**[*]（通称COP）では世界初のGHG排出削減枠組みである京都議定書が採択された。削減義務を負う先進国を中心に地球温暖化対策のための法整備が進められ，企業や自治体はGHG削減に取り組んだ。具体的には，省エネ設備の導入や生産ラインの最適化によるエネルギー効率の改善に加え，原子力や再エネの開発・利用拡大による電源の多様化，環境配慮製品の開発・普及，さらにはリデュース（省資源化，廃棄物の発生抑制），リユース（再利用），リサイクル（再資源化）の3Rの徹底による循環型社会の構築を通じて，高炭素社会から低炭素社会への移行を目指した。

地球環境問題への対応をめぐり経営環境が絶え間なく変化する中で，特にグローバル企業においては，その場しのぎ的，受け身的な環境対策では長期的な競争優位性を維持することが難しくなった。このため，将来的な**環境リスク**[*]や各国の規制強化の可能性を経営戦略に織り込み，他社に先駆けて規制基準以上の環境対策に取り組むことで，競争優位性・収益性の確保を目指す企業が増えていった。

5 CSR/CSV/SDGs の一環としての環境経営

2000年代に入ると，欧州を中心に企業の社会的責任（CSR）を求める政治的・社会的圧力が強まり，先進国をはじめ新興国・途上国でも CSR の概念が広まった。また，CSR の一環として環境経営を実践する企業が増えた。

近年では，本業を通じて環境問題を含めた社会課題の解決に貢献しようとする動きが強まっている。例えば，世界的な食品・飲料企業であるネスレは，自社や株主だけでなく社会や地球環境にも貢献する共通の価値を生み出し高める戦略，すなわち共通価値の創造（Creating Shared Value, **CSV**[*]）を実

＊持続可能な発展

1987年の「環境と開発に関する世界委員会」による報告書『我ら共有の未来』で提示された持続的な経済発展と環境保全の両立を示す概念。具体的には，先進国と途上国・新興国との間にある経済・社会問題を改善し，「将来世代のニーズを満たす能力を損なうことなく，現代世代のニーズを満たすような発展」を意味する。

＊気候変動枠組条約

気候変動問題を解決するための国際的な枠組み。英語では UNFCCC（United Nations Framework Convention on Climate Change）と表記される。

＊生物多様性条約

生物多様性の保全や持続可能な利用に関する国際的な枠組みを定めるための条約。

＊国連気候変動枠組条約締約国会議

気候変動枠組条約締約国が毎年開催する国際会議。英語では COP（Conference of the Parties to the UNFCCC）と表記される。

＊環境リスク

環境破壊によって生じる事業リスクを指す。例えば，環境汚染や規制による法的・財務的負担の増加や，資源の枯渇可能性の高まりによる製造方法やサプライチェーンの見直し，消費者からのバッシング，不買運動による売上やブランド価値の低下などが挙げられる。

＊ CSV

➡第7章「企業の社会的責任論の変遷」❺参照。

践している。同社では「栄養」,「農村や地域の開発」,「水資源」の３つ分野を CSR の領域とし,それぞれの分野で CSV 戦略指標を設定している。そして,本業を通じて,企業とステークホルダーとの間で経済・環境・社会に関わる共通の価値を創出し,市場競争力と企業価値の向上を目指している。

　最近では,ネスレをはじめ多くの企業が,社会課題を新たな事業機会と見なし,CSV の実践によって企業利益と社会ニーズを同時に満たすことで,環境や社会,経済のサステナビリティ(持続可能性)に貢献しようとしている。特に2015年９月に国連サミットで採択された「我々の社会を変革する:持続可能な開発のためのアジェンダ2030」とその中核目標である**持続可能な開発目標**(Sustainable Development Goals, SDGs)は,CSR/CSV の実践におけるビジョンとして重要な役割を果たしている。

　SDGs は現在,社会のあらゆる活動に組み込まれつつある。特にグローバル企業は,SDGs を事業化する中で,製品・サービスの開発・設計から原材料・部品の調達,製造・加工,流通,販売後のアフターサービスまでの**バリューチェーン**全体の見直しを進めている。それに伴い,関連するサプライヤーや下請け企業も SDGs への対応が迫られている。

② 環境経営を実践するための方法

1 環境理念と環境マネジメント技術

　環境経営の基本は,環境理念と環境マネジメント技術である。環境理念とは環境への社会的誓約であり,環境経営の骨格である。環境理念を掲げる企業の多くは,環境保全に関する方針や目標を定め,発信している。環境理念を機能させるには,企業トップが環境経営の価値を理解し,その理念や価値観を全社・事業レベルでの活動に反映させる必要がある。そのため,社内での環境理念の周知や環境教育が必須となる。

　環境理念を組織として持続的に具体化するための手法が,環境マネジメント技術(システムも含む)である。これは,①環境負荷を持続的に削減するための指揮・管理システム,②環境負荷を測定・評価し,その結果を製品・サービスに反映させる技術,そして③環境経営に関わる情報を開示するための技術の３つに分類できる。

＊持続可能な開発目標(SDGs)
2015年の国連サミットで採択された,持続可能な発展に向けて2030年までに国際社会が達成すべき17の目標と169のターゲットを指す。

＊バリューチェーン
製品・サービスのサプライチェーンにおける,付加価値が創出される各工程およびその連携を指す。

2　環境マネジメントシステム

　①環境負荷を持続的に削減するための指揮・管理システムは一般的に環境マネジメントシステム（Environmental Management System, EMS）と呼ばれる。様々な EMS 規格の中でも特に，**国際標準化機構**[*]（通称 ISO）によって1996年に発行された **ISO14001**[*]（2015年改訂）が世界的に普及している。これは，EMS を構築・運用するための規格であり，企業に限らず組織全般に適用できる仕様となっている。ただしその取得には外部機関による審査・認証が必要となる。

　ISO14001 の取得は法的義務ではないが，客観性が高い認証規格であるため，取得することで取引相手をはじめ多様なステークホルダーに環境配慮をアピールできる。現在ではグローバル企業を中心に ISO14001 が普及し，日本でも多くの企業や自治体が，取引相手に対して ISO14001 またはそれと同等の認証規格の取得を求めるようになった。

3　ライフサイクル・アセスメントと環境配慮設計

　②環境負荷を測定・評価し，その結果を製品・サービスに反映させる技術として，ライフサイクル・アセスメント（Life Cycle Assessment, LCA）と環境配慮設計（Design for Environment, DfE）がある。

　LCA とは，製品・サービスの企画・開発・設計から原材料・部品の調達，製造，流通，使用，そして処理・廃棄に至るまでのライフサイクル全般にわたる資源投入量および環境負荷量を計測し，それらが環境に与える影響を包括的に評価する手法である。他方，DfE は，LCA の結果をもとに製品・サービスのライフサイクル全般で生じる環境負荷の最小化を目指す設計である。DfE の中核となる設計要素は，3R に再生可能資源や再エネなどの要素を加えた「3R＋Renewable」である。

　近年では，製造・リサイクルプロセスの簡素化や効率化の観点から，高性能で環境負荷の小さい素材（エコマテリアル）への転換や製品素材の統一化も重要な設計要素となっている。また最近では，製品の長寿化を目的に，定期メンテナンスや修理・部品交換などのアフターサービスを充実させるだけでなく，利用者による解体処理や修理・部品交換，アップグレードの容易化などの要素も重要視されている。

　このような DfE の動きを加速させているのが，欧州を中

＊国際標準化機構
➡第7章「企業の社会的責任論の変遷」❹[2]，第10章「企業の『人権』問題への取り組み」❷[2]参照。

＊ISO14001
この審査・認証を受けるためには，環境保全に関する組織の方針（環境方針）を決定し，それに沿って環境目的や目標を定め，活動によって生じる環境負荷を，Plan（計画），Do（実行），Check（点検・評価），Act（改善）を繰り返す PDCA サイクルマネジメントを用いて持続的に削減し，その成果を報告書として社外に公表できる体制を構築する必要がある。

心に世界的な広がりを見せるサーキュラーエコノミー（Circular Economy）である。これは，従来の「調達→生産→消費→廃棄」のような資源を使いつぶすだけの経済システムではなく，あらゆるものが何かの資源（例：養分，エネルギー，材料など）として人間社会を含む地球生態系において循環利用される持続可能な経済システムを意味する。

　サーキュラーエコノミーへの移行は，SDGsの目標12「持続可能な消費と生産パターンの確保」に向けた重要な取り組みの1つであり，資源循環と経済成長とを両立させる経済システムとしてその実現が期待されている。

4　環境報告

　③環境経営に関わる情報を開示するための技術が環境報告である。環境報告は1990年代以降，グローバル企業を中心に自主的な活動として普及してきた。この動きは，2000年に**GRI***が策定した『サステナビリティ報告ガイドライン』や2003年に環境省が策定した『環境報告ガイドライン』（現在2018年度版）などにより活発化した。現在では環境報告の有無が，購入商品や取引先，投資先の選定に大きく影響するようになった。また，2000年の国連グローバル・コンパクト（人権，労働，環境，腐敗防止の4分野に関わるCSR原則）や，2010年のISO26000（組織の社会的責任に関するガイダンス規格）の登場により，企業の倫理・社会的側面やサステナビリティに関する非財務情報を開示するCSR報告書やサステナビリティ報告書の一部として環境報告を行う企業が増えた。

　最近では，財務情報と非財務情報とを1つに集約して「統合報告」を行う企業も増えている。これは，**国際統合報告協議会***（International Integrated Reporting Council, IIRC）が2013年に公表した『国際統合報告〈IR〉フレームワーク』で提示された新しい開示概念である。短・中・長期的な価値創造をいかに実現するかについて，株主や投資家などのステークホルダーとの対話を通じて，より効率的で生産的な資本の配分を達成し，それによって金融安定化と持続可能な発展に貢献することを目的としている。

5　環境会計

　環境会計とは，利益獲得と環境保全の両立を促すことを目的に，環境経営の費用対効果や収益性を会計的に評価・開示

＊GRI
米国の非営利組織CERES（Coalition for Environmentally Responsible Economies）や国連環境計画（UNEP）などによって1997年に設立された，国際的なサステナビリティ基準の策定を目的とする共同イニシアチブ。

＊国際統合報告協議会（IIRC）
企業による持続可能な価値創造や統合報告等の促進を目的とする国際的な非営利団体。統合報告における「価値」とは，組織の内外に存在する資本や，組織の活動によって新たに生み出される，または失われる資本の価値である。具体的には財務資本，製造資本，知的資本，人的資本，社会関係資本，自然資本の6種の資本の価値を想定している。

する手法である。環境会計は機能ごとに外部環境会計と内部環境会計に分けられる。

　外部環境会計は，外部のステークホルダー（取引先や株主，投資家，行政など）への環境経営の効果を会計的に開示すること目的とした手法であり，その内容は，環境保全コストとその経済効果および環境保全効果を，貨幣単位または物量単位で測定したもので表示される。コストや効果の算定・開示方法については国際標準化されておらず，各国とも自主的なガイドラインを策定するにとどまっている。日本では，環境庁が1999年にガイドラインを策定したことをきっかけに，大企業を中心に外部環境会計が広まった。

　他方，内部環境会計は，企業内部のステークホルダー（経営者や従業員など）の意思決定に利用できる環境会計であり，一般に環境管理会計と呼ばれる。その代表的な手法がライフサイクル・コスティングとマテリアル・フローコスト会計である。

　ライフサイクル・コスティングとは，製品・サービスのライフサイクル全体における費用（ライフサイクル・コスト）を計算する会計手法である。これに，製品・サービスが環境に与えるあらゆる影響を金銭的に評価した結果（社会的コスト）を計上することで，製品・サービスが社会的に見て本来負担すべき真のコストを知ることができる。この手法をフルコスト環境会計という。

　マテリアル・フローコスト会計は，製造過程で使用する原材料（マテリアル）やエネルギー，水などの使用量，排出物などの発生量の流れ（フロー）を，貨幣単位と物量単位を用いて総合的に測定・評価することで，投入資源と廃棄物を同時に削減するための手法である。マテリアルロスを「コストをかけて生み出したもの」として分けて示すことで，ロス削減およびコスト削減の余地がどこにどれだけあるかが可視化され，その経済的価値を考慮に入れた経営判断が可能となる。

③　金融からの環境問題へのアプローチ

1　ESG 投資を中心とした環境金融の拡大

　金融業界においても，環境に配慮した投資や融資，すなわち環境金融が活発化している。なかでも世界的に注目が高まっているのが **ESG 投資** である。これは，財務情報に加え，環境（Environment），社会（Social），企業統治（Gover-

＊ **ESG 投資**
ESG 課題をめぐるダイベストメントやエンゲージメントも ESG 投資の一種である。環境だけでなく，社会や経済のサステナビリティなどに関わる個別または複数の社会課題（例：ジェンダー平等，地域社会・共同体の存続，持続可能な農業など）の解決を目的とする投資としても注目を集めている。

nance）の３つの非財務情報に配慮する投資を意味する。

　ESG 投資のコンセプトは，2006年に国連が提唱した**責任投資原則**（Principles for Responsible Investment，PRI）をきっかけに，機関投資家を中心に広まった。PRI は，投資の分析や意思決定プロセスに ESG の観点を組み込むことや，株主としての方針と行動に ESG 課題を組み込むことなどを求める内容となっている。PRI の目的は，近年の金融市場や経済活動における行き過ぎた**短期主義**的な動きを抑制し，ESG に配慮する投資行動を促すことである。金融機関が主導的に資金の流れを方向づけることで，投資先企業の方針や事業内容を ESG，さらには持続可能な社会の構築に貢献する内容に変容させていくことが期待されている。

　日本では，2014年の『日本版スチュワードシップ・コード』と2015年の『コーポレート・ガバナンス・コード』の制定により，機関投資家や上場企業の行動原則が明確化・厳格化されたことで，長期的な視点に立った経済活動やエンゲージメントを通じた企業価値の向上，持続的な成長が求められるようになった。また2015年９月には，世界最大の公的年金かつアセットオーナーである年金積立金管理運用独立行政法人（GPIF）が PRI に署名し，2017年７月から国内株式の**ESG 指数**に連動する**パッシブ運用**を開始した。これらによって，国内の機関投資家や上場企業を中心に ESG 投資に対する認知度や期待が高まった。

2　情報開示基準の統合化

　ESG 投資の世界的な拡大に伴い，事業と ESG 課題の関わりを見直す上場企業が増える一方，金融業界からの ESG やサステナビリティ，気候変動などの非財務情報の開示圧力が高まった。それに応じて，多くの開示基準が開発された。

　例えば GRI は，SDGs や持続可能な社会の実現を促すことを目的に，環境・社会・経済のサステナビリティに対する企業のインパクトをステークホルダーに開示するための基準『GRIスタンダード』を2016年に公表した。サステナビリティ会計基準審議会（Sustainability Accounting Standards Board, SASB）も2018年に『SASB スタンダード』を公表しているが，これは，非財務情報の中でも財務に与える影響が大きい項目を重視し，業界内や企業間での比較を促すために業種別の**重要業績評価指標**（Key Performance Indicator, KPI）を整理した基準

＊責任投資原則（PRI）
PRI の署名機関は，アセット・マネージャー，アセットオーナー（資産運用会社），サービス・プロバイダーの３つのカテゴリーに区分され，原則の遵守や毎年の報告等が義務づけられる。PRI に法的な拘束力はないが，2023年11月６日時点での署名機関数は5363機関（うち日本は128機関）に達し，運用資産総額は120兆ドルを超えている。

＊短期主義
短期間での利益追求に重点を置き，長期的な視点やサステナビリティ，将来世代の厚生を無視する考え方や主張を指す。

＊ESG 指数
優れた ESG 経営を行う企業で構成された株価指数であり，ESG を投資に組み込む手法の１つ。2022年度末時点では９つの ESG 指数に基づいた投資運用が行われている。

＊パッシブ運用
特定の株価指数を運用指標（ベンチマーク）として，その動きに連動する投資成果を目指す手法。

＊重要業績評価指標（KPI）
組織の目標達成の度合いを評価するための指標。

となっている。両基準とも世界中のサステナビリティ報告書で利用されている。

　ほかにも，世界の主要企業の環境情報を提供する **CDP**[*] は，機関投資家などの要請に基づいて気候変動や水セキュリティなどに関する質問書を作成し，世界中の企業・都市・地域に送付し，収集した情報を広く公表している。気候変動開示基準委員会（Climate Disclosure Standards Board, CDSB）は，気候変動や生物多様性，森林，水などの自然資本に関する情報を財務情報と統合して伝える枠組みとして『CDSB フレームワーク』を2015年に公開している。また，気候変動財務情報開示タスクフォース（Task Force on Climate-related Financial Disclosures, TCFD）が2017年に公表した『TCFD 提言』は，企業等に，気候変動に関するガバナンス，戦略，リスク管理，指標の 4 つの項目について比較可能で一貫した枠組みで情報開示を行うことを推奨している。なお日本では，2021年 6 月の『コーポレート・ガバナンス・コード』の再改訂により，東京証券取引所のプライム市場に上場する企業は，『TCFD 提言』またはそれと同等の枠組みに基づく情報開示が実質義務化された。

　様々な開示基準が乱立する中，企業や金融機関，規制当局などから開示基準の統合化・簡素化を求める声が多くあがった。それを背景に，2020年以降，主要な基準設定団体の連携・統合が進んだ。2021年 6 月には SASB と IIRC が合併して価値報告財団（Value Reporting Foundation, VRF）が，同年11月には **IFRS 財団**[*] の主導のもと国際サステナビリティ基準審議会（International Sustainability Standards Board, ISSB）が設立された。そして2022年 6 月，CDSB と VRF が ISSB に統合された。現在，TCFD を含めた主要団体の開示基準を土台とした IFRS サステナビリティ開示基準（通称 ISSB 基準）の策定が進んでいる（2024年度中に公表予定）。

④ サステナビリティ時代の環境経営

1　脱炭素社会の実現に向けて

　今後，持続可能な社会の構築に向け，すべての企業が取り組むべき重要課題の 1 つが脱炭素である。脱炭素とは，CO_2 などの GHG 排出量を実質ゼロ（**カーボンニュートラル**[*]）にすることを指す。脱炭素の流れは，2015年12月に COP21 で採択された**パリ協定**[*] を境に，世界的なものとなった。2021年 4

＊ CDP
2000年に設立された国際的な非営利団体（旧 Carbon Disclosure Project）。当初は企業の GHG 排出量や気候変動への対応に関する情報を収集・公表していたが，活動領域を森林や水セキュリティの分野に拡大するにあたり，2013年に団体の正式名称を CDP に変更した。

＊ IFRS 財団
国際会計基準（International Financial Reporting Standards, IFRS）の策定を担う非営利組織。

＊カーボンニュートラル
GHG の削減や吸収・回収・貯蔵等の取り組みにより，GHG 総排出量と総吸収量を均衡させること（収支ゼロ）を意味する。

＊パリ協定
京都議定書に代わる2020年以降の GHG 排出削減等のための国際枠組み。新興国・途上国を含むすべての参加国・地域が，それぞれ自主的に2020年以降の削減目標（Nationally Determined Contribution, NDC）を定めることが義務化されている。

月時点で191の国・地域がパリ協定に批准し,「世界全体の平均気温の上昇を産業革命以前に比べて2℃よりもはるかに低く,できれば1.5℃未満に抑える」ために,今世紀半ばまでの早期のうちに排出量をピークアウトさせ,カーボンニュートラルを実現するため,産学官民一体となって動き出している。日本も,2050年までのカーボンニュートラル実現を目標に,目下2030年度までに年間の総排出量を2013年度比で46%削減することを目指している。

　脱炭素に合意する企業は,パリ協定の目標と整合するようにバックキャスティング*式に排出削減のための戦略や計画を策定し,実行に移している。その多くが,省エネの深堀りや再エネの導入・拡大を基礎に,サプライチェーン全体の排出量の把握や排出削減のための技術開発・導入に注力している。またその一環として,自社の削減目標の科学的妥当性を示すために「SBTi*(Science-Based Targets initiative)」の認定を受ける企業が増えている。さらに自社の事業で必要となる電力を100%再エネで賄うことを目指す国際イニシアチブ「RE100*」に参加する企業も増えている。

　例えば,世界的IT企業であるアップルやマイクロソフトはすでにRE100を達成しており,特にアップルは,2030年までに自社の事業だけでなく製品のライフサイクルおよびサプライチェーン全体でのカーボンニュートラルを実現することを宣言している。また,マイクロソフトは,1975年の創業以来,直接・間接的に排出してきたGHGの環境への影響を2050年までに完全に排除することを宣言している。両社とも,省エネや再エネの徹底に加え,社内での排出量に内部課金(インターナル・カーボンプライシング*)を行うことで,CO_2を削減するインセンティブを作り出し,その収益をサステナビリティ関連技術の開発などに充てている。

　世界トップの電気自動車メーカーであるテスラは,太陽光発電と蓄電設備をセットにした電気自動車の普及を通じて,移動・輸送だけでなく,家庭で必要となる電気の自給自足化とCO_2削減を促進している。さらに,それら複数の電源(蓄電池)を束ねて仮想発電所を構築することで,持続可能なエネルギーエコシステムを実現させようとしている。

　また先進的な住宅メーカーは,省エネおよび断熱・気密性能に優れ,かつ太陽光発電等による自家発電によって年間の1次エネルギー消費量の収支をゼロにできるZEH(Zero En-

*バックキャスティング
将来の望ましい状態を設定し,その状態を達成するための具体的な戦略や行動を考える方法論。

*SBTi
2023年11月13日時点で3849社(うち691社が日本企業)が,同イニシアチブよりSBT認定を受けている。

*RE100
Renewable Energy 100%を意味する。2023年11月13日時点で423社(うち85社が日本企業)が加盟している。

*カーボンプライシング
企業や国が炭素に価格を付け,排出者の行動を変容させる経済的な政策手法を指す。

*仮想発電所
企業や自治体,家庭などが所有する複数の分散型電源(例:太陽光発電や風力発電などの生産設備,蓄電池,電気自動車など)を束ねてIoT・AI技術を活用して制御し,1つの発電所として運用管理する電力供給システムを指す。英語ではVirtural Power Plant(VPP)と表記する。

ergy House）の販売を拡大することで，家庭部門での脱炭素化に貢献している。例えば，国内大手の積水ハウスは，2013年から ZEH 商品「グリーンファーストゼロ」の販売をはじめ，2021年度の同社が販売した新築戸建住宅に占める ZEH の割合は 9 割を超えた。現在は，賃貸住宅や分譲マンション，賃貸オフィスなどの ZEH 化にも注力している[*1]。

　脱炭素に向けた企業の実践は，単に ESG 投資を呼び込むためだけでなく，エネルギー調達リスクの低減や電力供給の安定化，国・地域の規制強化への事前適応，新たなビジネスモデルや連携・協働ネットワークの構築，そして中長期的な企業価値の向上を見据えたものが多い。

［2］　サーキュラーエコノミーの重要性

　脱炭素社会を実現するためには，再エネの供給設備や電気自動車，蓄電地などの開発・利用拡大が必須となる。そのため，それらの製造に欠かせないリチウムやネオジム，コバルトなどのレアメタル（希少金属）の需要は今後，世界的にひっ迫すると予想される。これは資源の価格高騰や枯渇を招くだけでなく，世界経済の不安定化や脱炭素の停滞，逆行，調達地域での過度な開発・採掘，それに伴う環境破壊など，様々な問題を引き起こす可能性が高い。

　また近年の COVID-19 の世界的流行やロシアによるウクライナ侵攻などを背景とした世界的な資源価格の高騰は，特定の国や地域に依存するグローバル・サプライチェーンの脆弱性やリスクを顕在化させた。2021年に日本で起きた**ウッドショック**[*]はその一例であり，国内の森林資源を基盤とする持続的で循環的な木材生産・利用に配慮した木材サプライチェーンの欠如がこの問題の根底にある。木材などの生物資源を含め，枯渇可能性の高いエネルギー資源や鉱物資源などの輸入依存度が高い国や企業は今後，供給先の分散化や，再エネや生物資源の持続的な生産・利用，リユース・リサイクルによる循環的な資源利用を促進することで，国際・政治情勢の影響を受けにくいサプライチェーンを構築していく必要がある。それなしに環境や社会，企業のサステナビリティを維持することは困難である。

　さらに，地球環境のサステナビリティを示す科学的指標「**プラネタリー・バウンダリー**[*]」によれば，気候変動や土地利用，淡水消費のレベルは人類が安全に活動できる限界値を

*1　詳細は，積水ハウスHP「統合報告書／アニュアルレポート」（https://www.sekisuihouse.co.jp/company/financial/library/annual/）を参照のこと。

＊ウッドショック
COVID-19の影響による世界的な生産・物流の混乱，海外での DIY やリフォーム，住宅着工件数の増加による木材需要の増加などを背景に，海外（主に北米）からの輸入木材の減少による木材供給不足によって生じた木材価格の高騰を指す。これによって，国内の木材・住宅産業の木材調達コストが増大し，事業収益が悪化した。

＊プラネタリー・バウンダリー
ヨハン・ロックストロームらの研究グループが開発した地球の環境容量とその限界点を示す科学的指標。具体的には，気候変動，新規化学物質による汚染，成層圏オゾン層の破壊，大気エアロゾルの負荷，海洋酸性化，窒素とリンの地球生物科学的循環，淡水利用，土地利用の変化，生物圏の一体性の9つの領域を地球環境の安定性に関連する領域と定め，それぞれの領域で人間活動の影響が持続可能な範囲内に収まっているかどうかを評価している。

すでに超えている。新規化学物質による汚染や生物圏の一体
性（生物多様性）の喪失，窒素およびリンの過剰循環に至っ
ては，地球生態系に不可逆的な変化を起こす危険域にまで達
している[*2]。このため，脱炭素だけでなく，人類の資源利用や
環境汚染などによって生じる環境負荷量を，地球生態系のレ
ジリエンス（資源の再生産機能や廃棄物等の吸収・循環・浄化機
能など）の許容範囲に抑制する必要がある。

　これらの課題を解決する方法として注目されているのが
サーキュラーエコノミーである。例えば，その先駆である照
明機器大手のシグニファイは，照明機器そのものを売るので
はなく，製品寿命が長い LED 照明の取り付け・保守・メン
テナンス・交換などのサービスを包括的に提供する，長期的
な収益性が高いビジネスモデルを開発した。同社は，顧客と
長期的な関係性を築くことで，使用済み製品の回収・リユー
ス・リサイクルの効率化を図り，IoT[*]（Internet of Things）技
術を活用した照明制御や照明データの収集・解析によって，
より経済的で持続可能な照明サービスの提供を実現した。こ
うした製品の機能だけを提供する手法（サービサイジング）
は，資源の利用効率や循環性が高いビジネスモデルとして注
目されている（例：衣料品，家電製品のレンタル，バイク／カー／
ハウス・シェアリング，化粧品のサブスクリプションなど）。

　また，家具販売の世界最大手であるイケアは，家具のレン
タルや買取・再販売サービス，使用済み家具のリユース・リサ
イクル，さらに利用者によるリペアの容易化に取り組んでい
る。同社は，家具を長く快適に使うためのサービスや DfE
を追求することで，顧客満足度やリピーター購入率を高め，
さらには過剰な木材消費の抑制に貢献しようとしている。

③ 環境配慮や SDGs を免罪符にしない

　持続可能な社会の実現に向けた動きが世界的に活発化する
一方，環境配慮や SDGs，ESG への配慮を装う「見せかけの
取り組み」（例えば，グリーンウォッシュや SDGs ウォッシュ，
ESG ウォッシュなど）が後を絶たない。このような行為は企業
の社会的信用やブランドイメージ，企業価値を失墜させるだ
けでなく，人材確保や従業員の労働意欲にも悪影響を与え
る。また，真剣に環境保全や社会課題に取り組む個々や組織
の努力を台無しにしてしまう。

　現在，各国・地域は，ウォッシュ行為を防止するために，

第三者機関による審査体制や金融当局による監視体制の強化を進めている。例えばフランスでは，2021年4月に世界初となるグリーンウォッシュに直接的な制裁措置（罰金刑やウェブ・広告・メディアでの説明文，訂正記事の掲載など）を課す法律が制定された。また，日本では金融庁が，投資運用におけるESGウォッシュの防止とESG市場の信頼性向上のために，ESGファンドの監督指針を策定し，2023年3月より適用を開始している。

　世界の環境政策をリードする欧州連合（EU）は，環境面のサステナブルな経済活動の分類（タクソノミー）と，その開示形式であるサステナブルファイナンス開示規制（Sustainable Finance Disclosure Regulation, SFDR）を策定することで，投資運用のサステナビリティに関する開示の透明性と説明責任の向上を促し，グリーンウォッシュを排除しようとしている。さらに，2023年1月に発効された企業サステナビリティ報告指令（Corporate Sustainability Reporting Directive, CSRD）により，従業員500人以上のEU域内の上場企業など（約5万社）を対象に，気候変動や生物多様性，従業員，消費者，事業活動などESGに関するサステナビリティ情報の開示が義務化され，その開示には第三者機関による保証が必要となった。加えて，EU域内で一定規模以上の事業を行うEU域外の企業に対しても，開示が義務づけられる可能性が高まっている。そのため，特にEUに子会社を持つグローバル企業は，ISSB基準に加え，EU独自の基準に沿った開示への対応が，少なくともEU市場での競争優位性を確保するための必要条件となっていくと予想される。

（安達啓介）

第10章

企業の「人権」問題への取り組み

　近年，注目を浴びる ESG 経営。環境・社会・ガバナンスに配慮した企業経営が求められている。その中でも本章では，企業の「社会」，さらに「人権」問題へと焦点を絞り，その取り組みに関する解説を行う。「人権デューデリジェンス」に代表される人権配慮は，サプライチェーンを含めた企業活動の中で，児童労働や強制労働や人種差別などの「人権」侵害の有無について，精査し対応を求めるものであった。一方で，近年の上場企業に求められる世界基準の「人的資本情報の開示」では，あらゆる労働条件や格差についてもスポットライトが当てられる。日本企業は外国人労働者や女性の社会的地位などの世界的に批判の的となっている問題の改善は当然のことながら，少子高齢化に代表される課題先進国として，高齢者雇用や**在宅勤務**[*]の権利など，未来志向の「人権」問題の改善に踏み込むことが求められている。

＊在宅勤務
厚生労働省ではテレワークを，①労働者の自宅で行う在宅勤務，②労働者のメインの就業場所以外のオフィスで勤務するサテライトオフィス勤務，③労働者が自由に働く場所を決めるモバイル勤務に分類し，実施を推進している。

＊労働契約
労働契約法第6条によれば，「労働者が使用者に使用されて労働し，使用者がこれに対して賃金を支払うことについて，労働者及び使用者が合意することによって成立する」とある。

1 「人」にかかわる企業の社会的責任

[1] 「ヒト」という経営資源と企業の社会的責任

　一般的に企業が所有する経営資源といえば，「ヒト・モノ・カネ・情報」の4つが挙げられるだろう。そのうち，本章が取り上げるのは「ヒト」の部分になる。「ヒト」とは「人（人間）」そのものではない。「人」が所有されているとするならば，それは奴隷制度である。わかりやすくいうならば，企業は特定の「人」との**労働契約**[*]によって，「人」がその特定の時間を企業のために労働するという契約を結んでいる。労働契約を結んだ「人」を「労働者」という。企業が労働契約によって獲得した，労働者の労働を伴う時間が経営資源である「ヒト」の本質であるとここでは定義する。企業が獲得した「ヒト」による「労働」の内容は，「労働者」自身の属性に依存する。その「労働者」が家庭や学校でどのような教育を受けてきたか，これまでどのような仕事の経験をしてきたか，などのそれぞれの労働者の所有する属性によって，「ヒト」に期待される労働の種類と結果が変わり，その対価である賃金も変わる。

　つまり，「ヒト」という資源は労働者自身のみならず，家

庭や学校，企業といった「社会」によって育成された資源である。例えば自然を消費する企業が木を植える活動を行うことが求められるように，企業は，「ヒト」という資源を消費する以上は，健全な家庭生活を営めるような労働時間や賃金の確保のほか，学校教育への協力と貢献，労働者に対する積極的な**教育訓練**[*]によって，「社会」によって育成された「ヒト」という資源の再生産に力を注がなければならない。

[2]　労働者の能力開発の担い手として

　年齢ごとの平均賃金をみる（**資料10‐1**）と学歴や性別で差があるものの，日本の労働者は50歳代までは成長していくと考えられる。賃金が生産性の関数であるとすれば，日本の労働者は日々の労働の中で学び，50歳代までは平均的に生産性を上げ続けているのではないか。かつて『*Human capital*』[*1]を著したゲイリー・S・ベッカーは，労働者の生涯における生産性つまり人的資本の価値の成長について分析を行った。

　労働者の生産性は学校教育と，仕事をしながら学んでいく教育訓練によって培われる。ベッカーのモデルでは，仕事をする中で学んでいく企業内訓練（Training On the Job）をどの企業でも通用する**一般訓練**[*]と，その企業だけでしか通用しない**特殊訓練**に分類して考える。

　特殊訓練はその企業でしか必要とされない訓練であるから，その特定の企業負担の下で行われる。しかし，一般訓練については，**フリーライダー**[*]問題がつきまとう。つまり，一般訓練で労働者に身につく技能はどの企業でも通用する訓練であるから，ほかの企業が費用をかけて育成した労働者を引き抜いて使用することが，企業の合理的行動となるのである。したがって一般的に通用する技能については，自社で育成を行うのに消極的になる傾向がある。

　そこで国の役割が期待される。**ハローワーク**[*]に代表される公的職業訓練機関による一般訓練の付与である。**職業能力開発基本法**[*]は国に労働者の能力開発の義務を課しており，事業者に対しても労働者の教育訓練を計画的に行うことを求め，企業は，国の提供する教育訓練に労働者が参加することを推奨し，妨げてはならないことになっている。

　しかし，企業は一般訓練を含めた労働者の教育訓練について，国家に依存するのではなく，社会貢献として位置づけ，積極的に行い，社会の「学ぶ力」を培うべきだとする考え方

*教育訓練
企業による教育訓練は，同僚や上司と仕事をする中で行う「OJT（On-the-Job Training）」と職場を離れて行う「Off-JT（Off-the-Job Training）」，労働者が自身で必要とする研修を受ける「自己啓発」の3つに分けられる。

*1　ゲイリー・S・ベッカー著，佐野陽子訳『人的資本―教育を中心とした理論的・経験的分析―』（東洋経済，2015年）を参照されたい。

*一般訓練と特殊訓練
ベッカーの前掲書では，企業における訓練について，どの企業でも通用する一般訓練（例えばパソコンの表計算の技能などの研修）とその企業でしか通用しない特殊訓練（例えばトヨタのハイブリッドエンジンの技術など）に分けられる。一般訓練については，訓練の費用を企業が負担したがらないことが指摘されている。

*フリーライダー
利用者を排除できない状況の下で，費用を支払わずに利用する者をいう。ここでは，訓練費用を支払わずに，一般技能を身につけた労働者を使用する事業者を指す。

*ハローワーク
ハローワークは公共職業安定所とも呼ばれる。就職困難者を中心に就職を支援する，厚生労働省の機関である。業務としては，職業紹介，雇用保険のほか，教育訓練の提供や斡旋，費用の補助なども行う。

＊職業能力開発基本法
職業訓練及び職業能力検定
の内容の充実強化及びその
実施の円滑化のための施策
並びに労働者が自ら職業に
関する教育訓練又は職業能
力検定を受ける機会を確保
するための施策等を総合的
かつ計画的に講ずることに
より，職業に必要な労働者
の能力を開発し，及び向上
させることを促進し，もつ
て，職業の安定と労働者の
地位の向上を図るととも
に，経済及び社会の発展に
寄与することを目的とす
る。（法第一条より抜粋）

資料10-1　労働者の学歴，性，年齢階級別（2021年）

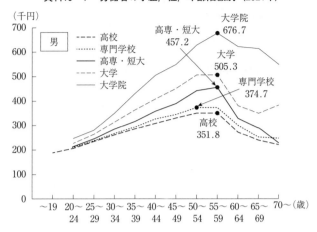

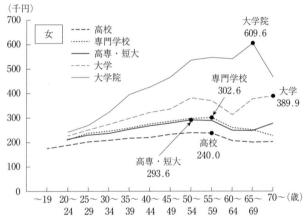

（出所）　厚生労働省『令和三年賃金構造基本調査の概況』2022年3月25日，
　　　　第3図を抜粋。

＊2　ジョゼフ・E・スティ
グリッツ，ブルース・C・
グリーンウォルド著『ス
ティグリッツのラーニング
ソサエティ―生産性を上昇
させる社会―』（東洋経済
新報社，2017年）を参照。
＊スピルオーバー
漏れ出す（Spill-over）の
意味。経済学では技能や知
識などが行動する主体から
広がって影響を与えるこ
と。スピルオーバー効果。
＊シリコンバレー
➡第19章「ベンチャービジ
ネスの現状と課題」③ ②
参照。

もある。ジョゼフ・E・スティグリッツはその著書『Learn-ing Society[*2]』の中で，ある地域に群生する複数の企業による教育訓練の効果は，一企業にとどまらず，「**スピルオーバー**[*]」して，その地域全体の「学ぶ力」を引き上げ，その地域に存在する多くの企業に影響を与える。「学ぶ力」の引き上げられた社会では，イノベーションが促進されてきたという。例えば，アメリカの**シリコンバレー**[*]などの比較的狭いエリアでイノベーションが群発しやすいのは，企業と労働者によって社会の「学ぶ力」が培われているからであると述べられる。

　ある社会における「学ぶ力」は，その社会に企業と人を惹きつける重心となる。その社会に新規参入した企業もまた，培った知識や技能をその社会にスピルオーバーさせ，「学ぶ力」を増強する好循環をもたらす。

　「ヒト」という資源を消費する企業は，その再生産に積極的に貢献する責任がある。また，それと同時に，「ヒト」の再生産と**生産性***の向上のために行う教育訓練の効果は，その企業のみならず，イノベーションを生みやすい「学ぶ力」のある社会の形成にも寄与するのである。

❷ 世界的に注目される人権デューデリジェンス

⬚1⬚ ESG 経営と人権保護

　「ヒト」という資源が労働者という「人」から切り離せないものである以上，企業は「ヒト」を使用するにあたり，その労働者の「人権」侵害を行わない配慮が必要である。それは ESG 投資という機関投資家の要求という形で表出したが，本来，進化する人間社会からの要求でもあるだろう。

　2015年9月の国連サミットで持続可能な開発目標 SDGs が採択されて以来，企業も積極的に社会貢献を求められるようになった。これと歩調を合わせるように，社会から広く資金を集める年金基金などの機関投資家なども持続可能な経営を行う企業に投資をしたいと考えるようになり，投資先の財務情報だけでなく，環境（environment），社会（social），企業統治（governance）の要素を投資先選定の考慮に入れる **ESG 投資***を行うようになっている。それに対応して，企業も ESG の達成を企業目標の中に取り入れる ESG 経営を目指すようになった。本章で取り上げるのは，ESG の S（social）の部分である。第❶節で述べたように企業における「社会」への貢献は「人」への配慮に収斂する。企業は社会を構成する「人」の権利に対して侵害がないことを求められるのみならず，「ヒト」という経営資源を企業につなぎ止め，「ヒト」の生産性を向上させる教育訓練の実施が求められている。

　企業の人権に対する配慮は，2011年に国連が発表した「ビジネスと人権に関する指導原則」以降，本格化した。その第17条は，その企業自身の活動のみならず取引関係も含めた人権侵害を防止し，軽減し，対応策を考えることに責任があるとして，「**人権デューデリジェンス***」を実施するべきであると述べる。

*生産性
日本生産性本部によれば，一般的に生産性には，①物的生産性と②付加価値生産性があり，前者は生産量を労働者数で除した数値をいい，後者は，付加価値を労働者数で除した数値をいう。

*ESG 投資
➡第5章「アメリカの最高経営組織と企業統治」❹⬚1⬚参照。

*人権デューデリジェンス
サプライチェーンを含む企業の活動全般について，児童労働や強制労働などの人権侵害に関するリスクがないかについて精査し，対応すること。人権 DD とも略される。

「人権DD」とも略される「人権デューデリジェンス」では、当初、児童労働や強制労働などの人権侵害をその企業自身が行っていないか、または取引先が行っていないか、精査し対応することだと理解されていた。例えば新疆ウイグル自治区における綿花の強制労働のような政治問題にかかわる「特定の地域や国家や企業」の商品に対する注意にとどまるのではないかと解されていた。

しかし、2022年2月に発表された欧州委員会のコーポレート・サスティナビリティ・デューデリジェンス指令[*3]（EU指令）以来、特定の政治問題案件にとどまらない。人権DDは国家のイデオロギー対立といった特定の政治案件を超えて、あらゆる国際的な取引への規制へとその性格を変えた。EU指令は、いかなる地域に存する企業とそのサプライヤーがEU域内の企業と交易がある場合には、人権DDを徹底していない場合に、輸入や交易を制限する可能性があることを示唆していたのである。

脱炭素規制の動きにもみられるように、SDGsにしてもESGにしても、欧州（EU）基準が強い影響力をもっている。EUの設ける基準は、本来EU域内という限定的な範囲に効力をもつに過ぎないが、ヨーロッパという大きな市場と精神的な先進性を背景に世界的に波及していく傾向がある。

2　「人的資本の情報開示」の動き

ESG投資が衆目を集める中で、人権侵害の有無のみならず、「人的資本の情報開示」がEU、そしてアメリカから求められるようになった。EUでは2014年から、アメリカでは2020年に上場企業に対し「人的資本の情報開示」が義務づけられている。これに対応するため、日本政府も2020年10月に「ビジネスと人権に関する行動計画」を定め、日本版「人権DD」の基準を定めていくこととした。

人権DDの範囲は2010年代に注目されていた児童労働や強制労働だけでなく、労働に関する幅広い権利を対象としていることが特徴的である。例えば、適正な賃金水準や労働時間などを意味する**ディーセントワーク**[*]の促進や新しい技術（SNS、AIなど）の発展に伴う人権侵害に加え、外国人だけでなく、法の下の平等を求められる障害者や女性、LGBTに対する配慮も含まれている。

人権DDの範囲の広がりの背景には、人的資本の国際規

＊3　詳しくは日本貿易振興機構アジア経済研究所のレポートを参照（木下由香子「No. 169 EUコーポレートサスティナビリティデューディリジェンス指令案の発表」2022年）。

＊ディーセントワーク（Decent Work）
1999年第87回ILO（国際労働期間）総会の報告書の表題となって普及した用語。「権利が保護され、十分な収入を生み、適切な社会保護が供与された生産的仕事」と訳された（ILO東京支局「第87回ILO総会事務局長報告」を参照）。

格の影響が考えられる。2018年12月に **ISO**（国際標準化機構）[*]によって発表された「ISO30414」では，労働者の状況，ダイバーシティの割合，リーダーシップや後継者養成の計画，人件費の情報，生産性，採用と定着，能力開発，健康安全と福利厚生，コンプライアンスといった項目が評価されて，認定がなされる。人権 DD の実施ないし人的資本情報開示の実施に関する客観的な根拠を示すものとして，「**ISO30414**」[*]の取得が注目されている。

　人権 DD の実施に加え，海外の ESG 投資を呼び込むため，日本政府は，2023年から上場企業に対し，「人的資本の情報」を有価証券報告書の中で開示するよう求める。その中には，離職率や性別，人種，民族の割合，労働災害の発生割合や従業員の欠勤率，基本給と報酬総額の男女比などが含まれ，人権 DD からさらに踏み込んで，企業が積極的に人的資本の価値を高める努力をしていることを示す根拠も必要となっている。

　2014年に EU からはじまった人的資本に関する情報開示と人権 DD の動きは，政治問題案件ともいえるケースを超えて国際的な取引全般への規制へと拡張し，ESG 投資というフレームを通して，すべての上場企業とその取引企業が考慮すべき世界標準へと昇華しつつある。

３　台湾での取り組み

　EU 主導で進む人権 DD と人的資本情報開示の動きは日本だけでなくアジアにも浸透している。例えば，台湾では2019年に，台湾の有力半導体企業 **TSMC**[*]が国家に先んじて人権保護のためのデューデリジェンスを実施した。TSMC は半導体などの電子部品を中心に国際水平分業体制を組織している。したがって国際的な交易を制限されるとたちまちその存立にかかわる。そのため，人権 DD の実施の機運に敏感に反応する必要があった。その基本方針は，①安全で健康な職場環境を提供する，②差別をなくし均等な職場機会を確保する，③児童労働を禁止する，④強制労働を禁止する，⑤メンタルヘルスと**ワーク・ライフ・バランス**[*]を確保するというもので，日本政府の行動計画と類似しているがその実施よりも１年ほど早く，対応をとっていたことがわかる。

　TSMC のような世界を相手に交易を行う企業であっても，工場で使用する機器や部品については，台湾域内に裾野の広

＊ ISO（International Organization for Standardization）
スイスのジュネーブに本部を置く非政府機関。製品やサービスについて国際的な規格を設けるもの以外に，マネジメントシステムに関する規格も存在する。➡第7章「企業の社会的責任論の変遷」④ 2 ，第9章「企業の環境問題への取り組み」② 2 参照。

＊ ISO30414
マネジメントシステムに関する ISO 規格のうち，人的資本の情報開示に関する指標が示されている。

＊ TSMC
台湾積体電路製造股份有限公司のこと。台湾の新竹市に本拠を置く世界最大の半導体委託製造企業。2024年12月初出荷を目標に日本の熊本にも新工場を開設する予定である。

＊ワーク・ライフ・バランス
代表的な訳としては「仕事と生活の調和」を意味する。年次有給休暇の取得促進や長時間労働の抑制，労働者の健康と生活に配慮するとともに，多様な働き方に対応したものへと改善する取り組みが注目されている。

いサプライヤーを擁する。したがって，人権 DD をつつがなく実施するには，台湾全体での人権保護施策が必要となる。そこで，台湾政府は2022年1月に「台湾企業と人権に関する国家の行動計画」を策定し，人権保護の取り組みに力を入れている。

　台湾でも男女の労働条件の格差や外国人労働者の問題は存在するが，台湾の総統が女性であることからもわかるように，男女の社会的立場のギャップはヨーロッパと同程度といわれる。また，外国人労働者の法的地位も確立しており，外国人配偶者も多く，移民に対する政策も卓越しているが，ここでの詳述は避けることとする。

③　日本国内における人権問題と人事労務管理

[1]　日本国内の人権問題

　第②節でみたように「人権 DD」が世界で注目された当初，児童労働や強制労働が国内に存在することが稀であった日本企業にとっては「対岸の火事」に例えられる状況であったといってよい。海外のサプライヤーの中に人権侵害がないか精査するだけでよかった。しかし，2021年の「EU 指令」以降，日本企業自身もいくつかの人権問題によって交易制限の対象となりうる可能性が指摘されるようになってきた。それは強制労働との批判を受ける**外国人技能実習生制度***や事実上の労働者として日本の社会を支える留学生の問題，先進国の中でも極めて低い**ジェンダーギャップ指数***や女性の非正規社員の比率の高さなどの問題である。

　本節では日本国内における人権問題として批判の集まる外国人技能実習制度とジェンダーギャップについて解説する。

[2]　外国人技能実習問題

　外国人技能実習生とは，「人材育成を通じた開発途上国地域への技能，技術又は知識の移転」を目的としたものであり，本来日本で働く外国人労働者に教育訓練を施す制度でもなければ，日本国内における人手不足を解消させるために設けられた制度でもない。したがって，長期間の滞在を企図したものでなければ移民を意図するものでもないから，家族を同伴することも想定されてはいない。

　外国人技能実習生は入国の際に技能実習を仲介するエージェントに多額の負債を抱えていることが指摘されている。

＊外国人技能実習制度
人材育成を通じた開発途上地域等への技能，技術又は知識（以下「技能等」という）の移転による国際協力を推進することを目的とする。技能実習生には在留資格1年の技能実習1号とその後技能検定に合格した技能実習2号があり，2号は在留資格は2年である。さらに日本語能力が認められる者のうち介護など特定産業に従事する者は最長5年の特定技能1号の資格が与えられる。さらに技能水準が認められた者は特定技能2号となり，在留資格更新の上限がなくなり，子や配偶者を伴うことができるようになる。

＊ジェンダーギャップ指数
World Economic Forum が毎年発表するジェンダー（性差）格差の指数。この指数は，「経済」「政治」「教育」「健康」の4つの分野のデータから作成される。

彼らは訓練期間の終了や技能実習の中断，失職などで滞在資格を失えば，直ちに帰国させられることになる。入国の際に抱えさせられた負債で不当に身柄を拘束して労働させる行為は，強制労働であるとして批判される懸念がある。また，そうした外国人技能実習生の立場の弱さに付け込み，劣悪な労働条件で働かせる企業の例も報告されている。[*4]

　当然ながら，悪質な企業は一部であり，外国人技能実習生を受け入れる企業の多くは親身に教育を施していることだろう。したがって，技能実習生を抱える企業のすべてを供給網から排除する必要はないが，不当な身柄拘束や劣悪な労働条件で働かせているケースはないか，国内のサプライヤーであっても「人権DD」によって精査することが求められている。

＊4　最近では，岡山市の建設会社で働いていたベトナム人技能実習生の男性が，職場で2年間にわたり暴行・暴言を受けていた疑いが発覚したことが報道された（『日本経済新聞』2022年1月25日付）。そのほか，パスポートを預かるなどの違法行為を行なった業者も多数報告されている。

③ 日本におけるジェンダーギャップ

　企業が解消に取り組むべきジェンダーギャップは，労働条件やポジションなど職場における男女の格差である。2023年度の日本のジェンダーギャップ指数は参加する146カ国中125位であった。先進国の中では最低レベルであり，中国や韓国よりも低いのが現状である。

　1985年と1997年の男女雇用機会均等法の改正によって，男女に異なる条件を提示する採用は原則禁止とされ，企業における待遇も同じ職務や同じ経験年数である限り，男女で待遇の差をつけられることはなくなっている。制度としては，男女に機会は均等に与えられ，同等の立場や職務，経験年数であれば，均等な待遇がなされている企業がほとんどであろう。それなのになぜ，日本の**ジェンダーギャップ指数**[*]はここまで低いのであろうか。

　そもそもジェンダーとは，生物学的な性差ではなく，社会文化的な性差を意味する。例えば，男性は外で働き女性は家事をこなすべきであるとか，進路においては，男性に理系が多く女性に文系が多いなどの自発的に選んでいるようであって，社会文化的に規定されている「選好」も問題である。

　その結果として，賃金が相対的に高いエンジニアなどの職種に男性が多く，逆に賃金が相対的に低いサービス系産業に女性が多いという状況や，会社内部における管理職になっている比率が男女で異なっているという状況を生み出す。企業内の制度を平等に機会を与えるものに変えたところで，社会

＊ジェンダーギャップ指数　World Economic Forumが毎年発表している男女格差を図る指数。「経済」「教育」「健康」「政治」の4つのデータから作成される。GGIと略される。

文化的なジェンダーの影響で企業における男女の格差は容易には解決しないのである。

　とりわけ，企業における男女の賃金格差に最も強く寄与しているのは，正規非正規の雇用区分の差異を伴う賃金格差である。パートやアルバイトが主である非正規社員では職務の幅が狭く，生産性成長の余地が小さいために，最低賃金水準の時間給であり，賃金が上がる幅は小さい。当然ながら，非正規社員の入口が女性に限られているわけではない。社会文化的なジェンダーに影響され，女性が主体的に「非正規社員」を選択するケースがある。つまりその本質的な原因は家庭内における育児介護の役割を女性が引き受けることが多いことである。また，正社員としての働き方が育児や介護と両立するのが難しい働き方であることも指摘されている。

　法の定める出産育児や介護のための休暇を認める制度を実行的に運用していくことは当然ながら，休暇を延長せざるをえなくなった社員のテレワークや柔軟な働き方を許容したり，男性社員の育児休業を促進したりすることなど，企業にできることは決して少なくない。女性の活躍を積極的に推進する企業は，女性活躍推進法に基づく**えるぼし認定**[*]が取得できる。男女共同参画の指標を目標とする企業が増えれば，日本のジェンダーギャップ指数も幾分かは改善されるかもしれない。

　日本企業では，**均衡待遇**[*]といって，職務内容や雇用区分，役職，経験年数が異なる従業員を比較対象とせず，同じ属性の中での均等を目指してきた経緯がある。しかし，EU基準では，属性で区分しない企業全体における男女全体の中間値での格差の開示が求められている。会社内部の制度は男女均等であっても，社会文化的なジェンダー意識によって，男女の格差が生じているのであれば，その原因となる意識を修正していく努力も求められる。その目的の達成のためには，女性管理職の割合を高める**ポジティブアクション**[*]や男性の育児休業を促進する施策が必要であろう。

④　課題先進国日本における企業の「人権」措置

⑴　課題先進国日本における企業の社会的役割

　少子高齢化は日本だけの問題ではないが，日本がその規模とスピードにおいて諸国に先んじている。少子高齢化問題に直面し，短期的には，これまで労働市場から離れてきた出産

＊えるぼし認定
女性活躍推進法に基づき，女性活躍推進に関する取り組みの実施状況を採用，継続就業，労働時間等の働き方，管理職比率，多様なキャリアコースの５つから評価し，一定の要件を満たした企業を認定する。特に優れている企業には，プラチナえるぼし認定がなされる。

＊均衡待遇
2019年４月から施行されている働き方改革関連法案の同一労働同一賃金施策について，政府が示したガイドラインの中で示された概念。正社員と非正規社員などの待遇格差について合理的な理由がないものについては，均等であるべきであるとしたが，合理的な理由があるものについては，バランスが取られた賃金格差があって然るべきだとする，「均衡」待遇が望ましいとされた。

育児や介護を担ってきた女性や，定年で労働市場を離れてきた高齢者を労働力として活用しなければならなくなった。困難な時代であるが，その経験こそが日本企業を世界的にみて未来志向の人権保護先進企業に変化させていく可能性がある。

　高齢者の健康を維持し，労働力化していくのは，年金問題の緩和と医療費の軽減に加え，労働力不足解消への一石三鳥の妙策であるが，課題となるのが職場における高齢労働者の待遇と安全配慮である。

　もう1つは新型コロナウイルス蔓延による一斉休校や介護施設のクラスターなどで明らかになった，育児介護を抱える労働者の保護である。その具体的な解決策となりうるとして，テレワークをする権利が注目されている。社会課題を解決しながら，労働者を確保していく施策は労働市場における弱者を守ると同時に企業の人的資本の価値を引き上げることにもつながる今後の重要な課題の1つである。

[2]　高齢者の働く権利を守ために

　日本企業には年齢に比例して給料が上がっていく年功賃金制度の維持のために，**定年制度**[*]が不可欠であった。現在も多くの企業が定年を60歳と定めている。他方で，少子高齢化が進むにつれ，現役世代が引退した世代を支える，「賦課方式」で成り立つ日本の年金制度の維持が難しくなり，年金受給年齢が段階的に65歳にまで引き上げられた。それに応じて，2013年からは企業に対して65歳までの雇用の確保措置をとることが求められるようになり，定年をなくすか，65歳までに引き上げるか，60歳で定年にするにしても65歳まで再雇用するか，3つの施策から1つを選ぶことが義務化された。義務化されてはいるものの，この65歳までの雇用確保措置自体も企業の大きな社会貢献であるといえる。

　ただ，厚生労働省の発表する平均余命によれば[*5]，65歳の男性で20.05歳，女性で24.91歳が平均余命となっており，雇用確保措置が終わった後でも人生の約4分の1が残されている。平均20年以上も年金生活という状況は健全ではない。また，高齢者が働き続けることは社会保障費の抑制にもつながる。日本社会は，企業に対し法的要求を満たすことはもとより，積極的に高齢者を雇用していくことを求めている。改正高年齢者雇用安定法が施行された2021年4月1日以降，国は

＊定年制度
ある一定の年齢に達した年または月日をもって解雇とする制度。高齢者雇用安定法では60歳未満の定年を禁止している。厚生労働省の就業条件調査によると，2017年の段階で定年制をもつ企業のうち79.3%が60歳定年となっている。

＊5　厚生労働省令和2年「簡易生命表」結果の概要を参照。

*70歳までの就業確保措置
2021年4月から，高齢者雇用安定法では，70歳未満の定年制度をもつ企業に対し，努力義務として70歳までの定年の引き上げ，または継続雇用，業務委託契約，社会貢献事業での雇用あるいは定年制度の廃止を努力義務として求めている。

*安全配慮（義務）
努力義務ではあるが，労働契約法第5条は，使用者に対し，労働者生命・身体等の安全を確保しつつ労働することができるよう，必要な配慮をすることを求める。

*ダイバーシティ
➡第6章「CGコードとSSコードによるガバナンス改革」❸参照。

企業に対して，**70歳までの就業確保措置**をとることを努力義務として課した。少子高齢化が進展するに従い，年金問題と人手不足解消のため，就業確保措置の年限はさらに引き上げられ続けることが予測される。

　しかし，高齢労働者を雇用するとしても，企業はその特質に配慮した働かせ方を用意する必要がある。高齢になっても憲法の保障する勤労の義務と権利は存するわけであるから，ダイバーシティの1つとして高齢者を捉え，雇用制度と労働環境の見直しを行い，高齢者の働く権利を守っていくこともまた，高齢化社会における企業の社会的責任である。

3　安全配慮*のための施策と健康経営

　高齢者には健康状態に不安がある者も少なくないがたとえ健康であっても労働の負荷次第では突発的な事故が起こる可能性が高まる。そのため，分業を進めるなど労働のプロセスを見直し，1人あたりの労働負担を軽減すると同時に労働時間の柔軟な適用が必須となる。1つの事業所で柔軟な働き方を実現するためには現役世代への負担が大きくなる可能性があるので，働く場所に関する縛りを緩めて，いくつかの部署や事業所間で流動的に高齢労働者を融通していく制度の導入が期待される。この施策は高齢者だけに役立つものではない。流動的な労働者の運用が可能になれば，現役世代の育児や介護休業または私傷病などによる突発的な欠勤に対応することも容易になる。

　さらには，運動能力が現役時代ほど活発ではなくなった高齢労働者のために職場における安全の見直しが必須である。例えばバリアフリー化を推し進めることや足腰に負担がかかる労働に対するサポートをする機器などの積極的な導入が考えられる。こうした労働環境の改善もまた，高齢者だけでなく，身体障害者の雇用に役立つほか，妊娠している女性の労働を安全にする。加えて，これまで力仕事とされ，男性向きとされてきた種類の労働への女性活用も可能にさせる社会貢献の1つであるといえよう。

　高齢者を雇用するための労働条件や雇用制度の緩和，職場安全の改善は，将来的には少子化対策，女性のより一層の社会進出，**ダイバーシティ***のより一層の深化といった面で効果的であり，将来に向けた企業の人的資本の価値の向上のために必要な施策となることが予測される。

4 健康経営の促進

高齢労働者には，広範な健康格差があることが指摘されている。健康を決定する要素には偶発的な要素も含まれるが，若年時代から蓄積された生活習慣が強く高齢時の健康に影響していると考えられる。したがって，労働者を70歳またはそれ以上まで雇用することを考えるのであれば，現役世代から健康状態をできるだけ良好に保つための努力が必要である。

日本を含めたアジア諸国では健康意識がそもそも高く，日本ではラジオ体操，台湾や香港では太極拳など，高齢になっても健康維持に努める人が少なくない。そうした気質に非常にマッチしているのが「健康経営」という考え方である。「健康経営」は経済産業省の推し進める認定事業であり，従業員の健康管理を経営的な視点で考え，戦略的に取り組んでいる法人を，**「健康経営優良法人*」**として選定する。また，投資家にとって魅力的な企業として紹介することを目的に上場企業の中から「健康優良銘柄」も選出している。健康経営の戦略や情報開示にはじまり，健康促進のための組織化，従業員への浸透状況，健康経営の具体的な実践状況，労働時間や健康診断などのデータがそれぞれ数値評価されて，認定される仕組みになっている。

健康経営への取り組みは健康状態をよい状態に維持することのほか，従業員の一体感を高める効果も期待できるという。また，少子高齢化と高い健康意識を共有する東アジアの企業には，課題先進国である日本企業の取り組みが参考とされることが期待される。

＊健康経営優良法人
経済産業省の主催する，優良な健康経営を実践している企業を顕彰する制度。中小企業部門と大規模企業部門があり，トップの500社にはホワイト500またはブライト500といった認定もなされる。

5 総活躍社会を実現するためのテレワーク権

新型コロナウイルス蔓延の影響で日本の社会は急速に変化が進んだ。まず，少子化が一層深刻になった。2021年の新生児数は約81万人と大幅な減少となり，出産・育児に向けた積極的な対応が待ったなしで導入が検討されている。「ヒト」やESGを意識する投資家を惹きつけるには，育児・子育てに優しい会社としてのシグナルを出すことが求められており，その1つに厚生労働省の認定する「**くるみん認定***」を活用できる。

また，新型コロナウイルス蔓延の結果，日本社会では急速にデジタル化が進んだ。ソフトウェアや機器の進化もさることながら，「在宅勤務」が可能であるという実証がなされた

＊くるみん認定
次世代育成支援対策推進法に基づき，育児に関する職場環境を整えた企業に対して厚生労働省が出す認定。女性または男性社員の育児休業の取得割合や残業時間の規制，有給休暇取得率などで一定の指標を満たす必要がある。特に優れている場合には，プラチナくるみんの認定がなされる。

ことが大きかった。感染症はもとより台風や地震などの天災があったときや，大雪や大雨などの天候不順時にも「在宅勤務」ができる。あるいは，週に数回しか出社しなくてもよい制度を整える企業や，一定期間の在宅勤務を福利厚生に取り入れる会社も出てきて，「ヒト」や投資家を惹きつける「よい企業」としてのシグナルを出している。

　災害が多く，育児や介護をする労働者が増える課題先進国の日本で，「在宅勤務」が向いているのも確かだ。西欧諸国ではコロナの影響は消え，普段通りの生活に戻りつつあり，全員出社を求める大企業も出ている。しかし，災害大国，少子高齢化先進国の日本でこそ，世界に先んじて労働者の「テレワーク権※」が認められる素地がある。

　外国人技能実習制度やジェンダーギャップの問題は日本を人的資本後進国としてしまった。しかし，少子高齢化への対応として考案されつつある高齢者活用の雇用制度は，職場における身体等の差別を解消していく先進的な一手となりうる。また，少子化による育児介護と労働の両立の必要性ならびに災害大国ゆえに，労働者のテレワーク権が認められやすい環境にある。こうした現在の日本の課題は，将来の日本企業を人的資本活用の先進企業と成す可能性がある。日本企業には積極的な社会課題解決によるブレークスルーを期待したい。

（國府俊一郎）

＊テレワーク権
労働者が自分の働く場所を自分で決めることができる権利と解される。コロナ禍中にオランダやフィンランドで法制化された。日本では就業する場所については人事権の一部であり，2024年1月の現状としてはテレワーク権は認められていない。

IV

企業の競争戦略と成長

第11章

企業の成長戦略

　本章では，企業の成長戦略について学習する。成長戦略は，企業の成長を志向する戦略であるが，まずは成長戦略の定義や概要などの基本的な理解を深める。次に，成長する方向性として成長ベクトルについて理解し，多角化戦略について学習する。最後に，多角化した複数の事業への資源配分をめぐる理論について学習する。

① 成長戦略の概要

[1] 成長戦略の位置づけ

　経営戦略論の分野は，これまで様々な視点の先行研究を基に発展してきた。本章のテーマである成長戦略は，経営戦略論の分野において非常に重要なテーマとして理解されている。成長戦略について定義を行う前に，経営戦略を行う階層について理解を深める。

　経営戦略を行う階層において，最も高い階層が全社戦略である。今日の企業は，規模や組織形態が巨大化し，複雑化している。企業全体の活動における重要な指針として位置づけられるものが**資料11-1**における全社戦略である。企業グループにおける中核企業の経営陣が中心となり，**ドメイン***の範囲の決定や，多角化戦略などを推進する。

　一方で，大規模な企業であれば，全社戦略とは別に多角化した個別事業ごとの戦略も必要となる。資料11-1のように個別事業ごとにそれぞれ異なる競争相手がおり，必要となる戦略は異なる。競争戦略は，各事業の責任者である子会社の社長や事業部長が中心となり，推進される。

　前者の全社戦略は成長戦略とも呼ばれ，企業全体の戦略を推進するものである。後者の事業戦略は**競争戦略***とも呼ばれ，各事業の戦略を推進することになる。これとは別に，生産や財務など機能ごとの機能別戦略も存在するが，本章のテーマとは異なるので扱わない。

***ドメイン**
企業がビジネスを行う事業領域を指す。企業がビジネスを行う事業領域は経営環境の変化に伴い，変更する必要がある。こういったドメインの見直しも重要な成長戦略となる。

***競争戦略**
➡第12章「企業の競争戦略」参照。

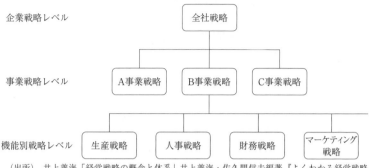

資料11-1　経営戦略のレベルと範囲

（出所）　井上善海「経営戦略の概念と体系」井上善海・佐久間信夫編著『よくわかる経営戦略論』ミネルヴァ書房，2008，10頁。

2　成長戦略と企業成長

1　成長戦略と企業成長の定義

　成長戦略における「成長」とは何を意味するのか，経営戦略論を研究する著書によってその考え方は異なる。

　中村は，企業成長と成長戦略を考察するにあたり，以下の3点が重要であると指摘した（中村公一「企業成長と成長戦略——事業拡大の視点から知識創造の視点へ——」『駒大経営研究』38，2006，1-18頁）。

　　①企業成長の定義
　　②企業成長の動機・効果
　　③企業成長の要件

　一般的に企業の成長は，企業の規模や売上・利益といった目に見える数字が拡大することが，「成長」であると理解されている。しかし，企業の成長は，目に見える数字だけでは表せないものも含まれる。例えば，人間の「成長」を考えると，人間は年齢を重ねるにつれて，身長や体重など身体的な面の成長が認識されやすい。しかし，外面的な特徴だけではなく，思考様式や，感情のコントロールの仕方など内面的な部分についても成長する。企業においても，売上や資産規模など外面的に認識しやすい部分の成長が存在する。しかし企業の成長は，外面的に認識しにくい部分である企業組織内の暗黙知[*]なども含まれる。ペンロース（Penrose, E. T.）は，このような企業が内部に保有する経営資源の成長が重要になることを指摘した。

＊暗黙知
個人がそれまでの経験などによって得た主観的な言葉で表しにくい知識などを指す。

２　企業成長の要件

　企業が成長するためには，「ヒト・モノ・カネ・情報」といった経営資源を効果的に獲得・蓄積・活用することが重要となる。

　しかし近年では，経営資源だけが企業成長の要件ではないという指摘もある。中村は，企業成長の要件としては，経営資源の蓄積や活用などの企業側の視点だけでは不十分であると指摘している。現代の企業を取り巻く経営環境では**社会的責任**に関する視点が厳しくなっている。こうした社会的責任の視点から，仮に利益を獲得できる見込みがあったとしても，社会に受け入れられない戦略は取りにくくなっている。例えば，企業成長が見込める戦略であっても，その戦略によって大きな公害を引き起こす事業があったとする。この戦略を採用した場合には，一時的に企業成長が可能になるが，社会からの反発を招き，後に企業に大きな損失を受けてしまう可能性がある。企業成長を志向する上で，こうした社会的責任の要件を満たす成長戦略を構築する必要がある。

３　企業成長と経営資源の獲得

　企業成長の動機としては利益を追求することであり，経営資源の獲得が必要となる。企業が経営資源を獲得するためには，大きくわけて２つの方法がある。

　１つめの方法は，企業内部の経営資源を中心に成長を志向する内部成長戦略である。企業内部の経営資源を活用して新しい事業を創造したり，既存の事業を成長させることができる。内部成長戦略として代表的なものは，**コア・コンピタンス経営**である。コア・コンピタンス経営とは，ハメル（Hamel, G.）とプラハラード（Prahalad, C. K.）が提唱した経営資源に関する理論である。企業は保有する経営資源を活用して成長を図ることも重要な成長戦略となっている。

　もう１つの方法は，企業外部の経営資源を中心に成長を志向する外部成長戦略である。企業が成長をする上で，新しい経営環境に適応することは重要である。しかし，新しい経営環境に対応するためには，企業内部の経営資源では不十分であることが多い。このため，企業は必要があれば企業外部の経営資源を取り込まなければならない。

　外部成長戦略として代表的なものは，**M&A**や戦略的提携（strategic alliance）などがある。M&Aとは外部企業との合

＊社会的責任
企業が経営活動を行うにあたり，利益の獲得を目指すだけではなく，社会との持続的な発展のために責任を果たすべき取り組みである。具体的には，経済的責任，法的責任，倫理的責任，慈善的責任の４つがある。

＊コア・コンピタンス経営
コア・コンピタンスとは「顧客に対して，他社には提供できない利益をもたらすことのできる，企業内部における独自のスキルや技術の集合体」として定義される。企業は保有する複雑な強みとなる経営資源を組み合わせることによって様々な優れた製品やサービスを創造することを可能にする。

＊M&A（Mergers and Acquisitions）
企業の合併および買収を指す。時間をかけずに必要となる経営資源を被買収企業から獲得できることが成長戦略において重要となる。

併・買収を行うことである。企業全体を買収することもあれ
ば，事業の一部を買収することもありうる。戦略提携とは，
外部企業と双方または片方の経営資源を協力して活用する戦
略である。これにより，経営資源の足りない部分を補うこと
を目的にしている。外部成長戦略は，内部成長戦略では補え
ない経営資源を外部から獲得することを目的としている。

③　成長戦略と成長ベクトル

１　成長ベクトルと製品・市場マトリックス

　前述の通り成長戦略において，企業成長の定義やどのよう
に経営資源を活用するのかは重要な問題である。このような
理解が進むと次に重要となるのが，どの方向へ成長すべきか
ということである。企業を取り巻く経営環境は絶えず大きく
変化する。この変化に応じて企業は成長する方向性を決定し
なければならない。経営戦略論の分野において成長の方向性
についての理論づけを行ったのはアンゾフ（Ansoff, I.）であ
る。アンゾフは，製品と市場の２軸を用いて，**製品・市場マ
トリックス**[*]を提唱した。アンゾフによる製品・市場マトリッ
クスに基づくと，**資料11 - 2**の通り４つの戦略に分類でき
る。

（1）　市場浸透戦略

　市場浸透戦略とは，資料11 - 2における既存製品を既存市
場の顧客に対して販売促進を促す戦略である。自社の製品・
サービスを利用している顧客に対して，さらに購入を促すこ
とや，ライバル企業の製品・サービスを利用している顧客を
奪う戦略である。具体的な施策としては，広告宣伝や販売促
進を効果的に行うマーケティングが中心となる。

（2）　新市場開発戦略

　新市場開発戦略とは，資料11 - 2の通り，既存製品を新し
い市場の顧客に販売する戦略となる。自社の製品・サービス
を提供している市場が成熟市場・衰退市場にある場合におい
て用いられる場合が多い。具体的な施策としては，衰退する
市場から人口が増加する新しい市場に進出することや，既存
製品を別の機能で評価して新しい市場に投入することであ
る。例えば，日本のような衰退市場で赤ちゃん用おむつを製
造する企業が，人口の増加する地域に進出することや，介護
用オムツに進出することである。

＊製品・市場マトリックス
アンゾフによる成長マト
リックスが提唱された背景
には，1950年代にアメリカ
企業の既存事業が成熟し，
多角化戦略を選択せざるを
えない背景があった。この
ような背景から既存事業の
延長の戦略ではなく，多角
化戦略を中心とした成長戦
略が求められるようになっ
た。

資料11-2　アンゾフによる製品・市場マトリックス

	既存製品	新製品
既存市場	市場浸透戦略	新製品開発戦略
新市場	新市場開発戦略	多角化戦略

（出所）　Ansoff, *Corporate Strategy*, 1965, p. 99, 広田寿亮訳『企業戦略論』
　　　　1969年，137頁を基に加筆。

(3)　新製品開発戦略

　新製品開発戦略とは，資料11-2の通り，既存市場の顧客に対して新製品を投入する戦略である。ライバル企業の既存製品の機能を一部追加するようなものや，全く新しい機能や価値を生む新製品を開発するものも含まれる。

(4)　多角化戦略

　多角化戦略とは，資料11-2における新市場の顧客に新製品を投入する戦略である。多角化戦略は，ほかの3つの戦略とは異なり，既存製品にも既存市場にも依存していないのが特徴である。前述の3つの戦略は既存製品か既存市場を基に新しい戦略を実践することになる。既存事業は，やがて衰退することになるため，既存事業が成熟・衰退する傾向がある場合においては，多角化戦略は重要な成長戦略となっている。

　多角化戦略は，既存製品・既存市場の双方に基づかない新しい事業となるのでシナジーを前提に取り組む場合が多い。シナジーとは，2つ以上の関連する経営資源を組み合わせることによって，相乗効果を得ることである。アンゾフによると，既存の製品や市場を基にシナジーを発揮できる分野へ進出し，成長することが重要である。シナジーには，**販売シナジー**[*]，**生産シナジー**[*]，**投資シナジー**[*]，**マネジメントシナジー**[*]の4つがある。

＊販売シナジー
流通経路や販売組織などを共有することによって得られる相乗効果。企業同士が合併することなどにより，販売組織や流通経路を共有でき，コストを削減することである。

＊生産シナジー
生産設備や生産に必要な経営資源やスキルを共有することによって得られる相乗効果である。企業同士の合併などにより，規模の経済の論理で仕入先に対して価格交渉を有利に進めることができる。

＊投資シナジー
生産設備や生産に必要な経営資源を共有することによって投資にかかわるコストを抑制できる相乗効果を得ることである。2つの組織が別々にその成果を得るよりもコストを抑えることができる。

＊マネジメントシナジー
企業の経営者や管理者が保有するマネジメントスキルなどをほかの事業においても共有することで得られる相乗効果のことである。

②　シナジーを前提とした多角化戦略の限界

　多角化戦略は，シナジーを基に考察すると関連多角化戦略と非関連多角化戦略の2つに分類できる。

　関連多角化戦略とは，既存の事業と関連のある分野に進出することである。この場合，既存の事業との関連分野に進出するために，シナジーを発揮しやすい。新しい事業に進出するためには，既存事業におけるどのシナジーを活用するかを考慮して進出することとなる。一般的には，既存事業のシナジーを活用できるため，成功する確率は高くなる。

　非関連多角化戦略とは，既存事業と関連のない事業に進出することである。既存事業とのシナジーを発揮することは見込めず，全くの手探りで新事業を創造することになるため，新事業成功の確率は低くなる。

　シナジーとの関連で考察すると関連多角化戦略の方が非関連多角化戦略より新事業が成功する可能性は高い。しかしながら，どのような多角化戦略を選択するべきかは，その企業を取り巻く経営環境によって異なる。例えば，既存事業の衰退が著しい場合は，既存事業とのシナジーを考慮した関連多角化戦略を採用することは難しい。また，特定の分野に自社の事業が集中している場合において，事業を分散したいときには，シナジーを見込めない非関連多角化戦略を選択することが必要となる。

③　カプコンと任天堂の多角化戦略

　カプコン（CAPCOM）は，家庭用ゲーム機やゲームセンターのゲーム機に関する事業を創業した企業である。これまでカプコンに採用された多角化戦略のほとんどは関連多角化戦略である。多角化した事業は，オンラインゲームや既存事業の著作権を活用し，シナジーを発揮して創造された事業である。これは，カプコンの既存事業が事業活動を行う上で十分な顧客がおり，さらにその市場で強い競争力を保有しているためである。このような有望な既存事業を保有する企業は，シナジーを活用し，関連多角化戦略に基づいて成長を志向することが合理的となる。

　任天堂は，明治時代に花札を製造する企業として創業した。1960年代から1980年代にかけて様々な非関連多角化戦略を推進し，インスタント食品やベビーカーを製造する事業に進出したが，そのほとんどが失敗している。任天堂が失敗続

きにもかかわらず非関連多角化戦略を推進する必要があった
のは，既存事業（花札事業）が衰退していたからである。戦
前や戦後間もない時期であれば，ほかに遊ぶゲームなどはな
く，花札は一定の需要があった。ところが，高度成長ととも
に遊びの多様性が生じると，花札の需要が急速に低下して
いった。仮に，衰退する花札に関連する事業に進出したとし
ても，花札が衰退するのであれば，花札に関連した事業も衰
退する可能性が高い。任天堂は，失敗するリスクが高くても
非関連多角化戦略を採用せざるをえない状況にあった。

　このように企業が多角化戦略に基づいて成長を志向するに
あたり，シナジーを活用するかどうかは，既存事業における
ライフサイクルの影響を受けることとなる。

④　成長戦略と経営資源の分配

1　成長戦略における PPM

　次に成長戦略を考慮する上で重要なことは，経営資源の配
分である。

　既存事業に関する戦略も多角化戦略によって創造された新
事業の戦略もそれぞれ重要である。しかし，競争力があり，
経営資源の豊富な大企業といえどもその経営資源は有限であ
る。すべての事業に潤沢な投資を行うことは不可能であるた
め，成長戦略を行うための経営資源の配分を行う基準が必要
となる。

　代表的な経営資源の分配を可能にする手法として PPM
（Product Portfolio Management）がある。PPM は，ボストン
コンサルティング・グループ（Boston Consulting Group,
BCG）によって開発された戦略分析の手法であり，製品のラ
イフサイクル（Product Life Cycle, PLC）や経験曲線を基に構
築されている。

2　PLC

　われわれ人間は誕生してから成長し，老いてやがては死ん
でいく存在である。ビジネスにおける製品も人間と同じよう
に市場に導入されてから成長を遂げ，成熟した後には衰退
し，消滅していく存在である。このことを表したものが
PLC である。PLC は製品の種類や企業努力によってその寿
命が変わることがあるが，どの製品にも存在する。市場に初
めて導入された**導入期**からはじまり，その市場において顧客

＊導入期
研究開発などによって完成
した製品が市場に投入され
たばかりの状態を指す。ま
だ市場の顧客に知られてい
ないため，多くの販売促進
費などが必要であり，赤字
の事業となりやすい。

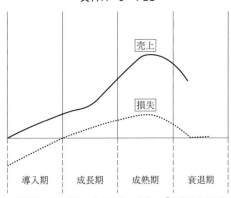

資料11-3　PLC

（出所）　井上善海・大杉奉代・森宗一『経営戦略入門』
中央経済社，2015年，102頁。

＊成長期
顧客の関心が高まり，市場
が拡大している時期であ
る。このため，ライバルか
らの新規参入なども起こり
やすい。

＊成熟期
多くの顧客がすでにその製
品を利用しており，これ以
上急激に市場が成長する余
地がなくなった状態を指
す。

＊衰退期
市場の規模が縮小してお
り，自社だけではなく，他
社も含めた業界全体の顧客
が減っている時期である。
企業は衰退期になると，事
業の撤退も視野に入れるこ
とになる。

＊市場成長率
ある製品もしくはサービス
における市場規模が，どの
程度成長しているのかを表
したもの。PPMにおける
市場成長率は，PLCとの
関係で高ければ高いほど，
資金需要が旺盛となるため
に，資金が流出することと
なる。

＊キャッシュ・フロー
一定期間の資金収支。損益
計算書に代表される会計上
の利益は，売掛金や買掛金
などが含まれており，実質
的な資金収支であるキャッ
シュ・フローとは異なって
いる。

に評価されて成長する**成長期**になり，その後は，成熟して成
長が止まる**成熟期**を経て，**衰退期**になる。この製品の4段階
はそれぞれ市場における特性があり，**市場成長率**や**キャッ
シュ・フロー**との関係がある。

資料11-3の通り，製品の導入期や成長期は，新しく行う
研究開発費などの新規投資に加えて，まだ顧客に知られてい
ないために多くの広告宣伝費が必要となる。しかし，まだ十
分な顧客を獲得できていないために，売上は期待できない。
よってキャッシュ・フローはマイナスとなる。

成熟期になると初期投資はほぼなくなり，広告宣伝費など
はある程度顧客に認知されているため，事業規模に比較する
と抑制された規模となる。また，成熟市場である程度のシェ
アを取ることが可能になれば，資金の回収も進み，キャッ
シュ・フローがプラスになる可能性が高くなる。

衰退期になると，売上も急速に落ちていくことになるた
め，キャッシュ・フローが再びマイナスになる可能性が高く
なる。

このように市場の成長段階に応じて，その事業のキャッ
シュ・フローの状況が決定されやすい。

3　経験曲線

経験曲線とは，**資料11-4**の通り，製品の累積生産量が2
倍になると，単位あたりのコストが20～30%減少するという
経験則を表した曲線である。具体的には，製品を大量に製造

資料11-4　経験曲線

累積生産量が2倍になると
単位コストが20〜30%減少する

累積生産量

（出所）　井上善海・大杉奉代・森宗一『経営戦略入門』中央経済社，2015
年，103頁。

することにより，従業員の学習効果や生産工程の改善が図ら
れ，コストが減少することが期待される。PPM において，
経験曲線は**市場占有率**[*]との関係で用いられている。累積生産
量が多いことは，市場占有率が高いことを意味し，コストが
下がることにより，キャッシュ・フローがプラスになること
を意味している。重要な点としては，経験曲線が存在しない
ような製品・サービスではこの分析手法は有益ではないこと
を理解する必要がある。

＊市場占有率

PPM における市場占有率
は，高ければ高いほど累積
生産量が多くなり，コスト
が下がるため，キャッ
シュ・フローがプラスにな
ることを示している。

4　PPM と資金の循環

　PPM は，前述の PLC と経験曲線の2つの要素を用いて，
複数事業の位置づけや資源分配の理論フレームを明らかにし
ている。
　資料11-5 の通り，まず縦軸に市場成長率をとり，市場の
平均成長率と比較して成長の見込める事業なのかを判断す
る。次に，横軸に**相対的市場占有率**[*]をとり，その業界の有力
な企業とのシェア（市場占有率）の比較でシェアが高い事業
なのかを判断する。
　この2軸を基に4つのカテゴリーに事業の特性を分類し，
それぞれのカテゴリーごとの対応策を検討できる。

(1)　問題児（拡大）

　問題児は高い成長率が見込まれ，これから成長が期待され
る事業となる。しかし，シェアがまだ低いため，**初期投資**[*]や
広告宣伝費などがかさみ，キャッシュ・フローは赤字とな
る。このカテゴリーに該当する事業は積極的な投資を行い事
業の拡大を図る。

＊相対的市場占有率

ある製品もしくはサービス
が市場において，自社以外
で最も多くのシェアを保有
する企業と比較して，どの
程度シェアを保有できてい
るのかを表したもの。

＊初期投資

新しい事業をはじめるため
に，最初に必要となる投資
（設備投資や，新しい人材
の採用にかかわるコストな
ど）のことである。

資料11‐5　PPM

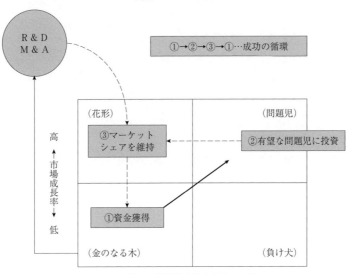

（出所）　井上善海・大杉奉代・森宗一『経営戦略入門』中央経済社，2015年，108頁。

(2)　花形（維持）

　花形は高い市場成長率が期待される事業で高いシェアを保有している。高いシェアがあるとはいえ，市場成長率が高いために投資を継続して行い，シェアを維持する必要がある。投資を行う必要がある事業となるので，資金回収を行う事業ではない。

(3)　金のなる木（収穫）

　金のなる木は圧倒的なシェアを保有している事業であるが，すでに成熟してあまり成長が期待できない事業である。成熟している事業は，大きな成長を見込めないので投資負担が軽減される。さらには，大きなシェアを保有しているため，資金回収（収穫）が見込まれる事業となる。

(4)　負け犬（撤退）

　負け犬は，低シェアでありながら低成長率の事業である。ほかの事業とのシナジーなどがない限りは，撤退すべき事業となる。

⑤　成長戦略とPPMによる資源配分

　PPMを基に成長戦略を考えると，第1に重要なことは金のなる木に該当する資金源を保有していることである。企業は常に成長を見込める事業に投資し，成長を志向するが，資金源となる事業を保有していなければ成長戦略を描くことは難しくなる。

　第2に重要なことは，資金源となる金のなる木で生み出された資金を将来成長が見込める事業に投資し，好循環を創りだせるかである。資料11-5の通り，「金のなる木」，「問題児」，「花形」，「金のなる木」と事業を循環させることが理想ではあるが，将来有望な事業であればあるほど，多くの有力な競争相手もおり，好循環が生まれることは少ない。

　日本経済新聞によると，パナソニックの社内ベンチャー制度によって2001年から創造された新事業は30社であり，そのうち，2014年時点で存続しているのは，わずかに10社である（『日本経済新聞』2014年9月4日付）。この記事は，パナソニックの社内ベンチャー制度を評価する記事であるが，残りの20社は存続できなかったことを示している。

　このように経営資源の豊富な大企業であっても新事業は失敗する可能性が高い。このような循環が実現できないときには，資料11-5におけるR&D（研究開発）で新事業を創造することや，M&Aによって外部の有望な事業を買収して，成長が見込める事業を常に創り続ける必要がある。

　第3に重要なことは，経営者がPPMを理解することにより，長期的な視点をもたらす可能性があることである。経営者は業績が低迷すると，不採算な事業から撤退し，シェアの高い事業に集中しようとする。資料11-5のPPMで説明するのであれば，業績が悪くなっても負け犬と問題児の事業から撤退すれば短期的には業績は改善することになる。しかし，問題児から撤退することは，将来の成長が見込める事業から撤退することになり，将来の花形や金のなる木を創造するのが難しくなる。大企業の成長が続かない背景には，一時的に業績が低迷したときに，次世代の有望な事業から撤退してしまうことなども挙げられる。PPMによる各事業の位置づけを理解していると，経営者が長期的な視点で新事業に関する**意思決定**[*]を行う可能性が高くなる。

　企業は成長戦略を構築する上で，10年後，20年後といった長期的な視点で各事業を分析し，適切な資源配分を行う必要

＊意思決定
➡第8章「企業倫理の理論と実践」 ❶ ❷ 参照。

がある。

6　成長戦略における PPM の限界

　成長戦略を策定する上で PPM は有用な資源配分を行う手法である。また，成長戦略において多角化した各事業の位置づけを理解することも可能となり，有用である。しかしながら PPM の限界についても理解する必要がある。

　第 1 に PPM にはシナジーの問題がある。企業が保有する各事業には事業間のシナジーが存在し，例えば金のなる木や花形に該当する事業の業績に負け犬に該当する事業のシナジーが貢献している場合がある。PPM のセオリーに基づくと，負け犬に該当する事業は撤退する必要がある。しかし負け犬から撤退することによってシナジーが消滅し，金のなる木や花形の事業に負の影響が出る可能性がある。PPM は各事業におけるシナジーの有無を考慮していないために，各事業に関する意思決定を PPM のみで判断することは誤った意思決定につながりかねない。

　第 2 に PPM には，参考にすべき指標や相手企業が抽象的になりやすいことがある。参考にすべき指標や相手企業が抽象的であるため，PPM を行う担当者によって結果が大きく変わってしまうことがある。例えば，ゲームを制作する企業を例にとると，業界の代表的な企業は複数のジャンルのゲームを制作しており，さらには家庭用ゲーム機やオンラインゲームなど様々な媒体にゲームを提供している。このため業界の代表的な企業の決定や，市場成長率の根拠が担当者によって異なり，これに伴い，PPM の結果も担当者によって異なることが起きやすい。

　PPM は，成長戦略を策定するにあたり，有益な分析手法ではあるが，このような限界があることを理解する必要がある。

（清水健太）

第12章

企業の競争戦略

本章では，企業の競争戦略について学習する。競争戦略は，業界の中で競争優位を構築する戦略であるが，成長戦略との違いや競争優位が何を意味するのかについて学習する。さらに代表的な競争戦略としてポーターとコトラーの競争戦略を取り上げる。これらの競争戦略の意義や課題についても学習する。

① 競争戦略の概要

1 競争戦略の位置づけ

本章のテーマである競争戦略は，経営戦略論の分野において非常に重要なテーマとして理解されている。

前章で説明したように，企業全体の活動には成長戦略と呼ばれる企業全体の戦略が存在する。企業が多角化戦略などの成長戦略を採用することにより，多くの産業において競争が激化することとなった。競争の激化により，従来の成長戦略に加えて，各事業に競争優位を確立する戦略が重要となってきた。このような背景から，他社との競争において競争優位をどのように構築するのかという競争戦略が必要となった。

本章では，代表的な競争戦略であるポーターの競争戦略と，コトラーの競争地位戦略を取り上げる。

② ポーターの競争戦略論

1 ポーターの競争戦略による競争優位

世の中には，利益を獲得し儲かっている企業とそうでない企業が存在する。企業は自社の製品やサービスを売り，これに伴うコストを差し引いたものが利益となる。この単純な仕組みを理解すると，儲かっている企業は何らかの付加価値をつけて他社よりも高い価格で製品やサービスを提供できるか，他社よりもコストを抑制する仕組みがあるのかのいずれかの選択をしていることがわかる。ポーター（Porter, M. E.）は，こういった収益性を決定する優れた要素を「競争優位」とし，企業を取り巻く**外部環境の要因***から競争優位を構築する戦略論を構築した。

*外部環境の要因
企業を取り巻く経営環境の要因において，その企業の経営活動に影響を与える外部要因である。グローバル市場の動向や，国の法律などのマクロ要因に加えて，その業界を取り巻く環境や，業界のライバルなどの要因が含まれる。ポーターの競争戦略は，この外部環境に着目した理論となる。

資料12 - 1　ポーターによる5つの競争要因

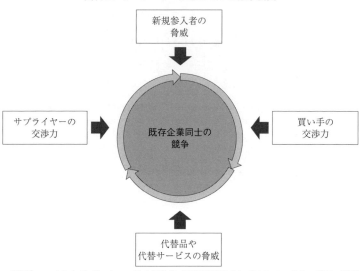

（出所）　マイケルE.ポーター，竹内弘監訳『競争戦略論Ⅰ』ダイヤモンド社，2020，38頁
　　　　を一部修正。

＊潜在的な競争関係

現時点では重要な競争要因
ではないが，将来において
重要な競争要因となりうる
ものである。ここでは，自
社の製品やサービスを陳腐
化させる代替品（代替サー
ビス）の脅威と将来的に競
争が激化する可能性のある
新規参入者の脅威が挙げら
れている。

　ポーターによると，どの産業においてもその企業の収益性
に影響を及ぼす要因は，5つに分類できる（**資料12 - 1**）。一
般的には，既存企業同士の競争がわかりやすいが，ポーター
によると，それ以外の競争要因もその業界の収益を決定づけ
る要因となっている。この要因は，大きく分けると，潜在的
な競合関係と売買取引にかかわる利益をめぐる競争関係の2
つに分類できる。

　潜在的な競争関係[＊]とは，自社の製品やサービスにおいて，
将来的に脅威を与える可能性のある競争要因であり，新規参
入者の脅威と代替品や代替サービスの脅威が該当する。新規
参入者が増加すれば競争が激化することになり，代替品や代
替サービスが市場に出れば自社の製品やサービスの価値が失
われる可能性がある。

　一方，売買取引にかかわる利益をめぐる競争関係とは，自
社の製品やサービスを提供し，販売する上での取引先であ
る。製造業であれば，部品などを提供する企業（サプライ
ヤー）が部品を製造業に販売し，製造業が買い手に販売する
ことになる。これらの業者は相互に取引を行うために協力す
ることもあるが，どちらか一方の力が強くなりすぎると，価
格交渉において一方的な交渉になる可能性もある。サプライ

ヤーや買い手は競合相手ではないが，利益の分配においては
争う可能性もある。

　ポーターは，このような売買取引における力関係に基づい
て，企業の収益に影響を与える要因を資料12－1における5
つの競争要因とした。

［2］　5つの競争要因

（1）　新規参入者の脅威

　新規参入者の脅威とは，別の業界の企業がその業界に新規
参入することによる脅威である。一般的には，**参入障壁**と呼
ばれる新規参入を困難にする要因が大きければ大きいほど新
規参入は困難になり，その業界は安定しやすい。逆に，参入
障壁が低い業界であれば，新規参入が容易に行われる可能性
があり，その業界は新規参入企業により不安定になる可能性
がある。

（2）　サプライヤーの交渉力

　サプライヤーの交渉力とは，自社に対してより高い価格で
部品や原材料を供給しようとするサプライヤーの交渉力であ
る。商取引においては，買い手側が有利なように思われる
が，サプライヤーが**寡占**であったり，何らかの事情で高い交
渉力があると大きな脅威となる可能性がある。

　例えば，パソコンを製造する業界においては，パソコンに
必要な OS はマイクロソフトがほぼ寡占している状態であ
る。さらに CPU についても，インテルが寡占している状態
である。このため，パソコンを製造する企業はサプライヤー
との価格交渉で不利になりがちである。サービス業や IT 産
業では，サプライヤーは目に見える物を取引するのではな
く，情報などの目に見えないサービスを提供することになる
が，同様にサプライヤーの交渉力が存在することになる。

（3）　代替製品・サービスの脅威

　代替製品・サービスの脅威とは，自社の製品やサービスの
価値を低下させる可能性のある代替製品・サービスの脅威が
あるのかということである。企業が市場に提供している製品
やサービスは，同じ業界の製品やサービスとの比較によって
評価される。しかし，別の製品やサービスが新しく創造され
ることにより，その製品やサービスの価値が低下する場合が
ある。例えばパソコンは，様々な機能を有しているが，一部
の機能はスマートフォンや iPad に代替されている。20年前

＊参入障壁

参入障壁には，政府による
法令やその国や地域の商習
慣など制度的なものと，規
模の経済やコストによる優
位性などのように，既存の
企業による努力などによっ
て形成されるものがある。

＊寡占

少数の企業がその市場の供
給に強い影響を与えている
状態を指す。完全競争（取
引する企業が多数で，個々
の企業の取引が市場にあま
り影響を及ぼすことなく競
争が行われている状態）と
独占（特定の1社がほかの
競争相手を排除し，市場を
支配している状態）の間の
状態を指す。

であれば，メールやインターネット，SNSだけを利用する
ユーザーもパソコンを購入する必要があった。しかし，現在
ではそのような用途のユーザーはスマートフォンを保有して
いればパソコンを購入しないで済むことになっている。

(4)　買い手の交渉力

買い手の交渉力とは，自社の製品やサービス価格を下げた
り，品質を上げるように圧力をかける買い手側の交渉力のこ
とである。買い手の交渉力は，自社の製品やサービスを限ら
れた顧客に依存している場合には，脅威となる場合が多い。
例えば，自動車会社の系列企業のように，特定の企業に依存
して部品を供給している企業であると，買い手の交渉力の脅
威にさらされやすい。

(5)　既存企業同士の競争

既存企業同士の競争とは，その業界ですでに競争関係にあ
る企業同士の競争を指す。既存企業の数が多い場合などに
は，その業界から多くの利益を獲得することが困難になる可
能性がある。また，自社よりもはるかに規模の大きい企業や
独占している企業が存在する場合には，利益を獲得するのが
難しくなる。さらに資料12-1のように，ほかの4つの競争
要因の影響を受けるのが特徴である。

［3］　5つの競争要因による分析の事例

5つの競争要因によって業界の競争がどのように変わるの
か，TSUTAYAに代表されるレンタル業界を中心に考えて
みよう。TSUTAYAは，映画やアニメといったコンテンツ
をDVDなどでレンタルする業界では強い地位を築いてき
た。他社よりも早く全国展開することにより，大規模化に成
功した。このため，サプライヤーとの交渉力や買い手の交渉
力に対して競争優位を構築でき，かつ規模の経済（後述❸
［4］）で新規参入を限定的なものにしていた。

しかし，現状ではTSUTAYAのレンタル事業は競争力を
失いつつある。その要因は，Netflixに代表されるインター
ネットによる動画配信サービスの存在が大きい。Netflixも
元はアメリカのDVDレンタル業であったが動画配信サービ
スに参入し，現在では世界有数の動画配信の**プラットフォー
マー**となっている。

動画配信サービスがTSUTAYAなどのレンタルサービス
を駆逐した大きな要因は，先に挙げた5つの競争要因のうち

＊プラットフォーマー
第三者の企業と利用者を結
びつけるインフラなどを提
供することで収益を得てい
る企業を指す。近年では，
プラットフォーマーの影響
力が強くなり，規制を行う
国も出ている。

代替製品・サービスの脅威と重なる。TSUTAYA は，日本で店舗を利用する顧客を対象にしているため，その顧客数は限定的である。Netflix に代表される**サブスクリプション**[*]の動画配信サービス（代替サービス）が提供された結果，顧客（買い手）やサプライヤーが代替サービスへの乗り換えが容易になり，既存のサービス（DVD レンタル）を利用しなければならない状況ではなくなった。

　このため，顧客にサービスを提供する価格において代替サービスより安い価格を提示することができなくなった。このような競争要因が積み重なり，TSUTAYA は競争力を失いつつある。

　その業界において圧倒的な地位を築いてきた企業も代替製品・サービスによって経営環境が変化し，競争力を失う可能性もある。企業は，ビジネスを行う業界における５つの競争要因がどのように変化する可能性があるのかを検討し，対応する必要がある。

＊サブスクリプション
定額の料金を支払うことによりある一定の期間そのサービスを受けること。その製品やサービスを所有するのではなく，定額の料金を支払った期間だけ利用すること。

［4］　5つの競争要因による分析の意義と限界

　５つの競争要因による分析の意義としては，自社がビジネスを行う業界が現在，あるいは将来利益を生み出しやすい構造なのか分析できることである。現状において，収益性が低いのであれば，５つの競争要因を分析することにより，どの部分に課題があるのかを把握できる。また，将来において自社がビジネスを行う業界が不利になる可能性があるのであれば，その部分に対する対応を早めることや，早めに撤退するという戦略を可能にする。また，新規参入を行う場合においても，その業界に参入する余地があるかということや，参入した後に，競争優位を持続させることが可能かといった分析に用いられる。

　一方で，この分析については，２つの限界が指摘される。

　第１に，経営環境の変化が激しい業界には活用しにくいという点である。５つの競争要因の分析は，ある一時点の業界構造を切り取ったものである。あまり変化のない業界であればその分析は正確になるが，変化の激しい業界では，５つの競争要因が目まぐるしく変化するため，活用しにくいという課題がある。

　第２に，**リソース・ベースト・ビュー**[*]に代表されるように，競争は業界構造のみならず，企業が保有する経営資源の

＊リソース・ベースト・ビュー（Resource Based View）
ポーターの競争戦略が企業外部の環境要因を基に競争優位を構築するのに対し，企業内部の経営資源の優劣を基に競争優位を構築しようとする考え方である。

優劣も重要な要素となる。この分析手法は、競争に必要な経営資源をどのように獲得するのかといった観点への関心が低い。したがって5つの競争要因で説明できない競争の優劣が存在することを考慮する必要がある。

③ 3つの基本戦略

ポーターは、5つの競争要因に基づいて競争優位を確立するためには、必ずしも業界で他社よりもすべての面で優れている必要はないことを指摘している。他社よりもコストが安ければ競争で優位に立つことができるが、一方でコストが高くても競争優位を構築できる企業も存在する。ポーターは、競争優位を構築する戦略として3つの基本戦略を提示した。この3つの基本戦略は、**資料12-2**にある通り、「コスト」と「差別化」という2つの軸で説明できる。

1 コストリーダーシップ戦略

コストリーダーシップ（cost leadership）戦略とは、コストを抑制することにより、競争優位を構築する戦略である。コストリーダーシップ戦略は、「規模の経済性」か「経験曲線」を追求することで実現される。

規模の経済性とは、企業の規模を大きくすることでコストを下げることである。資料12-2のように、産業全体をターゲットにし、規模の拡大によって独占的な地位の構築を目指す。産業全体において大きなシェアを占めることになれば、サプライヤーに対して価格交渉力が強くなる。また、規模が大きくなり莫大な開発費が必要になれば、新規参入は困難になり、高い参入障壁を構築できる可能性もある。ライバルの数が抑制されれば、サプライヤーとの交渉力や買い手の交渉力も優位な状況が継続する可能性が高くなる。

経験曲線とは、ボストンコンサルティング・グループ（Boston Consulting Group）が提唱した製品の累積生産量を増やすという経験を積むとコストが下がるということを示す曲線である。具体的には、労働者が同じ作業を繰り返すことによる経験や、製品の標準化が進み作業が専門化することによる効率が増すことである。

コストリーダーシップ戦略は、コストに対する関心が高くなるため、製品やサービスに関する経営環境の変化に対応しにくいという問題がある。また、業界において新しい**イノ**

資料12-2　ポーターによる3つの基本戦略

（出所）青島矢一・加藤俊彦『競争戦略論』東洋経済新報社，2012，
235頁を基に筆者作成。

ベーション[*]が起きた場合に，コストリーダーシップ戦略を採
用している企業は規模が大きいため，最も陳腐化する経営資
源を多く保有する可能性がある。このように大きな経営環境
変化に対応するのが難しい点を考慮する必要がある。

2　差別化戦略

　差別化（differentiation）戦略とは，自社の製品やサービス，
あるいはビジネスモデルなどにおいて特別な違いを出すこと
により，競争優位を構築する戦略である。資料12-2の通
り，産業全体を戦略ターゲットにしたものと，集中戦略と組
み合わせて，特定セグメントをターゲットにするものがあ
る。

　また，差別化戦略には，製品やサービスレベルの差別化を
追求するものと，ビジネスモデルレベルの差別化を追求する
ものがある。

　製品やサービスレベルの差別化戦略は，その製品やサービ
スの機能やデザインおよびその販売価格における差別化であ
る。その製品やサービスがより魅力的なものになり，かつほ
かの企業にない要素が加われば，市場において高く評価され
る可能性がある。

　ビジネスモデルの差別化戦略とは，より高い次元でかつ製

*イノベーション（innova-
tion）

シュンペーター（Schum-
peter, J. A.）が提唱した
生産要素の新結合によって
もたらされる革新を意味し
ている。具体的には，「新
製品の開発」，「新しい生産
方法の導入」，「新市場の開
拓」，「新資源の獲得」，「新
しい組織の開発」という5
つの要素から成り立ってい
る。

＊ビジネスモデル

企業が利益を獲得するための仕組みを指す。

＊サプライチェーン

自社の製品やサービスを成立させるための，原材料の調達から販売までの一連の流れを指す。

品やサービス以外の要素で差別化することである。**ビジネスモデル**＊や**サプライチェーン**＊の重要な部分などにおいて，他社に模倣できない差別化が可能になれば，より高い次元で競争優位を構築することができる。

　差別化戦略の重要な点は，模倣への対応である。差別化戦略が競争優位を構築できれば，模倣する企業が出現する可能性が高くなる。模倣されることになれば，競争優位が消滅することになるので，模倣されない差別化戦略を構築できるかが重要となる。

［3］　集中戦略

　集中（focus）戦略とは，その業界における特定の分野に経営資源を集中させ，競争優位を構築する戦略である。集中戦略を採用する企業は，経営資源の規模に劣る企業が多いため，産業全体においてコストの優位性や差別化を行うことは困難である。このため，資料12-2における特定のセグメントに経営資源を集中させるのが特徴である。さらに集中戦略には，コストリーダーシップを志向するコスト集中戦略と，差別化を志向する差別化集中戦略がある。経営資源の規模で劣る企業であっても，市場の特定のセグメントでは，コスト優位の構築や差別化が可能となり，その市場で生存することが可能となる。

　集中戦略の重要な点は，その特定のセグメントにおける競争優位を守り続けることができるかという点にある。長い年月が経過すると，産業全体と自社が集中した特定のセグメントの違いが曖昧になる可能性がある。逆に，自社が集中した特定のセグメントに対して，さらに細分化した集中戦略を採用するライバルが出現する可能性がある。こうした集中したセグメントと全体のバランスを常に考慮する必要がある。

④　コトラーの競争地位戦略

［1］　コトラーの競争地位戦略による分類

　競争戦略においてポーターの競争戦略と同様に重要なのがコトラー（Kotler, P.）の競争地位戦略である。ポーターの競争戦略との違いは，その市場においてすべての企業が同じ戦略をとるべきではないという点である。その業界において，圧倒的な競争力を保有する企業と，新規参入を行う企業では当然競争における条件が異なる。企業は，その業界での地位

に応じて取るべき戦略は異なるという主張である。

　コトラーの理論を基に嶋口は資料12‐2の通り，**相対的経営資源**の量と質という2軸に基づいて業界における企業の地位をリーダー（leader），チャレンジャー（challenger），ニッチャー（nicher），フォロワー（follower）という4つに分類し，その業界における地位に応じた戦略を提唱した（嶋口充輝『統合マーケティング』日本経済新聞社，1986年）。

　リーダーは，経営資源において量的にも質的にも優れており，その業界において圧倒的な地位を築いている企業である。次に，チャレンジャーは，経営資源の量的な部分においては，リーダーと遜色はないが，質的な経営資源では劣る企業である。業界において，2番手3番手である場合が多く，リーダーの地位を窺う企業である。ニッチャーは，経営資源の量的な部分では劣るが，質的な部分ではリーダーよりも優れている部分があり，業界における特殊な部分においては，市場を占有している企業である。フォロワーは，経営資源の質も量も劣る企業である。

2　コトラーの競争地位戦略に基づく戦略

　コトラーは，4つに分類された業界における競争地位に応じて採用すべき戦略を決定する必要があると指摘している（**資料12‐3**）。業界において，どの競争地位に行くべきかということではなく，その競争地位に相応しい戦略をとるべきである。

(1)　「リーダー」の地位に該当する企業が取るべき戦略

　リーダーは，相対的経営資源の質・量ともに大きいことから，「周辺需要拡大戦略」，「同質化政策戦略」，「非価格戦略」，「最適シェア維持戦略」の4つが採用されるべき戦略である。

　「周辺需要拡大戦略」は，市場のパイを拡大する戦略である。リーダーの競争地位に該当する企業は，市場占有率などにおいて有利な位置にいる。このため，業界の需要を喚起し，需要が増えると最も恩恵を受けるのがリーダーとなる。喚起した需要をリーダーが取り込めることが条件になるが，リーダーは量的かつ質的に優れた経営資源を保有するため，増えた需要を最も多く取り込める可能性が高くなる。

　「同質化戦略」は，後述の通り，経営資源において劣る企業はリーダーの企業との違いを創り出す戦略（差別化戦略）

＊相対的経営資源

その市場において重要な相手に比較してどの程度の経営資源を保有しているかということである。ここでは，質と量の2つの視点からとらえる

資料12-3　相対的経営資源による競争地位の類型

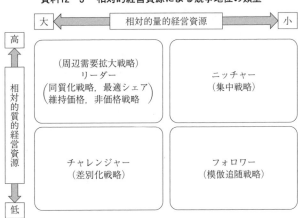

（出所）　嶋口充輝『統合マーケティング』日本経済新聞社，1986年，38頁
　　　　を基に一部加筆。

をとる。これに対し，リーダーの企業は豊富な経営資源を活
用して模倣することにより，ほかの企業の優位性を削ぐ戦略
をとる必要がある。他の企業の差別化した要素を消してい
き，同質化した競争に持ち込むことができれば，質的に優れ
た経営資源を保有するリーダーが競争優位を継続する可能性
が高くなる。

　非価格戦略は，ほかの企業が低価格の販売戦略をとったと
しても，それに応じない戦略である。ほかの企業の低価格戦
略に応じることになると，リーダーに位置する企業が最も販
売量が大きいために，最も大きな損失を被る可能性がある。
ただし，リーダーの戦略がコストリーダーシップ戦略のよう
に低価格志向の場合はこの限りではない。

　「最適シェア維持戦略」は，その業界のリーダーとして，
最適なシェアを維持する戦略である。業界のリーダーは，市
場占有率をあまりにも高めてしまうと**独占禁止法**に抵触する
リスクがある。独占禁止法に抵触することになれば，顧客や
様々なステークホルダーの反発を招き，大きなコストを支払
うことになる。一方で市場占有率を下げることになると，コ
ストが上がり，利益を失うことになる。このため，適正な水
準のシェアを確保する必要がある。

　(2)　「チャレンジャー」の地位に該当する企業が取るべき
　　戦略
　チャレンジャーに該当する企業は，リーダーに該当する企

＊非価格戦略
リーダーに該当する企業が
コストリーダーシップ戦略
などコストを下げることに
よってリーダーの地位を獲
得している場合について
は，この限りではない。

＊独占禁止法
自由競争に基づいて競争が
行われると，独占や寡占の
状態に陥りやすい。少数の
企業が市場を支配すると，
消費者やステークホルダー
に不利益が起こる可能性が
あるので，不当な取引の制
限や不公正な取引を禁止す
る法律として独占禁止法が
成立した。

業に次ぐ量的な経営資源を有しており，リーダーの地位を窺うことができる。しかし，資料12-2の通り，経営資源の質的な部分において劣るためにリーダーに該当する企業と同じ戦略を採用することはできない。このため，リーダーに該当する企業との違いを創り出す差別化戦略を採用する。前述の通り，リーダーに該当する企業は同質化戦略をとるので，リーダーに該当する企業が模倣できないような差別化戦略でなければならない。経営環境の変化をいち早く察知し，リーダーに該当する企業が模倣できない差別化を図れるかが重要となる。

(3)　「ニッチャー」の地位に該当する企業が取るべき戦略

ニッチャーに該当する企業は資料12-2の通り，リーダーに該当する企業と比較すると，量的な経営資源は大きく見劣りするため，特定の限られた市場の占有を目的にする。しかしある部分における優れた質的経営資源を有しているため，その優れた質的経営資源を活用できる限られた市場を探索することとなる。この限られた市場は，リーダーの企業が興味を示さない収益性の低い市場や気づきにくい市場であることと，ニッチャーの企業が保有する質的経営資源を活用できるという2つの条件が必要となる。ニッチとは，リーダーの企業が興味を示さない「すきま」という意味ではあるが，ニッチ市場が成立すると，ニッチャーの企業がその小さな市場におけるミニ・リーダーの地位に変化する。ニッチ市場が時間の経過とともに大きくなれば，その業界のリーダーになる可能性を有している。ゆえにニッチに該当する企業は，リーダーの戦略も同時に採用する可能性がある。

(4)　「フォロワー」の地位に該当する企業が取るべき戦略

フォロワーに該当する企業は，リーダーに該当する企業に比較すると，経営資源の質・量ともに劣るために，同じ条件で競争することは難しい。そこで，リーダーに該当する企業などを**模倣***することにより，研究開発費などの様々なコストを抑制し，業界の中での生存を目指す。しかし，模倣が基本となるために，低価格指向の競争となるため，大きな利益を獲得することは困難である。そのため，いずれかの時点で差別化戦略や集中戦略に移行して業界の別の地位に移行する必要がある。

＊模倣
模倣を行うことで競争地位戦略におけるフォロワーが生き残っていけることの説明が不十分であるという指摘が一部の研究者にあることを考慮する必要がある。

[3]　業界におけるリーダーの交代

　競争地位戦略の考え方に基づき，リーダーに該当する企業はこの４つの戦略を採用すればリーダーの地位を守れるとは限らない。過去には，リーダーの採用すべき戦略を徹底していたにもかかわらず，リーダーの地位を失った事例は多くある。また業界の地位に応じた戦略も万全ではないことは理解する必要がある。

　業界における地位の交代が起きる背景には，その製品やサービスにおいて新しいイノベーションが起き，従来の価値観や戦略ルールの変化がある。既存の業界のリーダーは，既存の顧客の声を重視し，既存の製品やサービスをより高品質なものへと志向する。既存の顧客を重視するリーダーに該当する企業は，新しい顧客の声には気づきにくい。また，新しい製品やサービスの存在に気づいたとしても，その新しい製品やサービスが自社のこれまでのビジネスを陳腐化させるものであると，その事業に取り組むことを躊躇することにもつながりかねない。こういったことから，リーダーに該当する企業は，新しい製品やサービスへの対応が遅れリーダーの地位から転落するのである。クリステンセン（Christensen, C.）は，これらをイノベーションのジレンマと呼んだ。

　前述の TSUTAYA の事例でも同様のことが指摘できる。業界のリーダーの地位にいた TSUTAYA は，映画やアニメを DVD でレンタルする顧客（既存の顧客）の声を重視した。このため，徐々に普及するインターネット上の動画配信サービスを利用する顧客の声（新しい顧客）に気づくのが遅くなった。また，インターネット上の動画配信が主流になると，これまで投資してきた全国の店舗網や設備が陳腐化し，価値がなくなってしまう。このため，動画配信サービスに力を入れるのが遅くなり，競争力を失うこととなった。

　このように大きな技術の向上や新製品・新サービスが登場するような経営環境の変化が起きると，業界のリーダーの地位が変わる契機が生じる。チャレンジャーやニッチャーの地位に該当する企業はこうした変化を捉えて，業界の上位に存在する企業に競争を仕掛ける必要がある。

（清水健太）

第13章

企業の M&A 戦略

本章では企業の買収と合併戦略を意味する M&A について検討する。ここでは主に M&A の意義，M&A が注目され始めた背景（特に，1980年代以後台頭した価値ベース戦略），M&A の類型と手法，日本の M&A の動向，M&A の今後の課題を中心に取り上げる。

① M&A の意義

　ここでは「M&A とは何か」そして「競争優位を得るためになぜ M&A が重要なのか」について触れる。アメリカでは1990年にみられたリストラクチャリング（restructuring：事業の再構築）の手段として M&A が台頭した時代的背景がある。当時アメリカ市場においては日本企業やドイツ企業の市場占有率の急激な上昇がアメリカ企業の業績を低下させたといわれている。当時アメリカの企業経営の基盤となっていた「**価値ベース戦略**」は，株主の利益を優先するあまり，不採算部門での従業員の解雇が断行されるなどの結果をもたらしていた。アメリカ企業の経営者たちは株主の利益を守るために M&A を有効なツールとして利用していた。近年，企業の多くは，成長戦略の手段として M&A の有する戦略的価値にも注目している。M&A は確立している既存の事業を入手し，一定の競争優位性を短期間で確保することも主な狙いである。従来まで不足した自社の経営資源を手にすることによって競合他社に対抗して競争力を早期に構築するなどの効果が期待できる。

　実際に，この M&A に関する研究は，経営戦略論，財務論，組織論など実に多岐にわたって展開されている。それほど M&A が経済界の活性化に及ぼした影響が大きいことを裏づけている。情報化やグローバル化が進んだ1990年代以降は一国内だけでなく，**クロスボーダー取引**として多国間で連携する形態で進展されているのも珍しくない。

　ここで改めて確認すると，M&A とは 'Merger & Acquisitions' の略語であり，直訳すると「合併と買収」を意味する。「ある企業（グループ）による他の企業（グループ）の合

＊価値ベース戦略（value based strategy）

企業価値の中で企業負債を除いた価値のことを指す。一般的に，企業価値は株価などに該当する株主価値と企業負債を足したものになる。企業価値を重視する経営戦略は，経営者に株主の利益のみを重視した経営をもたらし，株主以外のステークホルダーの利益を犠牲にする結果をもたらすという。

＊クロスボーダー取引

国境を越えて実施される取引のことをいう。為替のトレーディングなど金融取引で行われる場合が多い。情報化の進展により，インターネットの回線が高速化することはクロスボーダー取引を促進した主な要因となっている。

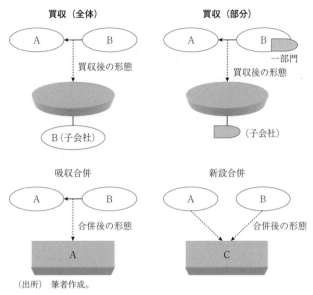

資料13-1　M&A の類型

買収（全体）　　　　　　　　買収（部分）

買収後の形態　　　　　　　　一部門
　　　　　　　　　　　　　　買収後の形態

B（子会社）　　　　　　　　（子会社）

吸収合併　　　　　　　　　　新設合併

合併後の形態　　　　　　　　合併後の形態

A　　　　　　　　　　　　　C

（出所）　筆者作成。

併買収」を指す（山本哲三『M&A の経済理論』中央経済社，1997年）。Mの「合併」は，買収した企業を解体して自社組織の一部分として吸収する形であるのに対し，Aの「買収」は，対象企業を解体せずに子会社や関連会社として管理する形をとる。法律的には，合併と買収が行われた後，社名を維持し事業を継続する企業側と，法人格が消滅する企業側がある。ここでいう法人格とは，「法律に基づいて団体に与えられる法律上の人格」のことをいう。一定の法的な要件を満たして設立された法人は，生身の人間のように，企業活動に必要とされる他の企業の株式，動産や不動産，知的財産権などの売買が基本的に可能となる。

前者の法人格が消滅する会社のことを「消滅会社」といい，消滅会社から権利や義務を引き継ぐ会社のことを「存続会社」という。**資料13-1**は，買収と合併の基本的な類型を示している。

企業がM&A を行う目的は，「事業目的」と「投資目的」に大別される。「事業目的」とは，ある企業が自社を成長させるために他社を買収または合併を行うことであり，具体的には，**シナジー効果**[*]の実現，規模の経済性と範囲の経済性の追求，市場支配力の向上，市場取引費用の減少，関連職能の

＊シナジー効果
1つの経営資源を複数の事業（あるいは企業）で利用可能になることを意味する。各社が単独で活動したことで得られる効果・利益の合算より各社が一体化・連携をした時に得られる効果・利益が大きい場合にシナジー効果が発生する。シナジー効果には，売上増加，コスト改善，技術力強化などが期待できる。

資料13-2　M&Aのプロセス

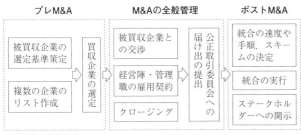

（出所）　筆者作成。

相互補完効果などの目的があげられる。これに対し，「投資目的」はいわゆる売買差益を得る目的でM&Aを実施する場合である。株価の低い時に購入し，株価が高騰すると売却する方法で利益を手にする場合である。

　一方で，M&Aを企業間の依存関係をマネジメントする戦略として考える「資源依存パースペクティブ」に基づくものもある。これについては多くの研究者によって研究が行われているが，近年の「資源ベースアプローチ」（resource based view）がその代表的な例である。企業をめぐる外部環境の変化に対応して常に自社に有利な位置づけを行う「ポジショニング・アプローチ」に対し，「資源ベースアプローチ」は，外部環境よりも当該企業が有する内部資源の保有とその蓄積に戦略的に重点を置くものである。

　次に，**資料13-2**が示すように，買収と合併をめぐる当事者間で行われるM&Aの実行に必要とされるM&Aプロセスは，①M&Aの準備段階としての「プレM&A」，②M&Aの進捗管理や主要な意思決定と関連する「M&Aの全般管理」，そして③M&A実行後の統合段階を意味する「ポストM&A」に区分される。これら3つの段階を実行していく経営プロセスのことを「M&Aマネジメント」という。

　まず，「プレM&A」とはM&Aの計画・準備段階のことをいうが，そこでは被買収企業の選定基準，複数の被買収企業のリスト作成，最終候補の選定などの項目が含まれる。買収を希望している企業の製品やサービス，技術，立地などを検討し，ターゲットとなる企業を絞る。さらに，買収価格，買収形態，支払い方法などの基準を立てる段階である。

　次の「M&Aの全般管理」には，被買収企業との交渉（買収価格，買収条件，買収スケジュールなどの決定），経営陣・管理

＊デューデリジェンス
(Due Diligence)
投資先となっている企業の
経済的価値，財務状況，リ
スクについて総合的に調べ
ることを指す。文字通りの
意味では「適当かつ相当な
調査」を意味するが，経営
理念，経営戦略の次元から
買収後のシナジー効果まで
広範囲にわたって被買収企
業を事前に把握することを
主な目的とする。

＊買収プレミアム
友好的買収，敵対的買収を
問わず買収が行われる際に
は，買収する側は被買収企
業（主に株主）に対し，プ
レミアムとして20-50％以
上の企業価値を支払う必要
があるという考え方。買収
する側が期待しているシナ
ジー効果はこの買収プレミ
アムによって相殺されるこ
とが多いため，買収時には
実行前の段階からの慎重な
姿勢が必要とされる。

職の雇用契約，クロージング（買収契約の実行），公正取引委員会への届け出の提出などの作業がある。この段階では，買収企業と被買収企業との情報交換，**デューデリジェンス**＊，買収企業の価値評価なども行われる。

最後の「ポスト M&A」(Post-Merger Integration) では，買収企業と被買収企業との統合の速度や手順，スキームなどの統合方針の決定，買収契約後の実行計画，ステークホルダーへの情報開示などのプロセスが待っている。統合を成功させるためには，①高い生産性が保証できる統合スピード，②従業員との透明性あるコミュニケーション，③買収企業側の経営陣によるフォーカスと加速，④合併に伴う効果に対する測定，などが必要である。この段階では統合後に起こりうる従業員の士気低下への配慮，財務システムの統合，人事システムの再整備についての細心の注意が必要とされる。

しかし，実際にこの M&A を軸とした数多くの買収と合併は予想以上に高い失敗率が懸念されている。被買収企業の株主は**買収プレミアム**＊を得るのに対し，M&A は短期的，長期的いずれをみても買収企業の株価へのネガティブな影響（80％以上の失敗率）を及ぼしているという（エリック・ボール＝リピューマ／国領二郎監訳『戦略・起業・イノベーション』慶應義塾大学出版会，2016年）。その結果，ほとんどの買収が失敗し，買収後5〜10年以内に企業を売却することが多いのが現状であるという。

M&A に失敗する主な要因を取り上げると，以下のようである。①M&A をめぐる準備不足，②買収実行のためのプロセス管理の失敗，③買収後の統合の失敗である。例えば，2002年度に第一勧業銀行・富士銀行・日本興業銀行間の合併で誕生したみずほ銀行の場合，3勢力間の権力争いにみられる組織コンフリクト以外に，システム障害問題が頻発しているなどの問題も顕在化している。具体的には，①定期性預金集中処理で取引の Index がオーバーフローした問題，②ATM やダイレクト取引で定期性取引すべてにエラーが発生した問題，③システム防衛機能の誤作動によるシステムの一部がダウンした問題，④ATM の防衛機能によって通帳とカードが取り込まれてしまう問題などが発生した。その後，政府からの厳格な指導が行われるなどの措置があった。

しかし，このような状況に陥っているにもかかわらず M&A に対する関心は衰えるところを知らない。

2 M&A の手法と形態

ここでは主に M&A 手法とその形態について明らかにする。M&A は組織再編機能としても注目される。これは会社法第5編に規定されているが、会社の基礎的な変更を意味している。組織再編が行われると、株主、債権者、経済社会など様々なステークホルダーへの多大な影響が予想されるため、実行の際には計画的で慎重な準備と対応が不可欠である。基本的に自社に他社の資産や事業を集めていく「統合型」の手法と、自社から他社へ資産や事業を切り離していく「分離型」の手法がある。

1 M&A の手法

ではこれらの形態はいかに実行するのか。日本の法律が定めている最も一般的なものには株式取得、合併、資産取得、株式分割などの手法が挙げられる。

第1に、株式取得は対象企業の株式の過半数を取得することによってその支配権を獲得する方法であり、最も一般的に行われる。この手法には、**株式譲渡**と**株式交換**がある。株式会社の形態をとっている現代の大企業は、少数株主に重大な不利益を与えない限り、取締役会を支配することによって企業の日常的な業務は掌握できる。この手法もさらに発行済株式を取得する方法と、新規発行の株式を取得するという2つの方法がある。前者の発行済株式の取得には、株式市場を媒介して被買収企業の株式を買い占める市場取得と、株式市場を通じないで被買収企業の株式を買い占める手法がある。さらに、後者の新規発行株式の取得は、被買収企業が新たに株式を発行した株式を買収企業が引き受ける場合である。

第2に、2つ以上の企業が1つの法人格をもつ企業となることを意味する合併は、法律に定められている**株主総会特別決議**を通して実施することが可能である。これはまた、合併する企業が消滅する企業を吸収する形としての「吸収合併」と、合併に参加するすべての企業が新設会社に吸収されて法人格を失う合併を意味する「新設合併」に分類される。前者は吸収する企業の法人格のみが残るのに対し、後者は既存の企業の法人格はすべて消滅し、新設される企業の法人格のみが残される。

第3に、M&A には株式を売買する方法以外に、土地、建

＊株式譲渡
中小企業の M&A を行う際に最も多く利用される手法の1つである。譲渡対象企業の株主から株式を譲り受ける方法を指す。譲り受ける側は被買収企業の経営権を取得するのに対し、譲渡する株主にはその対価として現金が支払われる。この株式譲渡には、相対取引、市場買付、株式公開買付（TOB）などの手法が用いられる。

＊株式交換
買収する側が被買収企業の株式を100%取得することによって完全子会社化を図る場合に用いられる手法である。これは買収する側にとっては被買収企業の株式を強制的に譲り受けることができるなどのメリットを有している。

＊株主総会特別決議
株主の最高意思決定機関である株主総会で決議が成立されるためには、定足数が満たされることと、可決の用件が満たされることが必要とされる。ここで出席株主の議決権の3分の2以上の賛成できる議決のことを特別決議という。これは定款の変更や資本の減少など重要な事項に対してしばしば利用される方法である。これ以外のものは普通決議で行われるが、出席株主の議決権の過半数の賛成で成立する。

物，人材（従業員や顧客も含む）などの有形財産と，技術やノウハウなどの無形資産を相手企業に譲り渡す行為のことを意味する「資産取得」と「事業譲渡」が使われる。これも原則として株主総会特別決議による承認が必要となる。この手法は自社にとって不採算部門を整理する目的として行う場合が多く，経営戦略の一環として競争力を強化する有効な手段として知られている。

　最後に，持株会社を利用して2つ以上の企業が1つの企業になる「経営統合」がある。持株会社を設立する主な目的は，経営と事業を行う主体を明確に区分することにある。戦後日本では事業支配力の過度の集中を防ぐ目的で独占禁止法などの規制があった。これよって純粋持株会社の設立が禁止されていた。ここでいう純粋持株会社とは，事業経営を目的とせず他社の支配権を獲得することを目的とする会社のことをいう。しかし，1997年以後経済のグローバル化や事業者の負担軽減などの理由から規制緩和が行われ，持株会社の設立が解禁された背景がある。近年ではセブン＆アイ・ホールディングスによる米スピードウェイの買収（2020年8月），三菱商事と中部電力によるオランダエネコ社の買収（2019年11月）が事例として挙げられる。

２　M&A の形態

　M&A の形態は，一般的に水平型，垂直型，関連多角化型，無関連多角化型に大別できる。第1の水平型は同業種の企業同士間で行われる M&A のことをいい，同一の市場において同種の製品やサービスを提供する場合が多い。例えば，自動車メーカーであるアメリカのクライスラーとドイツのダイムラー・ベンツが合併してダイムラー・クライスラーに社名を変えた場合である。

　第2の垂直型は，自社**チャネル**[*]の川上の方向や，川下の方向に M&A を行う形である。例えば，製造業者が原材料や商品の仕入先を買収したり，自社製品の安定的な販売網を構築するために販売先企業を買収したりする例がこれにあたる。しかし，これらの合併が成立するためには日本の場合，官報や公告による告知と，株主総会特別会議での承認（出席株主の議決権の3分の2以上の同意）が必要がとされる。

　第3の関連多角化型は，自社と事業上に関連はあるが製品やサービスは競合しない企業との間に M&A が行われる形

＊チャネル
ルート，経路，媒体などのことを指し，経営分野では，顧客と企業，企業と企業の接点のことをいう。販売チャネルや流通チャネルなど多くのチャネルがある。

態である。例えば，和菓子店を経営している企業がカフェと
洋菓子店の経営に乗り出す場合である。

　最後に，無関連多角化型は，自社と事業上の関連のない企
業との間に行われる M&A である。この形態は業績不振や
経営破綻した企業を買収したり，ベンチャー企業に出資して
その成長を支援したりするなどの再建・育成型を含む。例え
ば，通販事業を行っている企業が飲食事業に進出するために
企業を買収する場合である。買収後に経験不足の問題などか
ら倒産の危機に陥ったりする可能性が高いため，慎重な事業
検討が必要とされる。

③　日本の M&A の動向

　ここでは1980年代以後の日本の M&A 市場について触れ
る。世界レベルでの M&A ブームは，1980年代後半，90年
代後半から2000年代，2000年代半ば，2015年以後から現在ま
での計4回にかけて発生していると知られている。特に，
M&A 先進国ともいわれているアメリカの場合，自社の事業
と無関係な業種への M&A を意味するコングロマリットが
あった1970年代，効率的な M&A が盛んだった1980年代を
経て，1990年代には急激に増加した。

　これに対し，日本の M&A 市場の動向は以下の第1期か
ら第4期までの間にみられる。これは第1期（1985年から
1990年までの上昇期），第2期（1991年から1993年までの下降期），
第3期（1994年から1999年までの上昇期で），第4期（2000年以降
の本格的活況期）である。

　日本の M&A 市場は，1995年に531件，2000年に1635件，
そして2004年に2211件を占め，1990年代以降急激に増加する
傾向をみせている。しかし，これは M&A 発生件数の面に
おいてアメリカの5分の1に過ぎないという点では今後の本
格的で活発な動きが予想される。

　第1期は1985年から1990年までの上昇期である。この時期
は日本市場での M&A のバブル期といわれ，全体的に上昇
した傾向があった。

　第2期は1991年から1993年までの下降期である。この時期
はバブル崩壊期といわれ，バブル経済が崩壊した後，短期間
で上昇した時期であった。

　第3期は1994年から1999年までの上昇した時期である。こ
の時期は消極展開期といわれたが，合併の比率が期間最高を

資料13‑3　日本の M&A 市場の推移

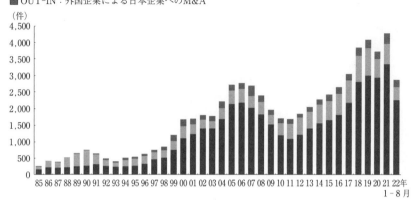

■IN‑IN：日本企業同士のM&A　　　　　　■IN‑OUT：日本企業による外国企業へのM&A
■OUT‑IN：外国企業による日本企業へのM&A

（出所）　MARR online（www.marr.jp）2022年9月24日閲覧。

記録したのが特徴である。

　そして第4期は2000年以降の本格的活況期である。この時期は積極的進展期と認識される。**資料13‑3**に示しているように，全体の件数として4000件を超える時期もあり，日本企業間の M&A だけでも70％の実績がみられる。

　さらに，近年の日本の M&A の動向の特徴は以下のような2つがある。

　第1に，既存事業の強化を図るための選択と集中戦略が使われている点である。これは過去において事業の M&A の目的が単なる事業の多角化やコングロマリット化が行われたこととは対照的である。すなわち，自社の活動領域と直接的に関連性がある経営資源を獲得するために，生産性向上，優秀な人材の獲得，調達先との連携などを目指した M&A が盛んということである。

　第2に，被買収企業の対象が海外の企業にまで拡大される傾向である。これは従来の M&A における被買収企業の対象が主に日本企業同士に限られていたのに対し，近年では日本企業による海外企業の買収例と，海外企業による日本企業の買収例が増加傾向にある点である。しかし，資料13‑3が示しているように，日本企業と関連する M&A の占める割合は，イン‑イン型（日本企業同士のM&A），イン‑アウト型（日本企業による海外企業のM&A），アウト‑イン型（海外企業による日本企業のM&A）という順となっている。しかし，そ

の中でもイン‐イン型の割合が圧倒的に高いのも否めない。これらの排他的な企業風土に対する経営者自身の意識改革が今後解決すべき重要な課題として取り上げられている。

　第3に，企業集団の再編のツールとして M&A が利用された点がある。例えば，イン‐イン型 M&A には，1990年代において銀行，保険，自動車およびその部品，通信などの業種において活発な動きがあった。例えば，三菱 UFJ 銀行は企業集団内で東京三菱銀行と UFJ 銀行の合併によって誕生したものである。これに対し，みずほフィナンシャルグループは第一勧銀グループと芙蓉グループとの間に企業集団の垣根を越えた形で M&A が行われた。その後，みずほフィナンシャルグループに触発されて誕生したのが三井グループと住友グループ間で行われた三井住友銀行の誕生であった。

4　日本の M&A の事例

⎡1⎤　成功事例

　まず，2000年以後行われた M&A の成功事例について取り上げる。ソフトバンクやサントリーのように日本企業が外国の事業を買収した結果，好業績を残した場合と，アステラス製薬のように日本の企業同士が合併してシナジー効果を生み出した結果もある（**資料13-4**）。

⎡2⎤　失敗事例

　資料13-5には日本における M&A の代表的な失敗事例を取り上げている。しかし，その失敗した原因には①減損損失で業績悪化，②被買収企業での不祥事発覚，③売却失敗など様々なである。日本の場合，過去において大規模な外国企業の買収に成功した事例が少なく，逆に巨額の損失を被った比率が高いのが現状である。それについては，海外企業を買収した後に生じた経営能力の不足がその主な原因である場合が多かった。

　ここでは1つの事例として東芝を取り上げる。東芝は2度の M&A の失敗が原因で経営危機に陥ったことがある。1度目は，2006年に同社がアメリカのウェスチングハウス（WH）を54億ドル（約6210億円，115円／ドルで換算）で買収したが，アメリカで受注した WH の4基の原子力発電所の事業コストが当初の予想を上回る額に膨れ上がったのが主な原

資料13‐4　日本企業の M&A の成功事例

時　期	買収企業	被買収企業	概　要	結　果
2016年	ソフトバンク	英国の arm 社	３．３兆円を投じてイギリスの半導体設計大手 ARM を買収	スマホ向けの半導体や IoT（モノのインターネット）の分野で重要な地位を獲得
2014年	サントリー	米国の蒸留酒大手ビーム社	１兆6000億円を投じて酒類大手ビームを買収	酒類の市場は急拡大することはないものの，長期的に安定した成長が見込める
2005年	アステラス製薬	山之内製薬と藤沢薬品工業が合併	国内最大規模の営業体制と，両社の強みを融合した結果，高い実勢をあげている

（出所）　筆者作成。

資料13‐5　日本企業の M&A の失敗事例

時　期	買収企業	被買収企業	概　要	結　果
1989年	三菱地所	ロッフェラー	約2200億円で不動産を購入	不動産の市況の冷え込みの結果，1500億円の特別損失計上
1989年	ソニー	コロンビア・ピッチャーズ・エンターテインメント	ソフトウェア部門強化のための映画会社を購入	1995年に業績不振による2934億円の赤字を計上，2017年に11121億円の減損損失計上
2002年	日立	米 IBM	ハードディスク（HDD）事業分野で20億ドルを投入し買収	HDD 分野で価格破壊が進行し，毎年100億円程度の赤字発生
2006年	東芝	米ウェスチングハウス	54億ドルを投資し，原子力企業を買収	福島原発事故後，原子力発電に対する需要減少が原因で2600億円の減損計上

（出所）　筆者作成。

因であった。この過程で増加した会計損失を隠すために粉飾決算が行われた。２度目の M&A の失敗は，WH と協力関係にあったシカゴ・ブリッジ・アンド・アイアン（CB&I）を買収した結果であった。当時，2017年３月に CB&I が債務超過の状態にあったため，7000億円を超える損失が発生した。

5　M&A の今後の課題

　ここでは M&A 市場をめぐる未解決課題を中心に取り上げる。特に，近年注目されている敵対的買収をめぐる動向と，日本の株式市場にみられる法的整備の問題（買収先企業の従業員の待遇，情報漏洩，それらをめぐる対策）について明らかにする。

　M&A は買収する行為に対して買収先の同意を得るのかどうかによって友好的買収と敵対的買収（hostile takeover）に区分することができる。特に後者に対しては，バブル経済崩壊後，業績悪化で苦戦している日本企業を欧米企業が安価で「乗っ取る」ような悪いイメージを与えているのも事実である。

　これは，企業を単なる商品とみなす欧米の考え方に対する反感でもあり，内部留保などを通して安定的な成長を選好するなどの従来の方式を堅持しようとする流れとしても考えられる。

1　敵対的買収をめぐる問題

　敵対的買収をめぐる問題は山積している。日本では敵対的買収は外国人による乗っ取りといったような悪いイメージがあるが，実際に当該企業の株取得50％を占めることによって可能となる経営者への規律づけは，無能な経営者を交代できる有用な手段として重要な役割を果たす。一方で経営者側は受託責任を負っているものの，可能な限り自分の私利私欲のために防衛策を考える。これらが敵対的買収への防衛策であり，**資料13−6** に示している様々な手法である。興味深いのは，敵対的買収への防衛を強化するために定款の変更などの新たな対策を講じる企業の比率が増加する傾向にある反面，そうした防衛策に対抗する制度を取り入れる企業の比率もまた増加している傾向がみられることである。

　実際に，敵対的買収防衛策を導入した企業に対し，その動機を，①企業パフォーマンスの不振，②経営保身目的，③その他被買収確率に影響する要因に分けて分析を行った研究が見られる。

　一方，日本においても，ライブドアによるニッポン放送の買収劇などが発生したことを契機に，敵対的買収に対する様々な工夫が行われている。しかし，敵対的買収への対抗策

資料13 - 6　アメリカの主な敵対的買収対抗手段

敵対的買収の抵抗策	概　要
ポイズン・ピル	敵対的な株式公開買付などが始まり，買収企業が被買収会社の株式の一定割合を取得した場合には，市場価格を大幅に下回る価格で新株を引き受ける権利を既存株主に与える規定
ゴールデン・パラシュート	被買収会社の役員が敵対的買収の結果解任された場合に，通常の退職に比べて大幅に割増された退職金が支給される雇用契約
ティン・パラシュート	一般従業員の役員がその意に反して退職を余儀なくされた場合に支給される割増退職金
スーパーマジョリティ	一定の会社の行為について，株主総会の議決権を3分の2あるいはそれ以上を必要とする定款規定
フェアプライス	予め定められた最低プレミアムが支払われない場合には，特別の議決を必要とする定款規定
パックマン・ディフェンス	買収会社に逆に買収を仕掛けること
クラウンジュエル	買収会社に狙われている優良資産を，第三者に売却して買収意図をくじく戦略
ホワイトナイト	被買収会社にとって，より好ましい友好的な買い手に買収を依頼すること

（出所）　服部暢達『M&A マネジメント』東洋経済新報社，2004年。

については，経営能力が足りない経営者を排除する有効な手段としての経営規律の自然な動きをあらかじめ処断するではないかという懸念も少なくない。

　実際に，敵対的買収の対抗策への株主側の反発がますます強まっている傾向を見せている。例えば，ニッポン放送やニレコなどが敵対的買収への対抗策を発表した後，株主による訴訟が起こされた。ニレコは2005年3月に日本初のポイズン・ピルを導入した企業として有名であるが，株主に訴訟を起こされ，結果的に新株予約権の差し止めが決定された。

　このような傾向は，企業不祥事などが頻発した1990年代以降，その重要性がさらに問われている企業の社会的責任（CSR）と無関係ではない。1990年代以降，急速に展開されている経済のグローバル化と情報化の流れと同時に，法律改正による規制緩和の波に歯止めをかけざるを得ない自然な動きであると考えられる。

　このような動向に対し，日本で実際に敵対的買収への防衛

策を導入している企業の場合，社歴が長い企業，役員の持ち
株比率が低い企業，持合株式比率が高い企業ほど買収防衛策
を導入する傾向が強いことが明らかにされている。これは経
営者自身の**エントレンチメント**[*]や株主との利害対立が買収防
衛策導入に影響を与えている事実を裏づけている。さらに，
支配株主の比率が低い企業，機関投資家比率の高い企業ほど
買収防衛策を積極的に導入している傾向があることがわかる
（滝澤美帆・鶴光太郎・細野薫「買収防衛策導入の動機：経営保身仮
説の検証」『RIETI Discussion Paper Series』経済産業研究所，
2007年，1-28頁）。しかし，企業業績の悪化と敵対的買収の防
衛策導入との相関関係について「負」の結果となっている場
合も多く見られ，今後より緻密な検証必要性が問われてい
る。

［2］　中小企業と敵対的買収

　大企業と比べて経営資源が不足している中小企業の場合，
サステナビリティの課題は近年最も重要なテーマとして上げ
られており，その中でも後継者承継の問題は社会問題になる
ほど深刻化している。帝国データバンクの2021年度の調査に
よれば，日本全国における中小零細企業の社長の平均年齢は
60.3歳まで上がっており，31年連続で増加傾向をみせている
ことがわかった。
　中小企業における後継者問題は，同族を中心とした小規模
企業の事業承継で発生するケースが多い。このような状況で
は「事業継承する親族がいない」「事業承継はしたものの，
その後経営がうまくいかない」などの理由でその事業体を売
却する動きが加速する傾向をみせている。このような場合，
近年では親族が事業承継をせずに，事業を第三者に譲渡する
事業譲渡が増加する傾向にある。この形態は相続税対策とい
うより特に買収取引価格に注目したケースとして知られてい
る。**資料13-7**が示しているように，80代以上が31.8％，70
代が38.6％，60代が48.2％という状況からわかるように，日
本の中小企業には深刻な後継者不在の問題を抱えている。
　中小企業の場合，ほとんど株式譲渡制限がかかっているた
め，実際に敵対的買収にまで発展するケースは稀である。こ
こでいう株式譲渡制限とは，買収を希望する側に株主が株式
を譲渡する際に，必ず経営陣の同意を得ることを意味する。
しかし，中小企業の場合，現実的な問題として敵対的買収に

＊エントレンチメント
経営者の保身行動のことを
意味する。この行動によっ
て，経営能力の乏しい経営
者の任期が過度に長期化す
るなどの問題が発生する可
能性が大きくなる。その結
果として経営上のコストが
増加するなどの問題が発生
する。一般的に，このコス
トは就任初期にはほとんど
発生しないが，在任が長期
化することによって増加す
る傾向をみせている。

資料13‒7 日本の中小企業の後継者不在率の推移

（出所）「財務サポート事業継承」中小企業庁 HP（https://www.chusho.meti.go.jp/zaimu/shoukei/know_business_succession.html）2022年12月21日アクセス。

よる脅威より同族間の争いの方が深刻であるといえよう。

（文　載皓）

V

持続可能なビジネス

第14章

貧困問題と BOP ビジネス

世界人口のうち，半数以上の約40億人もの人々が1人当たり年間所得3000ドル未満で暮らしており，貧困層として位置づけられる。これらの貧困層の人々は，BOP（Base of the Income Pyramid：所得ピラミッドの基礎あるいは底）あるいは BOP 層と呼ばれている。BOP 層を雇い，収入を与えると同時に，生産物・サービスを途上国に供給することで，BOP 層の経済的自立と生活環境の改善を図る活動に BOP ビジネスがある。本章では，BOP ビジネスの概要と日本企業の実践的な事例について考察する。

① 貧困問題：BOP ビジネスが注目される背景

⬜1 貧困とは

　貧困とは，富を全くあるいはほとんどもたないことである。つまり，貧困とは，生活に必要不可欠なものを購入することすらも難しい状態のことである。貧困問題には，最低限の衣食住が整っておらず常に生命にかかわる問題もあれば，衣食住は整っており，生命の危険には陥っていないが，十分な教育や医療を受けられない問題も存在する。

　貧困は，主に「絶対的な貧困」と「相対的な貧困」に分けられる。「絶対的な貧困」とは，状況の違いに関係なく，特定の基準に基づいて判断される貧困のことである。例えば，1日2.15ドル未満で生活していることを基準とした場合には，1日2.15ドル未満で生活する人々はすべて絶対的な貧困状態にあるとみなされる。世界銀行のデータによると，1日2.15ドル未満で暮らしている人々の数は2022年時点で世界人口の8.4％に当たる約6億6700万人に上る（World Bank, *Poverty and Shared Prosperity 2022: Correcting Course,* World Bank, 2022, p. 9.）。

　次に，「相対的な貧困」とは，国または地域における世帯の**年間平均所得（中央値）**の半分を下回る所得水準のことを指す。「相対的な貧困」は，「絶対的な貧困」とは異なり，国や地域の社会・経済状況の違いを踏まえた上で貧困を捉える概念である。

＊年間平均所得（中央値）
ある国や地域の人々の年間所得を小さい方から大きい方へ並べた際にちょうど中央に位置する所得のことである。例えば，5人の年間所得はそれぞれ150万，200万，300万，400万，500万である場合，このグループの年間所得の中央値は300万になる。このとき，300万が中央値で測った「年間平均所得」という。

2　従来の貧困問題解決アプローチの限界

　従来の貧困問題解決アプローチは主に、政府や援助機関による支援、NGO[*]による慈善活動[*]および企業の社会的責任活動に委ねられてきた。しかし、このアプローチには持続性の欠如、援助依存の深刻化と腐敗の助長などの問題点がある。

　援助機関が慈善事業から手を引くと、援助を受けている人々の生活水準はまた元の状況に戻る場合が多い。例えば、途上国では子どもの栄養失調は深刻な問題となっている。そこで、途上国の小学校は、子どもの栄養失調問題を解決する目的で、国際機関などの支援を受けて小学生たちに給食を提供している。この試みによって、栄養状態が、改善されている。しかし、援助機関の援助がなくなると、子どもが再び栄養失調状態に陥ることが多い。

　つまり、栄養が豊富な給食を学校で持続的に提供するためには、学校自身が給食を提供できるようにする、あるいは家族の経済力を向上させるといった、持続可能な方法を考えなければならない。確かに、援助や寄付は発展途上国における貧困問題解決の一時的な対策とはなっているが、持続可能な解決策とはならないのである。

　一方的な援助は、貧しい人々の間で援助依存[*]を生じさせ、また被援助国の腐敗が助長され、その結果、人々は貧困の悪循環に陥れられるといわれている。実際に、汚職や腐敗は、発展途上国における貧困問題の解決において、大きな障壁となっている。先進国からの支援の大部分は、管理費や贈賄等に用いられ、このことにより、貧困層には僅かな部分しか届かない事例も多い。

　このように、従来の一方的な援助の限界が指摘される中で注目を集めているのが BOP ビジネスである。

2　BOP ビジネスと貧困問題

1　BOP 層および BOP ビジネスとは何か

　BOP 層および BOP ビジネスは、1999年に、プラハラード（Prahalad, C. K.）とハート（Hart, S. L.）が初めて用いた言葉である（Prahalad, C. K., & Hart, S. L., 1999, "Strategies for the bottom of the pyramid: creating sustainable development," *Ann Arbor*, 1001, 48109）。BOP 層とは、2005年現在の PPP ドル[*]（購買力平価換算）でみた年間所得が3000ドル以下の人々のことである（Hammond, A. L., Kramer, W. J., Katz, R. S., & Tran,

J. T. C. Walker., 2007, *The Next 4 billion : Market Size and Business Strategy at the Base of the Pyramid*, World Resources Institute & International Finance Corporation.)。こういった BOP 層の数は世界人口の半数以上の40億人にも上り，その家計所得は年間で総額 5 兆ドルに達するとされている（同上書）。BOP 層の大半は相対的貧困の中で暮らしているが，その中には前述した絶対的貧困の中で暮らす人々も含まれている。

　BOP ビジネスとは，BOP 層のために雇用機会を創出し，彼らの所得向上，彼らのニーズに合った商品を低価格で提供することを目的に行ったビジネスのことである。さらにいえば，貧しい人々を生産者，消費者，そしてビジネスのパートナーとして考えたビジネスが BOP ビジネスである。

　プラハラードとハートはさらに研究を進め，2002年に BOP ビジネスに関する研究成果を発表した（Prahalad, C. K. & Hart, S. L., 2002, "The fortune at the bottom of the pyramid", *Strategy + Business*, 26）。この研究成果は，①従来の寄付などに代わる新しい貧困問題アプローチを提示した，そして②企業に新たな**ビジネスチャンス***を提示した，という点で世界的な反響を呼んだ。これ以降，国際連合（UN），国際金融公社（IFC），世界資源研究所（WRI）といった国際機関，経済界，研究者たちが精力的に BOP ビジネスの研究あるいは実践に取り組むようになった。

　一方，BOP ビジネスは全く新しい概念ではない。BOP ビジネスは前述した研究より早く実践されている。すなわち，バングラデシュにおける**グラミン銀行***（1983年）による貧しい人々への資金サービスの提供およびヒンドゥスターン・ユニリーバ社の BOP ビジネスなどを挙げることができる。

２　BOP ビジネス・モデルの発展

　BOP ビジネスは，時間の経過とともに，以下の段階を経て発展してきた（Cañeque, F. C. & Hart, S. eds., 2015, *Base of the pyramid 3.0 : Sustainable development through innovation and entrepreneurship*, Sheffield: Greenleaf Publishing Limited.＝平本督太郎訳『BOP ビジネス3.0─持続的成長のエコシステムをつくる─』英治出版，2016年）。

　第 1 のビジネス・モデルは，「BOP1.0」と呼ばれる段階である。BOP1.0は，企業が自社の事業拡大のために，BOP 層を消費者としてのみ捉えるビジネスの段階である。いわゆ

ルに換算した「ドル」単位のことである。

***ビジネスチャンス（business chance）**
ビジネスにおける好機である。言い換えれば自社の事業を拡大し，継続的に収益を確保できる可能性があるということである。

***グラミン銀行**
バングラデシュの経済学者であるモハマド・ユヌス博士によって1983年に設立され，マイクロファイナンスの普及と貧困削減に貢献している。

る「貧困層の顧客化」（Selling to the Poor）が目的となる。
BOP1.0では，商品を小型化あるいは小分けにすることで価格を安く抑えて，貧しい人々に販売する市場探索型のビジネス・モデルが採用される。商品は，飴一個，タバコ一本，一回の使用で使い切るシャンプー等，小分けされ，BOP層でも購入可能な少額の金額で販売される。

　なお，BOP1.0にも問題点がないわけではない。例えば，小分けする場合には，複数の商品をまとめてパッケージングする場合よりも，商品１つ１つを個包装する分の追加コストがかかる。つまり，小分けによって，購入可能な金額にまで価格が引き下げられていても，１つの商品を消費するために支払う消費者の負担は高くなっている。さらに，小分けは多くのプラスチックを用いている分，**環境負荷**も高くなる。

　第２のビジネス・モデルは，「BOP2.0」と呼ばれる段階である。BOP2.0は，BOP1.0とは異なり，BOP層を消費者としてだけではなく生産者およびパートナーとしても捉える。つまり，BOP2.0は，BOP層をビジネスの**バリューチェーン**に組み込み，彼らの購買力の向上に貢献しようとする特徴をもっている。いわゆる「相互価値の創造」（Creating Mutual Value）という考え方を重視したビジネス・モデルである。

　2000年代初めにBOPビジネスの概念が登場してからのおよそ15年間，ほとんどのBOPビジネスは，BOP1.0あるいはBOP2.0の段階にとどまってきた。しかしながら，これらのBOPビジネスの多くは，失敗するか，多大のコストをかけてわずかな成功を収めたに過ぎないといわれている。言い換えると，BOP1.0とBOP2.0の多くは企業の収益確保と貧困問題解決を両立することが困難であった。

　このような状況を打開すべく，提唱されたのが，「BOP3.0」である。これは，2015年にBOPビジネスの提唱者の１人であるスチュアート・L・ハート（Hart, S. L.）とフェルナンド・カサード・カニェーケ（Caneque, F. C.）によって提唱された（同上書）。

　BOP3.0は，多様なセクターとの協力によってBOP層とともに持続可能な地域・国・産業の創造を目指すビジネス・モデルである。企業と消費者だけでなく，現地政府，国際機関，現地NGOといった多様な主体をパートナーとして参画させることで，BOPビジネスの成功確率をより強固なもの

＊環境負荷
人間の様々な活動により，環境に与える負の影響のことである。例えば，工場や車から排出されるCO_2は地球温暖化の原因となっており，環境負荷としてあげられる。

＊バリューチェーン（value chain）
企業の原材料調達から商品・サービスを顧客に届けるまでの過程を価値の創出過程として捉えた概念である。この言葉はアメリカの経営学者であるマイケル・E・ポーターが1985年に初めて提唱した概念である。

とすることが目指される。BOP 層も含め，BOP ビジネスを組み込んだ経済のエコシステムの創造を重視したビジネス・モデルである。

③　BOP ビジネスの特徴

［1］　貧困問題の持続可能な解決策

　BOP ビジネスの最も重要かつ際立った特徴は，本業を通して貧困問題解決に貢献するということである。従来は，社会問題の解決方法には，政府や国際機関の援助および企業による CSR 活動ぐらいしか存在しなかった。しかし，BOP ビジネスは企業の CSR 活動ではなく本業を通して貧困問題解決に貢献するという点で革新的な要素を備えている。

　BOP ビジネスが貧困問題の解決に有益であったとしても，そこに収益性が伴わなければ，持続可能なものとはならない。先述したように，援助や寄付などの従来型貧困問題解決方法は，企業の財務状況が逼迫すると援助や寄付が実施できなくなることが大きな弱点であった。これに対して，BOP ビジネスは，企業の収益の確保と貧困問題の解決という **Win-Win の関係***を築くことができるという大きな特徴がある。

［2］　規模の経済による収益性の確保

　BOP ビジネスは主に，小規模な事業から開始することが多いため**規模の経済***を活かすことが難しい。しかし，BOP 市場は，豊富な資源や低賃金労働者を含み，中間消費者層の一部を含む。企業はこの特徴を活用し，現地の人々を比較的低賃金で雇い，低コストで大量生産と大量消費という規模の経済を働かせることができる。このような活動によって「収益の確保と貧困問題解決の両立」が可能となり，貧困問題の持続可能な解決につなげることができる。

［3］　政府・援助機関が対応できなかった貧困問題の解決

　BOP ビジネスは，政府がアプローチできない事業に取り組む点で，従来対応できなかった問題の解決にもつながる。インドのヒンドゥスターン・ユニリーバ社による石鹸事業はその１つの例である。

　インドのような発展途上国では，下痢は子どもの死因の１位である。下痢の原因はいくつかあるが，その１つは適切な

＊ Win-Win の関係

両者が利益を得るという意味である。ここでいうと，BOP ビジネスにおいて企業が自社の収益を確保することと，BOP 層の人々が貧困問題から抜け出すことが両立するという関係をいう。仮に，片方が不利益を被るとなると BOP ビジネスの維持ができない状況に陥る。

＊ 規模の経済（economic of scale）

一定の生産設備を使用し，生産量や生産規模を高めることによって単位当たりのコストを低減させることである。人件費や工場維持費等の固定費は生産量や生産規模に関係なく発生する費用である。そのため，大量生産を行うことで製品を安く生産することができる。コストが安くできれば，価格を低く抑えることができるようになる。価格を低くすることで，需要が増加し多売できるというのが規模の経済のメリットである。
➡第１章「日本企業の諸形態」②［1］，第２章「日本の公企業と公益事業」②［2］も参照。

予防ができていないことである。食事の前に石鹸を使って手を洗うことは，日本のような先進国では当たり前のことである。しかし，発展途上国では習慣になっていない場合が多い。そもそも，貧しい人々には石鹸を買う購買力がない場合も多い。

　このような状況の中で，ヒンドゥスターン・ユニリーバ社は，商品を小分けし，貧しい人々でも購入できる価格で石鹸を販売するBOPビジネスを展開した。このビジネスによって，貧しい人々でも低価格で石鹸を買い，手洗いをするようになった結果，子どもの健康状態が改善されるようになった。このようにヒンドゥスターン・ユニリーバ社はCSR活動ではなく，本業を通してインドの政府や援助機関が解決できなかった問題を緩和することに貢献したのである。

④　雇用機会の創出

　企業は本業を通して現地で雇用機会を創出することによって，人々の所得向上に貢献できる。ほとんどの発展途上国では，雇用機会が不足しており，出稼ぎのために出国することが一般的になっている。国内で雇用機会があれば，働きながら家族と一緒に幸せな生活を送ることが可能になる。多国籍企業によるBOPビジネスは，現地での起業，生産，販売によって，現地の人々に雇用機会を提供することができる。

⑤　女性の地位向上

　発展途上国では，女性の立場は男性に比べて弱い。ほとんどの発展途上国の女性の多くは**自家使用生産労働者**であり，組織的**就業労働者**は比較的少ない。2019年現在，南アジアにおいて15歳以上の**労働人口**の割合をみると，女性労働者の労働市場参加率は23.6％である。これに対し，男性労働者の労働市場参加率は77.1％である（World Bank, 2022, South Asia. https://genderdata.worldbank.org/regions/south-asia/　2022年6月27日アクセス）。

　BOPビジネスは，女性に就業機会を提供し，単なる家事から正式な労働市場への進出を促すことで，女性の経済的および社会的地位の向上に貢献することができる。日本企業の場合も含め，多くのBOPビジネスは，女性の労働市場への参加を促している。特に，レディ方式は女性の社会進出に貢献している。レディ方式は，現地の女性を販売員として雇用

＊自家使用生産労働者
国際労働機関（ILO）は，仕事や労働の形態によって労働を「自家使用生産労働」，「就業労働」，「無給研修生労働」，「ボランティア労働」，「その他の労働活動」の5つに区分している。自家使用生産労働者はその1つの種類である。ここで，自家使用生産労働者とは，家族の世話や日常的な仕事，そして自分で使用する財やサービスの生産活動を行う人々のことである。

＊就業労働者
前者と異なり，労働と賃金や利潤を交換できる活動を行う人々のことである。例えば，正式な市場で働き，継続的に給料を得る活動を行う人々である。

＊労働人口
国際労働機関（ILO）は，15歳から64歳までの人口を生産年齢人口であると定義している。本章で取り扱った労働人口とは，15歳以上の人々のことである。

し，顧客と緊密な信頼関係を構築しながら，製品を販売する
マーケティング手法である。

④　BOP ビジネスの成功条件

1　現地の課題に適応する事業展開

　発展途上国における BOP 市場には，BOP ビジネスの成功
に有利な要素と不利な要素の両方が存在している。まず，有
利な要素としては，労働人口が多いこと，製造にかかる人件
費が安いことなどがある。他方で，海外投資家による起業や
事業運営において厳しい規制が存在すること，インフラが十
分に整備されていないこと，といった不利な要素も存在して
いる。そのため，すべての BOP ビジネスが成功しているわ
けではない。

　BOP ビジネスの成功に最も重要な条件は，展開するビジ
ネスが現地の課題に適応しているかどうかである。

　まず，BOP ビジネスに取り組む企業は，自社の製品・
サービスを利用することで，BOP 層が抱えている問題を克
服できるようにする必要がある。

　次に，BOP ビジネスに取り組む企業は，現地の人々が購
入できる価格で商品を販売することが必要である。いくら優
れた商品を開発しても，現地の人々が購入できなければ，ビ
ジネスとして成立しない。そのため，BOP ビジネスに取り
組む企業は，彼らの購買力に適応させることに力を入れるこ
とが必要である。

2　安定した市場

　BOP ビジネスの成功のために，BOP ビジネスに取り組む
企業が選定した市場は**安定した市場**[*]でなければならない。市
場が安定していなければ，継続的に商品を提供することはで
きない。その結果，企業は安定した収益の確保ができなくな
り運営が困難な状況に陥る。このような状況に陥ると，
BOP ビジネスに取り組んでいる企業は，ビジネスを中断す
るか，あるいは現地市場から撤退することになる。つまり，
安定していない市場において，ビジネスが成功することは困
難である。

3　競争優位性の構築

　一般に，市場に新規参入が生じると，消費者の選択肢が増

＊**安定した市場**
BOP 市場はいつ何が起こ
るのかがわからない「不安
定な市場」である。例え
ば，BOP 市場では頻繁に，
規制強化，紛争，政治的不
安定等が企業の日常的な業
務の妨げとなる。これらの
出来事が少ない市場は「安
定した市場」であるといえ
よう。

えることになり，既存企業が今まで得ていた収益は低下する。そのため，既存企業は，新規参入企業との競争を激化させていく。これに対し，新規参入企業も価格や販売方法等で既存企業に対抗する。BOP ビジネスの場合でも同じことがいえる。ポーター（Porter, M. E.）は，新規参入企業にとってコストの削減，差別化，初期投資，流通チャンネル，転換コスト，規制や補助金による不利等 6 つの障壁があると指摘している（Porter, M. E., *Competitive strategy: Techniques for analyzing industries and competitors*, Free Press, 1980, pp. 7-13）。つまり，新規に BOP ビジネスに取り組む企業はこのような障壁を克服し，**競争優位性**＊を確立できなければ BOP ビジネスの持続は困難になる。ポーターはこれらの障壁を克服し，競争優位性を獲得するために，次のような 3 つの戦略を挙げている。

第 1 の戦略は「生産コストの削減」である。生産コストを削減するために，一定の設備や原材料を最大限に活用し，大量生産を実現しなければならない。大量生産によって商品の生産コストを最小限に抑え，他社よりも安価に提供することが可能となる。その結果，企業は収益を拡大しながら，他社との競争力を高めることができる。

第 2 の戦略は「独自性の確保」である。独自性とは，顧客と自社の双方にメリットを提供し，他社の商品にはない要素のことである。独自性を確保するためには，商品は同じでも異なる機能や性能を付け加えることが必要となる。他社が簡単に模倣できない新たな自社商品を開発することも独自性を確保する方法である。

第 3 の戦略は「マーケティング」である。マーケティングは，企業と顧客の相互理解を得ながら市場を創造する相互的活動である。マーケティング力が高ければ高いほど企業の競争力も高くなる。

現代社会ではマーケティングの主な媒体はテレビ，新聞およびソーシャルメディアである。しかし，BOP 層の多くはこれらの媒体へのアクセスの機会が乏しい状況にある。企業が，BOP 層のニーズに合った商品の開発をできたとしても，BOP 層がその商品について知ることがなければ購入することができない。つまり，多くの BOP 層に買ってもらうために，多くの BOP 層に商品について知ってもらう必要がある。このようにマーケティング戦略によって，初めて，商品

＊**競争優位性**
他社と競争することができる力をもつことである。競争の激しい市場において他社に打ち勝つことができなければビジネスが生き残ることが難しい。他社に打ち勝つために，自社商品は他社と比較する際に，低価格，異なる機能，良質，使いやすい商品でなければならない。つまり，他社と比較して有利な商品でなければ顧客が他社に流れて自社の売上を維持することができない。

の販売が可能となり，自社の競争力を高めることができる。

［4］　インフラ整備の状況

　インフラの整備状況によって，ビジネスの成功は左右される。BOP 市場では，ビジネスの成功の基盤となるインフラ（例えば，電力，通信，道路）の整備は乏しい状況にある。そのため，BOP ビジネスに取り組む企業は，現地のインフラストラクチャーの状況を把握し，それに適合する戦略を立てる必要がある。なぜならば，生産に必要な設備の状況，エネルギーや原材料の入手可能性，販路確立の状況，連絡手段の状況などがビジネスの成功に大きく反映されるからである。

［5］　多様なセクターとの協力

　BOP 市場でビジネスを成功させるためには，BOP ビジネスに取り組む企業の努力だけでは足りない。そのため，BOP ビジネスの初期段階に必要となる資金調達，生産過程，マーケティング，流通といった**バリューチェーン**[＊]全体を通して多様なセクターとの協力が必要となる。このような問題に適応するために，資金調達および支援を行っている国際機関，例えば，世界銀行，アジア開発銀行および国際協力機構（JICA）などと協力すればインフラ整備が促されると考えられる。

　さらに，現地で活躍している NGO との連携も BOP ビジネスの成功につながる。NGO との連携によって，主に次の2つのことを獲得することができる。第1は，NGO との連携によって現地市場の情報を獲得することができることである。これによって，現地のニーズを把握し，BOP 層のニーズに合った商品の開発ができる。

　第2は，商品の普及に役立つことである。NGO はすでに現地の BOP 層と密接な関係をもっているため，その関係を活用することで，商品の普及につなげることができる。

　このように多様なセクターとの協力によって，BOP ビジネスの成功に必要な条件を満たすことができる。例えばインフラの整備，資金調達，補助金の獲得，情報の獲得，および現地の人々との信頼関係の構築などである。

＊バリューチェーン
➡第7章「企業の社会的責任論の変遷」❺参照。

⑤　日本企業の BOP ビジネスの現状と事例

［1］　日本企業の BOP ビジネスの現状

　BOP ビジネスに取り組む日本企業は欧米企業と比べて少ない。BOP ビジネスが紹介されはじめた2002年当初は，主に欧米企業の BOP ビジネスが取り上げられた。日本においては，経済産業省が2010年10月に「BOP ビジネス支援センター」を設立し，日本企業による BOP ビジネスへの関心が高まるようになった。

　一方，企業が自己資金で BOP ビジネスに参入することはリスクが高いとされ，BOP ビジネスの初期段階には官民連携により資金が求められるようになった。日本においては，JICA が2010年から BOP ビジネス連携促進に向けての準備調査を開始した。JICA は発展途上国の BOP 市場の調査を行い，BOP ビジネスを推進そして普及させることに貢献している。

　日本企業による BOP ビジネスは，すでに成功しているものもあれば，検討中のビジネスも多く存在する。日本企業による BOP ビジネスは，主にアジア諸国とアフリカの一部の地域にみられる。ビジネス分野からみると，農村開発，農業，衛生，教育，保健医療，資源・エネルギーのような分野に取り組んでいる。

　世界各地では，日本人や日本製品に対する信頼度が高く，日本企業に有利な面は多くあるといわれている。この有利な面が，日本企業による BOP ビジネスの成功につながると考えられる。

　日本企業による BOP ビジネスへの取り組みには，日本企業にとって次のような2つの有利な点がある。1つ目は，BOP 市場で事業拡大ができることである。2つ目は，低賃金で人々を雇用できることである。低コストで大量生産し，事業拡大できることは BOP ビジネスの成功につながりやすいといえる。

［2］　日本企業の BOP ビジネスの事例

　日本企業は，様々な国および地域で企業独自にあるいは現地パートナーや国際機関と連携し，様々な BOP ビジネスを行ってきた。例えば，バングラデシュにおける雪国まいたけ，住友化学によるマラリアを予防する蚊帳「オリセット

ネット」，日本ポリグルによる水質浄化剤，三洋電機による太陽光で充電する「ローラーランタン」，ヤマハ発動機による灌漑事業，ヤクルトおよび味の素の海外事業，エフ・ウェーブによる IT サービスなどが代表的な成功例である。ここでは，『日本企業の BOP ビジネス』で取り上げられた雪国まいたけ，住友化学，ヤクルトの３つの事例を紹介する（BOP ビジネス研究会『日本企業の BOP ビジネス』日本能率協会マネジメントセンター，2011年，146-165頁）。

(1) 雪国まいたけ

グラミン雪国まいたけ（GYM）は，バングラデシュで2011年７月にムハマド・ユヌス（Muhammad Yunus）博士率いるグラミン・グループのグラミン・クリシ財団，九州大学および株式会社雪国まいたけの連携により設立された現地合弁会社である。GYM は日本の食卓においてよく消費されているもやしの原料である緑豆をバングラデシュで生産し，日本へもやしの原料を提供している企業である。GYM は独立行政法人日本貿易振興機構（JETRO），JICA，九州大学，国際農業開発基金（IFAD），バングラデシュ政府系開発機関（PKSF），グラミン・クリシ財団といった多様なセクターとの協力によって運営されている。GYM の目的はバングラデシュの農村部で雇用機会を生み出し，貧困層の生活水準の改善に貢献することである。

GYM は2012年12月時点で，もやしの原料となる緑豆を2284ヘクタール以上栽培し年間1500トンを収穫できる規模になった。雇用についても，バングラデシュの農村部で約8000人の BOP 層に雇用機会を提供していた。

しかし，2014年になると，株式会社雪国まいたけは同事業から撤退を発表した。また，日本企業である株式会社ユーグレナは，2014年10月１日付けで株式会社雪国まいたけが所有する GYM の株式を買収し，GYM は「グラミンユーグレナ」となった。グラミンユーグレナは日本の株式会社ユーグレナに緑豆を購入してもらい，収益を上げる。この収益が，グラミンユーグレナのビジネスを実現するための原資となり，現地での教育・医療・栄養改善などの分野に投資される。

(2) 住友化学

この事例は，日本の住友化学が開発した防虫蚊帳「オリセットネット*」の使用によってアフリカでマラリア予防に多

＊オリセットネット
オリセットネットは，プレトリンを構造的に改変し，つくられたペルメトリンをポリエチレン樹脂に練り込み，ペレットにし，そのペレットからできた繊維からつくられた防虫蚊帳のことである。

大な効果をあげた事例である。マラリアとは，マラリア原虫をもった蚊に刺されることで感染する病気であり，マラリアを予防するには，蚊に刺されないようにすることが第一である。蚊から守るために従来はピレトリンという殺虫成分が含まれている天然除虫菊や一般の蚊帳が使用されていた。

住友化学は，タンザニアの「A to Z 社」にオリセットネットの技術を移転し品質保証する業務に携わった。「A to Z 社」は，アフリカで防虫剤が入っていない一般の蚊帳を生産している会社である。「A to Z 社」は，アキュメン財団から資金，そして住友化学から技術提供を受け，防虫蚊帳の生産をした。

生産された防虫蚊帳は **UNICEF**[*] が全量購入し，ポピュレーション・サービス・インターナショナル（PSI）というNGO に提供した。PSI はアメリカのワシントン D. C. に本部を置く健康に関する世界最大の NGO である。PSI は2003年から本格生産をしはじめ，アフリカ全地域にオリセットネットを普及させる活動に取り組んだ。

＊ UNICEF
国際連合児童基金（本部はニューヨーク）。子どもたちの権利の実現を世界的に推進する目的で設立された国連の傘下機関である。

最初約600人でスタートした工場は，2010年時点で約7000人の人々に雇用機会を提供している。「A to Z 社」は，オリセットネットの販売によって自社の収益を確保しながら，アフリカにおけるマラリアの感染防止および現地の人々の所得向上にも貢献している。

(3)　ヤクルト

株式会社ヤクルト（ヤクルト社）のレディ方式ビジネスは，日本企業によるもう1つの BOP ビジネスの事例である。ヤクルト社は代田稔博士によって1935年に設立された日本企業である。東京に本社をもち，「乳酸菌シロタ株」が入っている乳酸菌飲料「ヤクルト」を販売している。

ヤクルトのレディ方式は，現地の女性を雇用し，販売代理店として任用する方式である。雇用された女性（ヤクルトレディと呼ばれる）は，ヤクルト社から商品を仕入れ，販売し，その販売実績によってヤクルト社から報酬を受け取る。

このレディ方式は，ヤクルト社とともにヤクルトレディ双方にとって利益のあるビジネス・モデルである。ヤクルト社にとっては，ヤクルトレディが現地の人々と密接な関係をもっているため，販路の拡大，売上向上に貢献できることがメリットである。他方，ヤクルトレディにとっては，ヤクルトの販売によって自分の所得向上ができるというメリットが

ある。つまり，ヤクルト社とヤクルトレディの間に Win-Win の関係があるということである。

　ヤクルト社の2021年度年次報告書によると，ヤクルト社は，2021年3月末時点で39ヵ国に事業展開をし，「ヤクルト」の1日平均販売本数は3056万本である。2019年3月末時点では世界で2万2000人の社員および4万6000人のヤクルトレディが働いている（Yakult, 2021, ANNUAL REPORT 2021. Yakult Honsha Co., Ltd　https://www.yakult.co.jp/english/ir/management/pdf/ar2021.pdf　2022年6月27日アクセス）。ヤクルト社自身は，もともと自社のビジネス・モデルを BOP ビジネスとは捉えていなかった。しかし，ヤクルト社は，多くの人々に雇用機会を与えながら，事業拡大を進めており，実質的な BOP ビジネスといえる。

　これらはあくまでも日本企業の代表的な BOP ビジネスの事例である。世の中には，BOP ビジネスとは呼ばれていなくても，実質的な BOP ビジネスである事業は数多く存在する。自社の収益を確保しながら BOP 層が抱える様々な課題解決に貢献する目的で行っているビジネスは，すべて BOP ビジネスであるといえよう。

（カルキ シャム クマル）

第15章

社会的課題と社会的企業

国連で持続可能な開発目標（SDGs）が策定され，貧困や雇用，環境に関する問題など，社会的課題に対して世界の人々が注目するようになった。20世紀型の企業では，社会的課題の解決と経済性の追求は別々であると捉えられていた。しかし，社会性と経済性の追求は両立できるということが多くの企業活動で実証されるようになった。本章では，社会的観点から商道徳の史的展開と技術革新の将来展望を考察していく。

1 ステークホルダー資本主義

1 渋沢栄一による経済思想

本来，企業は社会からの信頼を得なければ存続しえない。一般的に企業は投資家から出資を募り，それを用いて社会に必要とされる事業を行う。このような文脈の中で2つのステークホルダーが関与している。まずは投資家である株主，そして消費者である顧客である。少なくとも，企業は上記2者と良好な関係を維持することが必要になる。さらに現代においては，認識されるべき多様な**ステークホルダー***が存在し，従業員，取引先，地域社会，公共部門との良好な関係維持は，企業の持続可能性に大きく関与する（**資料15-1**）。

このように，企業と社会の関係は，貨幣を媒介とする経済的つながりだけではなく，様々な社会性を媒介とするつながりも意味するのである。つまり，社会における富の増大だけが企業と社会の関係を円滑にするわけではない。企業は責務として社会的課題解決を改めて考えなければならない。社会性という言葉は抽象的であるがゆえに，具体的な経営行動の局面における社会性を考察しよう。

社会性という視点から日本の多様な事業体を育て上げた**渋沢栄一***は，日本の近代工業化に多大な貢献をした。その著作『**論語と算盤**』*にもあるように，彼は道徳経済合一説を展開した。経済は道徳に適い，経済と道徳は不可分と考えていた。利益や富，それに伴う事業活動自体は，正当な方法による限り決して道徳的悪ではない。これが「なすべきことをせ

＊ステークホルダー
企業に関係する利害関係者のこと。➡第3章「株式会社の大規模化と支配・統治変化」④ 3 参照。

＊渋沢栄一（1840-1931）
幼い頃から現在の埼玉県深谷市で，家業である藍玉の製造・販売，養蚕を手伝っていた。渋沢は富岡製糸場設置主任として製糸場設立にもかかわった。民間経済人として株式会社組織による企業の創設・育成に力を入れるとともに「道徳経済合一説」を唱え，第一国立銀行をはじめ，約500もの企業にかかわった。また約600もの社会公共事業，福祉・教育機関の支援と民間外交にも熱心に取り組み，数々の功績を残した。

＊『論語と算盤』
1916年に刊行された。論語は，孔子が語った道徳観を弟子たちがまとめたものである。渋沢は論語を，実業を行う上での規範とした。

資料15‐1　企業経営と多様なステークホルダー

（出所）　新井和宏『持続可能な資本主義』ディスカヴァー，2017年，87頁の図を基に筆者作成。

よ」という積極的道徳である。そして渋沢は積極的道徳を支える基礎として，「なすべからざることをするな」という消極的道徳も説いた。渋沢は，嘘をつくべからず，自己利益を第一にすべからず，の２点を強調している。このような商道徳は自由な経済活動を妨げず，むしろ商道徳の徹底によって経済は円滑に機能するという。つまり，道徳が経済の安定と持続性に不可欠だという考えが，渋沢の経済構想の基盤となっている（渋沢栄一著／守屋淳訳『（現代語訳）論語と算盤』ちくま新書，2020年，176-181頁）。

　このように，ステークホルダー資本主義は渋沢によって100年以上前に構想されており，今になって突然出現した経済思想ではない。近年の**株主利益至上主義**[*]の過熱は，経済の破綻を招いている。粉飾決算や品質不正の常態化など，経営の見た目をよくする経営者の行動は，経済全体への不信を生じさせている。このような経済の行き詰まりから脱却するために，多くの利害関係者の利益を再認識できるステークホルダー資本主義が注目されている。ステークホルダー資本主義においても当然，利益の確保が必要である。しかし，その利得は株主のためだけのものではない。経済的利得を共有できる経済設計が求められている。そのような考え方の経済が，持続可能な資本主義であるといえよう。利益を一極に集中させるのではなく，利益共有の社会を築くのが社会的企業だ。

出世や利益追求一辺倒になりがちな資本主義の世の中を，論語に裏打ちされた商道徳で律する。そして公共や他者を優先することで，豊かな社会を築く。このような渋沢の思考が日本近代化の原点となった。

＊株主利益至上主義
企業が株主の利益極大化を第１の目的に経営されるという考え方。

＊ビジネス・ラウンドテーブル
1972年に設立され，アメリカの主要企業200のトップが会員となっている大企業の利益を代表するロビイのこと。アメリカで有名な財界ロビイの1つ。ロビイとは政府に対する圧力団体であり，国の政策決定に影響を与える。

＊ダボス会議
市場原理，自由貿易，技術革新などを共通の価値観とし，グローバル経済の発展や地球環境の保護，貧困や差別の撲滅，国際平和の推進などのために活動する非営利財団の年次大会のこと。

＊MDGs（Millennium Development Goals：ミレニアム開発目標）
2000年に開催された国連ミレニアム・サミットで採択された21世紀の国際社会の目標。貧困や飢餓の撲滅，感染症対策など8つの目標（ゴール）と，ゴールそれぞれについて具体的なターゲットを掲げ，1990年を基準年として2015年までに達成すべき数値目標を示したもの。

＊1　➡本章❹参照。

2　将来思考の経営へ

　従業員や地域社会さらに環境も重視するステークホルダー資本主義が，国際的な流行語になりつつある。2019年8月，アメリカの経営者団体**ビジネス・ラウンドテーブル**＊が，「株主第一主義」を見直し，従業員や地域社会などの利益を尊重した事業運営の可能性を指摘した。これまで「企業は株主の利益のために存在する」としてきた考え方が大転換した。さらに，2020年1月の世界経済フォーラム年次総会（**ダボス会議**＊）では，ステークホルダー資本主義が語られ，企業は顧客，従業員，地域社会，株主などあらゆるステークホルダーの役に立つ存在であるべきだとされた。この流れに沿えば，企業の評価についても，ステークホルダーの期待に応えられているかどうかが，重要な基準となっていくであろう。

　日本においても，多々起きる企業不祥事は，ステークホルダーへの不適切な対応によることが多い。消費者に適正でない品質の製品・サービスを提供したり，従業員に人手不足を理由に過重な労働を強いたり，地域の環境を無視した生産設備を建設したりと，ステークホルダーに不誠実な対応が見受けられる。一部の経営者が大きな権限をもち，公正な組織運営や資源配分がされないことも，不祥事の一因となっている。企業経営の意思決定の背後にある，短期利益追求に走る経営体質と，それを評価する手法にも大きな問題がある。

　21世紀は，持続可能な経営を実現すべく，より多様なステークホルダーを満足させる社会性が求められるようになる。さらに時間軸を100年後，200年後に延長して社会の持続可能性を考えるなら，「将来思考」を軸にした経営構築が現代企業の課題となっている。

　国連で議論されてきた**MDGs**＊に次ぐ課題として，17の目標から成るSDGs（持続可能な開発目標）＊1が多くの企業の取り組みとして実践されている。SDGsで考慮すべきことは，自分の企業が未来への共感をもっているのかという姿勢である。その方針の下で，17の目標から自社の事業力を活かして社会的課題を解決できる目標（ビジネス機会となる）が選択される。企業は，将来あるべき姿から現状をみてギャップの解消に取り組む（バックキャスティング）。17の目標から企業が守るべき事項を明確にすれば，その責任を果たすマネジメントの発想が出てくる。そして，短期思考経営は，社会軸を取り込んだ将来思考に移行する。

② 社会的企業の萌芽

1 社会変革の担い手

　コレクティブ・インパクトとは，個人の努力の限界を超えて，協働を通じて大きな社会的変化を生み出そうとするパワーである。なぜ，コレクティブ・インパクトが注目されるようになったのだろうか。そこには，これまで手をつけられなかった根本的な課題に対して，今こそ，協働によって形ある成果を出す必要があるという危機感がある。コレクティブ・インパクトについての狭義の定義は，異なるセクターから集まった重要なプレーヤーたちのグループが，特定の複雑な社会課題の解決のために，共通の**アジェンダ***に対して行う**コミットメント***である。この定義の中で特に重要なことは，関係性である。多くの人々がかかわる困難なテーマに対して，すべての関係する重要プレーヤーがお互い相補し合うこと，これがコレクティブ・インパクトの基盤となる。

　ただし，協働することだけで，複雑な問題が解決されるほど，事態は簡単ではない。ここで，考慮しなければならないことは**システム思考***である。システム思考は，緻密な分析的行動を基礎とする。しかし，分析力だけではシステム思考は起動しない。他者への愛情や共感を育んで人間らしく生きる思考がシステム思考なのである。つまり，自分の行動は，何らかの形で他者に影響を与えている。自分という存在が変化しながら誰かとともに新しい社会的パターンをつくりだせば，システム全体を変えていくような革新が広がっていく。

　このシステム思考を実態経済に反映させる要素が，共感という感情なのである。人は，本来，他者の感情を自分のことのように感じることで共感し，共感から協働が導き出される。コレクティブ・インパクトは共感という，これまでの経済的尺度では計れない新たな価値に依存している。共感は人が元来もっている感情なので，この感情を素直に発揮できるような社会が構築されなければならない。困難な社会的課題に共感する協働意識が新たなビジネスを拓く。

2 貧困問題と社会的企業

　バングラデシュで貧困者救済をビジネスとして確立したのが，ユヌス（Yunus, M.）である。ここで，ユヌスの社会的企業観を考察していこう。社会的企業への投資家の目的は，金

*アジェンダ
特に，政治・政策的な分野の検討課題，行動計画の意で用いる。例えば，アジェンダ21は，1992年に開かれた「環境と開発に関する国連会議」（UNCED，地球サミット）において採択された21世紀に向けての行動計画である。

*コミットメント
目標に対して，「責任をもつ」「約束する」という意味で用いられる表現。

*システム思考
問題となっている対象を構造をもったシステムとして捉え，問題解決を行おうとする考え方を指す。「システム思考」をすることにより，全体を複眼的な視点で，安易な解法に頼ることなく，根本的な問題解決方法を導き出すことができると考えられている。

銭的利益を得ずに他者に手を貸すことである。しかし，これはビジネスであるゆえに，持続可能でなければならない。つまり，経費を補塡できるだけの収益が生み出されなければならない。社会的企業の利益の一部はビジネス拡大に再投資され，一部が不測の事態に備えて留保される。つまり，社会的企業は社会的目標の実現に専念する「損失なし，配当なし」の企業体である。ビジネス・プラス・利他の精神がユヌスのビジネス信条である。

＊グラミン銀行（Grameen Bank）
貧困に苦しむ人々に無担保で少額の資金を融資して自立を促すバングラデシュの銀行。グラミンとはベンガル語で「村の」という意味であり，融資を受けた農村部の多くの貧しい女性たちが行商，家畜飼育，裁縫などの小規模事業をはじめ，貧困から抜け出す助けとなっている。

＊マイクロファイナンス
貧困層・低所得層を主たる対象として，極めて小口の融資や貯蓄，その他の金融サービスを，適切な費用で提供する小規模金融のこと。

彼を一躍有名にしたビジネスが**グラミン銀行**＊である。グラミン銀行は貧しい人々に無担保で少額融資を行う，**マイクロファイナンス**＊というビジネスを確立した。貧困が生まれるのは，経済制度に欠陥があり，その一例が金融機関の無機能化であった。多くの銀行は低所得者には融資できないと言い続けていて，誰もがその説明に納得していた。その結果，低所得者は高利貸しに依存してきた。グラミン銀行はこのような経済の大前提に疑問を投げかけ，貧しい人々に融資することはビジネスとして可能であり，銀行の利益となることも証明した。この世に生命を受けたすべての人々は，自立する能力のみならず，世界の福祉や平和に貢献する能力をもっている。その潜在能力を発揮できる人もいれば，経済状況によってその能力を発揮できない人も多くいる。グラミン銀行は人間のもつ創造力に期待して，マイクロファイナンスを実行に移し，資金の借り手側は借りた資金を元手に，その能力を発揮できるようになった。

つまり，貧困の問題は社会制度の欠陥に起因していた。その欠陥に注目し，貧困者への資金の供給という，従前の銀行が実行していなかったことが新たなビジネスチャンスとなった。グラミン銀行の低所得者向け融資は，グローバル経済におけるソーシャル・イノベーションとなって，世界的に波及していくこととなった。金融機関の常識を覆したグラミン銀行の新規性は，世界の貧困者の創造性を増幅させる価値を生み出すようになった。

＊ミッション
使命や役割，存在意義といった意味をもつ。ビジネスにおいては，組織や個人が社会に対して果たすべき使命や任務を意味する。

3 社会的企業の経営原理と類型

社会的企業は主に３つの要件を満たす事業体である。
第１の要件は社会性である。ローカルあるいはグローバルな視点で，解決が求められる社会的課題に取り組むことを**ミッション**＊とすることが社会性である。社会的企業は，それ

資料15-2　社会的企業の基本形態

非営利組織形態	事業型 NPO 法人，社会福祉法人	
	中間法人，協同組合	
営利組織形態	株式会社	社会志向型企業
		企業の社会的責任

（出所）谷本寛治『ソーシャル・エンタープライズ—社
会的企業の台頭—』中央経済社，2006年，7頁の
表を基に筆者作成。

ぞれの領域でどのような社会をつくりあげていくのかという
ビジョンをもつ必要がある。そのビジョンに向かって，社会
変革していくことが第1の要件となる。

　第2の要件は事業性である。それは，上記の社会的ミッ
ションは明確なビジネスの形に表現され，継続的に事業を進
めていくことが事業性である。社会的企業の事業はボラン
ティアではないので，ビジネスを遂行するためのマネジメン
ト力が必要になる。特に，社会とのコミュニケーション力，
サービスの開発力，マーケティング力については一般の企業
と同等以上の資質が必要になる。事業を継続していくには，
資金の獲得，事業支出や活動に関するアカウンタビリティ
（説明責任）も求められる。

　第3の要件は革新性である。一般の企業ができない領域，
そして，公共サービスができない領域に介入するチャレンジ
が社会的企業の役割である。そのチャレンジにおいて，新し
い社会的な商品やサービスの開発，それらを市場に普及させ
るための新しい仕組みづくりが重要になる。ソーシャル・ビ
ジネスを通じて，新たな社会的価値を生み出し，これまでの
社会経済システムを変革していくことが社会的企業の存在意
義となる。

　社会的企業の形態は**非営利組織（NPO）**と営利組織の2つ
に分けることができる。非営利組織の一例として，有償で社
会的事業を行なう事業型 NPO がある。伝統的慈善型 NPO
がチャリティと博愛主義に依存しているのに対し，事業型
NPO は，事業収益を基盤として，効率性重視で経営されて
いる。NPO は，特定非営利活動法人を意味するが，社会福
祉法人等の社会的事業も非営利組織に含まれる。営利と非営
利の中間には，中間法人，**協同組合**がある。イギリスでは，
1980年以降，小さな政府化や不況により，低所得や公共サー

＊非営利組織（Non-Profit Organization）
政府とは別組織で公的な役割を担い，営利を目的としない，市民の自発的な活動団体をいう。NPO に法人格を与え，活動を法的に保証する特定非営利活動促進法（NPO 法）が1998年に制定された。

＊協同組合
経済的地位の弱小な農家，中小商工業者，消費者大衆などが，自己の経済的利益を維持，改善するため，互助の精神にたって，物資や用役の購買，生産，加工，販売，金融の一部または全部を協同で営む組合組織をいう。

*2　イギリスでは，障がい者に雇用機会を与えることを目的とする事業体としてソーシャル・ファームという形態がある。さらに，従業員によって所有，管理される事業体で，従業員が会社を買い取って設立するワーカーズ・コレクティブというスタイルがある。そして，労働市場で不利な立場におかれ，排除された人々を職業訓練し，一般の労働市場へ戻れるように支援する媒介的労働市場会社がある。

*石門心学
江戸中期の石田梅岩を開祖とする実践哲学で，近世町人の日常の生活体験を基礎にして神道・儒教・仏教の三教や老荘思想をも取り入れて，人間の本性を探究しようとする人生哲学。近世庶民の生み出した倫理的自覚の学である。

ビスの低下が問題となった。このような社会的な危機を回避するため，ワーカーズ・コレクティブ，ソーシャル・ファーム，媒介的労働市場会社が形成されてきた[*2]。一方，営利組織は，企業形態で運営されている。これは，社会志向型企業と呼ばれている。より具体的には株式会社等によるソーシャル・ベンチャーがここに含まれる。純粋な一般企業による社会的課題への取り組みはCSR事業に位置づけられる（**資料15-2**）。

　このように，社会的企業は，非営利的な経営原理で成立するとともに，営利的な目的で成立する場合もある。

③　社会的思考の潮流

1　商売に純粋に取り組む社会的思考

　1685年に京都で生を受けた思想家・石田梅岩の商人道に関する一連の考え方が**石門心学**[*]である。彼が生きた時代は江戸時代の前中期，元禄から享保にかけての時代であった。徳川5代将軍・綱吉の時代を中心に，元禄時代はバブル景気の時代で，徳川吉宗が享保の改革に乗り出したのが1716年であった。この時代の商人たちは，現代の経済状況と同様に，不透明な先行きを憂い，自信を喪失し，どのように道を切り開いていくかという確固たる指針を求めていたのである。このような時代背景の中で登場したのが石田梅岩とその門下生が拓いた石門心学であった。

　江戸時代は武士を中心とした社会構造となっており，金銭を扱い，経済を担う商人は，卑しい存在とされてきた。石田梅岩はそうした時代の偏見に対して立ち向かい，商業行為の正当性を主張したのである。正当な経済行為の結果としてもたらされる富を儲けることは，何ら恥じることはないという考え方が石門心学の原点である。ただし，商人の利得は「正直」な行いによって得るものでなければならないという考え方が付け加えられている。「正直」に儲けること，そして，儲けたお金を社会へ還元すること，それらが経済人としての商人が本来なすべき役割である。「正直」に儲けることが，商人が果たすべき義務や責務であるという考え方は，社会の中での商人の役割そして，拠り所を新たに明確にしたといえるだろう。

　石門心学が町人哲学として成立しえたのは，その最終的な結論が『都鄙問答』で語られた「私利私欲を慎みつつ，自身

の仕事に励むこと」という単純ではあるが，商いを生業とする人にとっての行動規範が明確にされたからである。具体的には，商人は，余りあるものと足りないものの交換，つまり，流通を一手に担うものであり，商人の存在の本源的理由はそこにあるとされる。そして，流通を担う商人は，金銭の計算に関して厳密であらねばならず，決して一銭も無駄にしてはならないという倹約の思想が生まれた。この倹約は私欲から発するものではなく，世の人々に商業を通じて，最大限の貢献をすることに起因している。つまり，倹約は「正直」に商いを行うことの根本であり，その倹約によって，買い手は商業の恩恵を受けることになるのである。

　次に，石田梅岩のもう1つの代表作『斉家論』における道徳的哲学について考察していこう。石田梅岩は，その思想の根底に揺らぐことのない**性善説**を据えていて，心が本来の姿を取り戻しさえすれば，人は疑いもなく善人となりうると主張している。本来，善であった心が病んでしまうのは，名聞，利欲，色欲などに影響されるからだとされている。『斉家論』では，名誉欲，物欲，金銭欲，色欲によって問題を抱えるのであれば，つまり心が正常に機能しないのであれば，これらの心の乱れを排斥するように，日常から注意を払うことが「修養」である。この心学的修養の積極的姿勢を表すものとして，「正直」という言葉が出てくる。

　商業によって世間の人々を喜ばせることは一種の欲ではあるが，「名聞利欲を離るべし」という思想から考えて，「正直」である心は，世間の人々を喜ばせ，私欲を払拭した状態で生まれるという正常な商人の心なのである。つまり，このような考え方の根本には，利他の精神が包含されている。

　外的な状況や環境変化によって人の心は乱れるが，商人道を究めるためには，決して乱されない善の精神，すなわち「正直」な心を維持するということが『斉家論』の命題なのである。さらに，周囲を照らす，具体的には激励し，向上心をもたせるような心を得るように修養に励むことが石門心学の論じる社会性なのである。

　石門心学は心学であるがゆえに，人の心の安定性に言及している。その安定性は，私利私欲に踊らされない確固たる精神修養に委ねられている。その修養は，「正直」という言葉で表現されている。この「正直」の精神は，社会のために貢献する商人の心構えを支えており，江戸時代にこのような考

＊性善説
人間の本性を善とみる説。中国，戦国時代の儒者である孟子が説いた理論である。彼の性善説は，仁義礼智という儒家的価値観による徳目の萌芽が人間自然の本性として内在していることをいうものであった。

え方を普及させた石門心学の先進性は，日本における社会的企業論の萌芽であるといえよう。社会が求めるものを正直な経営で提供すること，これこそが社会的企業の拠り所となる経営思想である。当たり前のようで，しっかりできない心として欲が出る。しかし，多様な欲望を抑えて，商売人としてはフラットな心で，商いを熱すことこそ，社会的企業の根本的な経営思想となる。

2　社会的関係性を紡ぐ IoT

　経済的な活動を主導しているのは，従前の考え方では，市場と政府である。現代経済においては特に，コモンズというもう1つの別の社会的機構が存在していることを意識しなくてはならない。このコモンズは，制度化された自主管理活動の場となっている。自主統治のコモンズは，慈善団体，学校，病院，共同組合など，**シビル・ソサエティ**[*]の基盤となった。このようなコモンズは，金銭上の価値ではなく，社会的な価値を追求することから，**ソーシャルコモンズ**[*]と呼ばれるようになった。資本主義市場は，私利の追求に基づいており，物質的な利益をその原動力としている。一方，ソーシャルコモンズは，協働型の利益に動機づけられ，他者と結びついて，価値を分かち合いたいという欲求を原動力としている。

　現代経済において，ソーシャルコモンズは，グローバルなテクノロジー・プラットフォームの進展によって，情報やモノをシェアすることを促進させている。ソーシャルコモンズの活動が IoT（Internet of Things）という基盤で活性化されるようになった。IoT とは，コンピュータなどの情報・通信機器だけでなく，世の中に存在する様々な物体（モノ）に通信機能をもたせ，そこから，インターネットに接続し，相互に通信することにより，自動認識や自動制御，遠隔計測などを行うことを可能にする社会的基盤である。自動車の位置情報をリアルタイムに集約して渋滞情報を配信するシステムや，人間の検針員に代わって電力メーターが電力会社と通信して電力使用量を申告するスマートメーター，大型の機械などにセンサーと通信機能を内蔵して稼働状況や故障箇所，交換の必要な部品などを製造元がリアルタイムに把握できるシステムなどが考案されている。

　IoT は，ソーシャルコモンズでの協働を促し，その相乗効

＊シビル・ソサエティ
現代では，NGO・NPO，政策研究所，財団，組合等，民間の非営利組織が，平和・環境・人権といった公的領域で大きな役割を果たすようになっている。こうした民間組織が公共を担う社会をシビル・ソサエティという。

＊ソーシャルコモンズ
「コモン（common）」には共通，共有の意味がある。そして，コモンズとは近代以前のイギリスで，共同牧草地の管理を住民が自治的に管理してきた制度のことを呼ぶ。ソーシャルコモンズは，社会的に共有できる制度や共有領域を意味する。特に重要なソーシャルコモンズは地球環境である。

果を波及させやすくしている理想的なテクノロジーとなった。IoT の設計によって，水平型のピア・プロダクション，つまり対等な人同士よる協働生産やマスコラボレーションが可能になっている。そして，ユニバーサルアクセス，つまり，誰もが，同時にインターネットを利用して情報を得ることができる世界が構築されている。IoT によって，世界中の人々がネットワーク上で，対等な関係で通信することにより，新たな経済的機会を共創できるようになった。企業が社会とのつながりに価値を見出す経営においては，企業がソーシャルコモンズの一員となるとともに，IoT の基盤に常時接続することで，その存在価値を発揮していくことが可能になる。IoT を活かして，多様な社会的課題に取り組む企業が現代社会の主役となる。

④ SDGs と企業の責任

1 誰もが取り残されない社会

2015年の国連「持続可能な開発サミット」で，世界を変革する持続可能な開発を可能にする2030アジェンダが採択された。このアジェンダは，人間および地球の繁栄のための行動指針である。これはまた，自由な社会における永続的な平和を推進する内容を含んでいる。そして，多様な側面の貧困を撲滅することが地球規模の課題であり，持続可能な開発のための不可欠な必要条件である。すべての国家およびすべてのステークホルダーは，協働的なパートナーシップの下，この計画に賛同し，実行することが期待される。人類を貧困の恐怖から解き放ち，地球を癒やし，社会的安全を実現することは社会的企業の責務でもある。世界を持続的かつ強靱（レジリエント）な道筋に移行させるための協働が，変革的な手段として機能しなくてはならない。この協働の過程において，誰一人取り残さないことが目標となる。17の持続可能な開発のための目標（SDGs）と，169のターゲットは，新しく普遍的なアジェンダの影響力と方向性を示している。これらの目標とターゲットは，ミレニアム開発目標（MDGs）を基にして，ミレニアム開発目標が達成できなかったことを含んでいる。169のターゲットは，すべての人々の人権を守り，ジェンダー平等とすべての女性のエンパワーメントを達成することも目指している。以上の課題は複合的に絡み合っていて，不可分の内容である。持続可能な開発は以下の３側面で評価

するように設計されている。すなわち経済，社会および環境の３側面が調和できるような成果が2030年までの世界的な課題になっている（国際連合広報センター「2030アジェンダ」2022年６月４日アクセス）。

２　経済活動と SDGs

近年，経済成長も極めて不均衡になっている。2017年には世界人口の最も裕福な１％の所有する資産が世界全体の資産の約33％に相当するなど，主に富の集中によって，富と所得の格差が多くの国でかつてないほど拡大している。一方，最も貧しい25％の層の資産シェアはわずか10％に過ぎない。なお，これらの間に位置する中間層（主に西ヨーロッパとアメリカの中間層）の所得の伸びは，多めに見積もっても低迷している。大規模資本の市場介入は，不平等を拡大し富と権力のさらなる集中をもたらすなど，人口ピラミッドの底辺層の多くの人々の経済的状況を悪化させるのではないかとの懸念がある。さらに，労働市場における男女間の不平等は，ジェンダー平等や女性の**エンパワーメント**[*]の促進を抑制するものである。所得，富そしてジェンダー間の不平等は，幼児期の質の高い栄養の摂取を困難にし，教育や医療への不平等なアクセスを拡大する。そのような社会的格差は機会の不平等につながり，その格差は結果として次の世代に引き継がれていく。不平等は，富や質の高い教育・スキルへの排他的アクセスを受け継ぐことで，とめどなく永続的なものとなりうる。高水準の不平等は，社会厚生の観点から困難な問題を引き起こすだけでなく，長期的な経済成長を低下させ，その成長をより脆弱なものにもする（国際連合広報センター「未来は今：持続可能な開発を達成するための科学〈抄訳版〉」2022年６月４日アクセス）。経済は，安心できる暮らしの実現によって盤石になる。

＊エンパワーメント
個人や組織が本来もっている潜在能力を引き出し，湧き出させることを意味している。

⑤　社会と企業の未来像：Society5.0

１　人間が豊かになる社会へ

サイバー空間（仮想空間）とフィジカル空間（現実空間）を高度に融合させるシステムにより，経済発展と社会的課題の解決を両立する，人間中心の社会が Society 5.0 である。これまでの情報化社会（Society 4.0）では知識や情報が共有されず，分野横断的な連携が不十分であるという問題があっ

た。人が行う能力に限界があるため，あふれる情報から必要
な情報をみつけて分析する作業の負担や，年齢や障がいなど
による労働や行動範囲に制約があった。また，少子高齢化や
地方の過疎化などの課題に対して様々な制約があり，十分に
対応することが困難であった。Society 5.0で実現する社会
は，IoT ですべての人とモノがつながり，様々な知識や情報
が共有され，今までにない新たな価値を生み出すことで，こ
れらの課題や困難を克服できるようになる。また，人工知能
（AI）により，必要な情報が必要なときに提供されるように
なり，ロボットや自動走行車などの技術で，少子高齢化，地
方の過疎化，貧富の格差などの課題が克服される。社会の変
革（イノベーション[*]を通じて，これまでの閉塞感を打破し，
希望のもてる社会，世代を超えて互いに尊重し合える社会が
実現される（内閣府「Society 5.0」2022年6月4日アクセス）。

*イノベーション
➡第12章「企業の競争戦
略」❸ 1 参照。

2　Human Co-becoming

　Society5.0が目指す社会はどのような社会なのだろうか。
IoT やビッグデータ[*]，AI など，人間の力を凌駕するテクノ
ロジーが支配する社会が到来している。そこで人間本来の存
在について考えてみよう。人間であることそれは，Human
Being と表現できる。しかし人間は他者との関係性なくして
は存在しえない。つまり，人間は他人とともに人間となると
いう Human Co-becoming が現実的な概念である（日立東大
ラボ『Society5.0―人間中心の超スマート社会』日本経済新聞社出
版，2021年，245頁）。Human Co-becoming において，他者を
いかにして知るのかということが，これまでの社会で忘れら
れていた。真に他人のことを知るという段階では，お互いの
考えを分かち合う親密さが必要である。他人を知るというこ
とは，その他人と親密に触れ合うことを意味している。つま
り，他人と何かを分かち合う共感がその時点で生まれるので
ある。Human Co-becoming は，ケイパビリティ（現実世界
で何ができるのかという概念）や社会のモビリティ（人の流動
性・移動性）と連動しているので，Society5.0における社会変
革は他人とともに豊かな社会を構築する上で新たな選択肢と
なりうる。

*ビッグデータ
様々な種類や形式のデータ
を含む巨大なデータ群のこ
と。「量」「種類」「入出力
や処理の速度」の3つの側
面がある。

（井上善博）

第16章

日本の長寿企業

2008年に勃発したリーマンショックに始まる金融危機は短期的な収益を追求するアングロサクソン型経営の問題点を如実に現した。この出来事は企業経営におけるサステナビリティ（持続可能性）の重要性を強く認識させるきっかけとなった。このサステナビリティ経営を実現している存在として「長寿企業」がある。本章では主にサステナビリティ経営の意義，日本の長寿企業の特徴と事例，日米の長寿企業の比較という観点から検討する。

① サステナビリティ戦略と長寿企業

1 サステナビリティ戦略

2008年に勃発したアメリカ発の金融危機は短期間の収益を目指す20社あまりの金融関連企業が全世界に対して大きな損害をもたらした。その根底にあった株主至上主義の弊害は現代の企業社会の基盤を揺るがす深刻な問題として認識され，それらと関連する様々な課題を解決するための制度的な改革も余儀なくされた。

一方で，このように短期収益をひたすら目指す経営ではなく，企業の永続的な経営を可能にするサステナビリティ経営と，その具体的な実践に対する関心が高まっている。ここでいうサステナビリティという用語は，1984年に国連によって創設された WCED（World Commission on Environment and Development，環境と開発に関する世界委員会）に由来する。この国連組織が，1987年に出した最終報告書のタイトルが「持続可能な開発（Sustainable Development）」であった。同報告書の主な内容は，現世代が石油・石炭・天然ガス・金属などの資源を無制限に使用してしまうと，次世代の経済的な発展が望めなくなるため，今後の持続的な発展が可能なリサイクル社会の構築が必要であることが強調されている。

300年以上前にサステナビリティ思考を実践していたのが日本の近江商人であった。近江商人の経営理念は「三方よし」という言葉で表される。「日本生え抜きのCSR」といわれているこの「三方よし」の経営理念は，CSRという意味

*三方よし
近江商人の経営哲学の1つとして知られている。「三方」とは，売り手，買い手，世間を指し，商売によって，売り手と買い手だけでなく，社会全体の利益になることが望まれるということを表している。

より，企業の社会の一員としての役割や責任を強調する「企業市民」の意味に近いのではないかと思われる。「**持下り商い**[*]」や「**諸国産物廻し**[*]」は売り手よし，買い手よしを実現する商売方法として定着し，商売からの余沢が「世間よし」を生み出す大きな要因になったのである。

　さらに，近年日本においても，国連が主導している**SDGs**[*]（持続可能な開発目標）の動向は，単なるスローガンだけではなく，国家，自治体，企業などのレベルにおいても持続的な発展を可能にする具体的な目標が要求される次元まで至っている。筆者の所属する日本マネジメント学会の第86回全国研究発表大会（2022年）では「SDGs時代のマネジメント」を統一論題とし，SDGsを専門にしている日中韓の研究者だけでなく，日本と韓国の経営トップも参加する国際色豊かな研究大会となった。こうしたサステナビリティに対する高い関心は，それがすべての人類が直面している緊急な課題であることを裏づけている。

　一方で，2019年後半から発生した新型コロナウイルスは，私たちの予想を上回る勢いで拡大し，誰もが予測できなかった事態となり，これらの影響を受け，実に数多くの企業が倒産に追い込まれた。この倒産の主な理由は，緊急事態宣言によって人々の動きが止まった結果であった。このような経済状況の急激な変化が生じると，大企業に比べて相対的に資金繰りの厳しい中小・零細企業が先に倒産に追い込まれている。実際に総務省が毎年発行している『事業所・企業統計調査』によると，1990年代後半以降，開業率（事業所数ベース）は年平均4％程度で低迷する一方，廃業率は年平均4〜6％程度となっており，この統計からは廃業率が開業率を上回っている日本の厳しい現実が明らかとなっている（総務省HP https://www.stat.go.jp/　2022年11月25日アクセス）。

　このような近年の経営環境の急激な変化がみられる中，「サステナビリティ経営」が注目され，企業が長年培ってきた経営理念に対する関心が高まっている。

　ここでは「日本の企業はなぜ100年以上存続するのか」という要因の1つとして，「サステナビリティ戦略」について注目する。特に，経営上定期的に訪れる危機に備える「長寿企業」に必要とされる「リスクマネジメント能力」についても触れる。

＊持下り商い

近江商人が行った行商の一形態のことをいう。「持ち下り」という意味は，江戸時代には関西が商売の中心地であったため，そこから関東へ移動する，すなわち方向性を示すものであった。

＊諸国産物廻し

近江商人が行った商い方法の1つである。これは商いによって資本が蓄積されると，出店を行うが，そこが商品の輸送や保管所の役割を果たす。このように出来上がった出店間のネットワークを通して日本各地における商品の需要と供給の調整が可能になっていた。

＊SDGs

➡第15章「社会的課題と社会的企業」④参照。

2   長寿企業の意義

　「長寿企業」はいかなる特徴をもっているのであろうか。「長寿企業」の定義は，研究者によって様々である。さらに，「長寿企業」という表現のほかに「老舗企業」，「100周年企業」ともいわれている（前川洋一郎・末包厚喜編著『老舗学』同文舘，2011年）。「老舗」は「しにせ」と発音したり，あるいは「ろうほ」と読んだりもする。そして，地域が個性的かつ永続的に発展していくためには，地域の再生産の主体である「地域企業」が存在することと，「それが永続すること」という2つの条件が不可欠であるということを理由として「地域百年企業」と呼ぶ場合もある（松井一郎『地域百年企業』公人の友社，1998年）。

　このように，古い歴史を有する企業に対する共通の定義は確定されず様々に呼称されているのが実情である。とりわけ「どれくらい長い（古い）のか」という基準は，業種別により異なる。長寿企業は，業種によってその加齢を規定することが困難な場合がある。例えば，長寿企業としてよく取り上げられる旅館業の場合は，数百年を超える企業が数多く存在している。しかし，IT関連企業などのようなハイテク産業では10年という加齢を超える企業は数少ない。**イノベーション**の発展と収束が短期間に入れ替わる業界の特性が企業の存続に影響している。このように，業種によって長寿企業の加齢を規定することは非常に難しい。

　一方で，長寿企業の定義を「創業30年以上事業を行う企業」と規定する場合もある。これは「企業の寿命30年説」ともいわれるものである（足立政男『老舗の家訓と企業経営』広池学園出版部，1974年）。『日経ビジネス』が1980年代前半に「企業は永続するか」という特集を掲載したことがこの議論の出発点といわれている。そのタイトルの世間へのインパクトから，特に根拠のないまま「企業寿命30年説」が世に独り歩きした。これはあくまでも企業が創業してから30年が経過すると廃業に追い込まれるのではないかという仮説に過ぎない。換言すれば，創業してから30年以内に様々な経営危機にさらされて倒産を迎える企業の割合が非常に高いという現実を表現したものとしても理解される。人の一世代の基準となっていた30年の間には，企業状態が衰退に陥りやすくなる傾向があることを裏づけている（沼上幹『組織戦略の考え方』筑摩書房，2003年）。

＊イノベーション
➡第12章「企業の競争戦略」❸1参照。

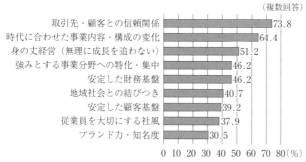

資料16-1　100年以上事業を継続できた理由（複数回答）

（出所）　帝国データバンク HP「100年以上にわたり事業を継続した理由」
（https://www.tdb.co.jp/index.html），2022年5月26日アクセス。

　では100年以上事業を継続している企業の特徴には何があるのか。**資料16-1**には「100年以上にわたり事業を継続した理由」を順位別に列挙している。帝国データバンクが発表した2022年5月の資料によれば，「取引先・顧客との信頼関係（73.8%）」が最も高い割合を占めていることがわかる。続いて2位「時代に合わせた事業内容・構成の変化（64.4%）」，3位「身の丈経営（51.2%）」，4位「強みとする事業分野への特化・集中（46.2）」と「安定した財務基盤（46.2%）」という順になっている。

　次に，長寿企業の基準を創業100年として規定する場合，どのような実態となっているのだろうか。日本の企業全体の中で創業100年を超える長寿企業の「出現率」をみると，2.54%を占めていることがわかる。該当する企業数としては2022年8月の時点で4万409社となり，初めて4万社を超えていることが確認できた（帝国データバンク，2022年）。さらに，都道府県別にみると，旅館業など観光資源が多い京都府がトップ（5.15%）を占めている。続いて2位が山形県（4.98%），3位新潟県（4.81%），4位福井県（4.51%）という順となり，日本海側の地域が上位を占めいている興味深い結果となっている。

② 日本の長寿企業の特徴

　日本の長寿企業にとって，事業の継続にあたって難しい理由として上げられているのが，中小企業形態ゆえの課題である。中小・零細企業の場合，経営環境の急激な変化にさらされた場合，経営危機に陥る可能性が非常に高い。さらに，創

＊社訓
社員全体が従うべき行動指針や行動規範などを表す言葉のこと。主に創業者や功績を成し遂げた人物によって作成されるのが一般的である。

＊社是
社訓と混同される場合が多い。経営理念をベースとしたものであるが、「誠実」「努力」「熱意」などのように社員が理解しやすい短い表現にするのが一般的である。

＊家訓
家代々に伝わっている守るべき戒めや教えを表す用語。古くから「家憲」「家法」「遺訓」ともいわれ、中国の文明や文化が移植されたものとして認識されている。

＊顔氏家訓
中国の顔之推によって作成されたとされている家訓のこと。自らの体験をベースとしたものとして知られている。家族の道徳を重視する思想であり、教養・学問・思想・信仰などについて詳細に記述されているのが特徴である。

業した1代目で事業が終わるのではなく、彼らの子孫や後継者によって事業承継が行われる場合、様々な問題が潜んでいる。例えば、経営者としての経営教育は避けて通れない重大な課題である。

そこで、数多くの経営危機を乗り越え、長い年月を耐えてきた長寿企業にみられる特徴として、以下のような点が挙げられる。

例えば、その特徴の1つが信用を重んじる**社訓**＊や**社是**＊である。実際に、社会と経済の変動が少なった江戸時代には、「のれんが古い」と信用が厚く、先祖代々から家業を維持していた企業は、社会から重んじられていた。日本最古の**家訓**＊としては、奈良時代に作成された「私教類聚（しきょうるいじゅう）」がある。これは中国南斉の「**顔氏家訓**＊」に範をとったものとして知られている（前川洋一郎・末包厚喜編著『老舗学』同文舘、2011年）。こうした社訓や社是は現代社会では経営理念の1つとして認識されている。日本には経営理念として古くから「家憲」「家訓」「家法」「遺訓」などがあった（森淳一「老舗の経営理念」『同志社商学』同志社大学、1991年、625-658頁）。これらは為政者によって制定された「法令」、武家の領国統治のための「家法」、そして一族の存続のための「家訓」など様々な形で残されている。

ここでは日本最古の企業である金剛組を紹介する。同社は西暦578に創業した会社として知られている。業務内容は、社寺建築の設計・施工・文化財建造物の復元、修理等である。**資料16−2**は金剛組の社訓である。

同資料からわかるように、同社の社訓は宗教的な教示に基づいて作成されたといわれている。この企業の事業の始まりが聖徳太子の命を受け、四天王寺の建設に携わったという時代背景をベースとしている。当時外交的に友好な関係にあった百済から3人の工匠が招待され、その中の一人の氏名が金剛重光であったことが社名の元となったという。

長寿企業の2つ目の特徴は、リスクマネジメント意識の徹底である。（曽根秀一「リスクマネジメントとしての長寿企業の経営：金剛組を中心とする史的分析」『危機と管理』日本RM学会、第41巻、2010年、126-136頁）。江戸時代には現代にみられる危機に備えた保険などのような制度的な安全措置がなかったため、危機を広げずに最小限に食い止める仕組みがあった（**資料16−3**）。ここでいう「リスクマネジメント」とは「経営体

の諸活動に及ぼすリス
クの悪影響から，最小
のコストで，資産・活
動・稼働力を保護する
ための，必要な機能な
らびに技法を計画・組
織・指揮・統制するプ
ロセス」のことをいう
(Hushed, B. W. and D.
B. Allen, "Is it Ethical
to Use Ethics as Strate-
gy ?", *Journal of Busi-
ness Ethics*, 27, 2000, pp.
21-31)。このリスクマ
ネジメントは日本で
「危機管理」ともいわ

資料16-2　金剛組の社訓

> 一，主人の好みに従え
> 一，修行に励め
> 一，出すぎたことをするな
> 一，大酒は慎め
> 一，身分に過ぎたことはするな
> 一，人を敬い，言葉に気をつけよ
> 一，憐れみの心をかけろ
> 一，争ってはならない
> 一，人を軽んじ威張ってはならない
> 一，誰にでも丁寧に接しなさい
> 一，差別をせず丁寧に対応せよ
> 一，私心なく正直に対応せよ
> 一，入札は正直な見積りを提出せよ
> 一，家名を大切に相続せよ
> 一，先祖の命日は怠るな

(出所)　笹井清範『売れる店がやってい
るたった四つの繁盛の法則』同文
舘出版，2021年。

れるが，東日本大震災のような外部要因として発生する，確
率や規模の予測が難しいリスクに対応するために考案される
「クライシスマネジメント[*]**」**としばしば混同されることもあ
る。

　このリスクマネジメントは，保健管理から発展したもので
あり，1950年代からアメリカの企業で本格的に導入され始め
たといわれている。当時のリスクマネジメントの対象とな
るリスクは，保険契約を締結することが可能なリスクに限定
されていた。その後，発展を重ねて全社的リスクマネジメン
ト（enterprise risk management）が志向されるようになって
いる。リスクは「予定された結果と現実の状態の不均衡（変
更＝差）」であると定義されている（森宮康『変化の時代のリス
クマネジメント』日本損害保険協会，1994年）。企業が負うべき
リスクは，強度と頻度という側面がある（中林真理子「リスク
マネジメントと企業倫理」企業倫理グループ『日本の企業倫理』白
桃書房，2007年）。このように企業は創業の歴史が古ければ古
いほど対応しなければならない危機も同時に増加する傾向が
ある。実際に，現在まで生き残っている近江商人，三井家，
伊勢商人といった商家にはそのような危機に対する備えが
あったという。

　長寿企業の3つ目の特徴は，多角化や変革などの成長戦略
を意図的に追求しなかった点である（横澤利昌編『老舗企業の

**＊クライシスマネジメント
(crisis management)**
地震や津波など自然界でそ
の発生頻度が極めて低い，
言い換えればその発生への
予測が不可能に近いリスク
への対応を意味する。リス
クマネジメントへの対応を
想定内と認識するのに対
し，クライシスマネジメン
トはそれらのリスクに対し
て想定外のものとして認識
されている傾向がある。

資料16-3　日本の老舗企業におけるリスクマネジメントの事例

区　分	内　容	備　考
分権経営	本家亭主の暴走や怠慢を防ぐための働き	分家や組による番頭的役割
財務の保守性	「赤字を出さなければ大きな利益は追求しなくてもいい」という方針	
不適任経営者への牽制メカニズム	老害経営者や不適任経営者への防止策として長子継承にこだわらない方針	
技術伝承の仕組み	事業承継のための人材育成	経営教育

（出所）　曽根秀一「リスクマネジメントとしての長寿企業の経営：金剛組を中心とする史的分析」（『危機と管理』日本 RM 学会，第41巻，2010年，126-136頁）を筆者整理。

研究』生産性出版，2013年）。**資料16-4** が示すように，ベンチャービジネスとの比較を通して長寿企業がとる戦略をより明確に理解することができる。資料16-4 が示しているように，①ドメインの設定，②資源の蓄積と展開，③競争優位の確立，④ネットワーク関係，⑤経営理念・ビジョン，⑥経営者のリーダーシップ，⑦従業員の行動特性，という点において特徴的な戦略を駆使していることがわかる。

　日本にベンチャービジネスという概念を急速に普及させた清成らの定義によれば，ベンチャービジネスとは，「単なる投機的な事業にとどまらず，企業家精神を発揮して展開された新たなビジネス」であるという（清成忠男・中村秀一郎・平尾光司『ベンチャービジネス：頭脳を売る小さい大企業』日本経済新聞社，1971年）。この概念は，その後もさらに多くの研究者によって様々な定義づけが行われたが，統一した概念は未だにない。しかし，それらの研究の中から共通の項目を取り上げると，①規模の面では比較的に中小・零細であること，②高い技術力を有していること，③強力な企業家精神をもっていること，④リスクを恐れないこと，などがある。

　ここから両者における明確な相違点としては，③と④であることがわかる。長寿企業は過度な成長戦略を駆使せず，サステナビリティ経営を重視し，持続的な発展が期待できない低成長期に相応しい企業の姿を見出せるかも知れない。

　長寿企業の存続戦略には，①地域的独占状態による顧客の固定化，②顧客による狭い範囲での連続した変化，③特定取引による自立性の維持がある（本谷，1997，95-111頁）。これ

資料16-4　長寿企業とベンチャー企業の比較

		一般的理解	調査結果
ドメインの設定	老舗	ドメインは変更せずに，固執する	ドメインの大枠からは外れないが，枠内で柔軟な変更を加える
	ベンチャー	新たなドメインを設定する	ニーズが存在すると考えられる分野に進出し，ドメインを大きく変化させやすい
資源の蓄積と展開	老舗	暖簾や独自の製法技術などは保持しているが，新規の蓄積に乏しい	既存の戦略を強化しうる蓄積に，積極的に取り組む
	ベンチャー	あらゆる資源が不足し，戦略行動への制約が厳しい	厳しい制約をネットワーク関係で克服する
競争優位の確立	老舗	伝統や暖簾を守ることで優位性を確保する	伝統を守りつつ，ある一定の枠内で技術や商品に変更を加える
	ベンチャー	新規・独自技術のよる新しい需要を創造する	特に，新たなニッチを創造するための研究開発を押し進める
ネットワーク関係	老舗	独立的で，外部との交流を閉ざしている	強い自立性を維持して，特定の取引先を強化する
	ベンチャー	下請的な垂直的関係から，自立化のための水平的関係を目指す	広いネットワーク形成を行う企業がある一方，単独で奮起する企業も存在する
経営理念・ビジョン	老舗	堅実で質素，倹約によって現状維持に努める	保守性が強いが，明文化されておらず，口伝内容もあいまいである。
	ベンチャー	創業者の理念の現実により飛躍的な成長を目指す	明確なビジョンや経営理念をもち，それに基づく人材育成を強化している
経営者のリーダーシップ	老舗	権力的で，自信にあふれた行動をとる	あまり強いリーダーシップを発揮しない
	ベンチャー	カリスマ的で，自ら先頭に立つ行動をとる	トップは上下関係を気にせず，従業員との協働行動をとる
従業員の行動特性	老舗	信頼関係を前提に，従順な行動をとる	個性のみられない，おとなしい行動をとる
	ベンチャー	何事にも挑戦し，みんなで協働行動をとる	何事にも挑戦し，みんなで協働行動をとる

（出所）　本谷るり「老舗企業とベンチャー企業：企業の存続戦略と成長戦略」『経済論究』第99巻，1997年，104頁。

に対し，成長戦略を目指すベンチャービジネスは，①事業の実現可能性と高い**集団凝集性**[*]，②経営理念やビジョンの明確化とOJTによる浸透，③研究開発の蓄積によるニッチの創造，がある。しかし，長寿企業の場合，過剰な地域適応に陥ることによって，自らの成長意欲や学習意欲の低下につながってしまう面があるという点も否めない。

＊集団凝集性
集団がその組織メンバーに対して集団として一体感をもつように働きかける度合いのことをいう。集団の凝集性と同調行動を含む行動変容との関係を探ることが

多い。一般的な認識では凝集性の高い集団ほど当該組織の成員に対して同一方向に動かす力が強いという。

③　日本の長寿企業の事例

　日経BPコンサルティング・周年事業ラボから，世界企業の長寿企業ランキングを発表された。それによれば，2022年現在，創業100年以上の長寿企業の多さでは，1位が日本（3万7085社，50.1％），2位がアメリカ（2万1822社，29.5％），3位がドイツ（5290社，7.1％），4位がイギリス（1984社，2.7％），5位がイタリア（1182社，1.6％）という順になっている。さらに，創業200年以上の歴史を誇る長寿企業については，1位が日本（1388社，65.2％），2位がアメリカ（265社，12.4％），3位がドイツ（223社，10.5％），4位がイギリス（81社，3.8％），5位がロシア（38社，1.8％）という順になっている。創業100年以上と200年以上の企業を抱えている企業数のランキングでは，1位から4位までの国が同一の順であるあることが興味深い。しかし，100年以上と200年以上の長寿企業の数では日本が割合の面では圧倒的に高いことは驚くに値する。

　ここでは日本の長寿企業ランキング（2022年現在，上場企業）の第1位から第3位にランクインされている3社について取り上げる。

［1］　松井建設株式会社

　上場企業で長寿第1位に選ばれた松井建設は，**資料16‐5**が示すように，創業年数が434年であり，業種は一般土木建設である。売上高が824億程度（日本建設業界売上高ランキング32位）であり，従業員数は745名を擁する中堅規模の企業として知られている。

　同社のホームページによれば，社是は「信用日本一」となっており，企業理念は「人・仕事・会社を磨き続け，建設事業を通じて，社会に貢献する」ことである。松井建設の歴史は1586（天正14）年に初代松井角右衛門が加賀藩第2代藩主前田利長公の命を請け，越中守山城（富山県高岡市）の普請（要説明）に従事したことが始まりである。

　松井家に転機が訪れたのは1923年に発生した関東大震災であり，それをきっかけに東京に進出した。同社の社名が変更されたのは，第二次世界大戦を経て戦後の復興が本格化した1948（昭和23）年であった。その時期に松井組から松井建設株式会社へと社名を変更し，全国展開に成功したという。

資料16−5　日本の長寿企業（上場企業）のランキング（2022年現在）

企業名	創業年度	創業年数	本社	業種
松井建設（株）	1586年	434年	東京都	一般土木建設
住友金属鉱山(株)	1590年	430年	東京都	第１次製錬・精製
養命酒製造（株）	1602年	418年	東京都	燻留酒・混成酒製造

（出所）「世界の長寿企業ランキング，創業100年，200年の企業数で日本が１
　　　位」（https://consult.nikkeibp.co.jp/shunenjigyo-labo/survey_data/）
　　　2022年12月１日アクセス。

[2]　住友金属鉱山株式会社

　上場した長寿企業として第２位の住友金属鉱山は，創業
430年の歴史を誇る。住友家の業祖である蘇我理右衛門が創
業した後，京都において銅製錬，銅細工を開業した。その
後，銀と銅を吹き分ける「南蛮吹き」の技術を開発し，また
鉱山の開発も手がけるようになった（住友金属鉱山のHP）。
1691年には別子銅山の稼行も開始した。
　別子銅山技術が住友家に移転された経緯について以下のよ
うに語られている（長谷川直哉「別子銅山煙害対策を巡る住友総
理事伊庭貞剛の経営思想」『人間関係論集』第16巻第２号，95-124
頁）。
　　「蘇我は粗銅から銀を分離する南蛮吹き（南蛮絞り）といわ
　　れる精錬技術を開発した。蘇我の長男で政友の娘婿となった
　　住友友以（1607〜62年）は，理右衛門が開発した南蛮吹きの技
　　術を住友の家業とし，やがて住友・泉屋は「南蛮吹きの宗家
　　として地位を確立していった。1691年，幕府から別子銅山の
　　開発許可を受けた泉屋は銅の採掘事業への進出を試み，1973
　　（昭和48）年までの283年間にわたって日本の近代化に貢献し
　　たのである。」

　同社の経営理念は，以下のとおりである。
　　「・住友の事業精神に基づき，地球および社会との共存を
　　　図り，健全な企業活動を通じて社会への貢献とステー
　　　クホルダーへの責任を果たし，より信頼される企業を
　　　めざします
　　・人間尊重を基本とし，その尊厳と価値を認め，明るく
　　　活力ある企業をめざします」
　さらに，事業精神には，第１条として「わが住友の営業は
信用を重んじ，確実を旨とし，もってその鞏固隆盛を期す
べし」と，第２条としての「わが住友の営業は時勢の変遷理

財の得失を計り，弛張（しちょう）興廃することあるべしといえども，いやしくも浮利に趨（はし）り軽進すべからず」がある。

③　養命酒製造株式会社

　創業年数で第３位の養命酒製造も創業400年以上の歴史を誇っている。薬用酒を専門に製造し，変化の少ない企業イメージを有している。1924（大正12）年に，塩沢貞夫が長野県伊那の谷で作られる薬用酒を，多くの人々に知らせ，その効用を役立てたいという決心をし，東京を拠点に全国展開したことが始まりである。同社の経営理念は「生活者の信頼に応え，豊かな健康生活に貢献する」ことである。一言でいえば，「奉仕」である。つまり「より多くの人に奉仕する」ことが同社の社員の行動基盤となっている。この経営理念を実践しているのが「健康相談」である（竹田茂生「長寿企業のマーケティングについての一考察」『研究紀要』第１巻，2000年，185-198頁）。この「健康相談」は戦後間もない時期からユーザーアンケートハガキを顧客に送り，双方向での情報コミュニケーションを図ったことで有名である。ここで顧客との健康相談を担当したのが，同社内に常駐していた８名の薬剤師や栄養士たちである。ただ，このユーザーアンケートハガキでの健康相談の対応における困難について，以下のように語られている（竹田，2000）。

　「実際専門家といえども，１枚のハガキに答えるために半日もかかるケースも多い。直接養命酒とも関係ない健康相談という質問も多い。娘や夫の相談とかリウマチの原因はなにかとか。専門書を調べたりするとまる一日かかる時もあるという。１年間に５千通強のハガキの質問があり，他に電話は30本かかるという。どんなことがあっても必ず回答することになっており，ワープロができる前は手書きで回答していた。そのため，相談員達は会社に講師を招いて自主的にペン習字を学んだこともあるという。しかし，こうした努力は養命酒ユーザーの顧客満足に多いに役立っている。」

④　日米の長寿企業の比較

　まず，日米の長寿企業を比較する前に，アメリカのファミリー企業の特徴について述べる。米国ファミリー企業の成功の要因として取り上げられているのが，①「規模を追わな

い」，②「公開しない（上場しない）」，③「大都市を避ける」，
④「ファミリーで維持する」という４つであった（後藤俊夫
「ファミリー企業における長寿性」『関西国際大学地域研究所研究叢
書』2004年，91-114頁）。このようなアメリカのファミリー企
業の特性は日本とそれほど大きな相違点はないように思われ
る。

　次に，日本の長寿企業の戦略的特徴についてアメリカの企
業と比較する。長寿企業の存続の条件として，①「志のマネ
ジメント」，②「強みづくりのマネジメント」，③「活縁のマ
ネジメント」，④「人づくりのマネジメント」，⑤「関わりの
マネジメント」という５つの要因が必要であるという（神田
良・テンハッケン ヴィッキー・藤田晶子・山田純平「長期存続企業
経営の日米比較——アンケート調査から発見された共通性と相違性」
『明治学院大学産業経済研究所研究所年報』第30巻，2013年，89-90
頁）。

　第１に，上述した５つの要因の中で最も重要なものが「志
のマネジメント」である。成文化の有無に関係なく，創業以
来守ってきた経営理念がその中核をなす。いわゆる経営上の
一貫性を維持するための要である。これについては，製品や
サービスに関する定義を有している点や経営理念の活用では
日米企業における大きな相違点はないが，技術，仕入れ先や
顧客との関係づくりに関する明示化されたルールは日本より
アメリカの比率の方が高い傾向を見せている。

　第２に，企業が長年培ってきた知識を活かした差別化した
商品を提供する「強みづくりのマネジメント」がある。これ
については，日米ともに「価格以外の面での商品・サービス
の魅力訴求や細部に至るまでの商品・サービスでの自社らし
さの追求」という面において共通性を有している。しかし，
日本企業の方が自社製品の模倣困難性の面において優れてい
るのに対し，アメリカ企業はマーケティング能力の方に強み
をみせている傾向があるという。

　第３に，顧客や仕入れ先との関係づくりを強調する「関わ
りのマネジメント」がある。これについては，日米の共通点
がみられない結果となっている。接客以外に顧客ニーズや
マーケット情報に強みを有している日本企業に対し，自社の
顧客層の把握，接客での対話，アフターサービスを通した長
期的関係構築，消費の演出，物語性の訴求，知識が豊富な顧
客からの学習，迅速なクレーム対応，そして将来顧客の開拓

といったマーケティングの志向性の面においてはアメリカ企業の方が優れている。

　第4に，従業員教育や後継者育成に関連する「人づくりのマネジメント」がある。これについては，「継承技術の明確化，技術・ノウハウに基づく配置・育成，歴史の伝承，個性や希望に配慮した育成，教育機会の提供，従業員教育」という面では日米ともに多くの共通点がみられている。しかし，「OJT志向，目標の提示，定着化努力」の面においてはアメリカ企業の方が優れている点が多いことが明らかになっている。

　最後に，「活縁のマネジメント」がある。これは企業内外から多くのアドバイスを活用している点で日米の共通点がある。しかし，「業界活動などの社外活動への積極的参加，異業種・異世代との人脈形成というビジネス上の関係構築」という点においてはアメリカ企業の方がより積極性を見せているという。

⑤　日本の長寿企業の今後の課題

　ここでは日本の長寿企業が直面している課題について明らかにする。老舗企業が倒産する主な原因には，戦争，災害，政策の急転換などがあり，その他の原因には強欲，身内の争い，風紀の乱れ，のれんへのあぐら，酒色への泥酔，善悪無分別など様々である（横澤利昌『老舗企業の研究［改訂新版］』，生産性出版，2012年）。

　まず，最も重要な課題として取り上げられるのが後継者問題である。1972年に山城経営研究所を設立し，日本の経営教育に多大な貢献をしたことで著名な山城章がいる。彼によれば，「欧米的な合理性や効率性の追求」と「人の心を捉える日本的マネジメント」の融合を目指す経営が問われるという。彼は特に「KAE原理*を実践できるプロフェッショナル経営リーダー像」の追求の重要性について強調している。

　いかに家業継続を実現するのか。「地域百年企業」を調べた松井（1998）によれば，自分が調査した68社のすべてで家業継続の意志が極めて固いことが確認できたという。その理由には，「家業だから愛着があるため」「お客や取引先から長く続けてくれという要望があるから」という理由であった。さらに，跡継ぎへの重い税金の負担もある。この税金の問題は家業を継ぐ際の最も大きな問題の1つとなっている。近

*KAE原理
「知識（Knowledge）と経験（Experience）を踏まえつつ絶えざる研鑽によって，より高いレベルの実践能力（Ability）を開発・体得していく自己革新の基本的な考え方」のことをいう。

年，この問題を解決するための法改正の論議が国会で行われ
ている。

　次に，企業倫理への対応の問題がある。長寿企業として長
年，歴史の波に耐えてきたという事実は，その組織の成員に
とって高い誇りとなる反面，その分組織内で培われてきた強
い組織文化がある事実も否めない。特に，近年世間を驚かす
企業不祥事による事件・事故は事業年数が短い新しい企業よ
り，長い伝統を重んじる長寿企業で発生している場合も多
い。1990年代に船場吉兆，不二家，雪印乳業などの長い歴史
を誇っていた企業が倒産または深刻な経営危機までに追い込
まれた主要な原因は，内部告発による暴露であった。近年の
ステークホルダーに関する教育水準の向上，SNS など告発
ツールの多様化，グローバル化による競争の激化などは，企
業不祥事に対して厳格な対応を迫っている。また，企業の社
会的責任，**社会的応答性**[*]，SDGs といった用語が日常よく聞
かれるようになったことも，これらの課題への対応の重要性
を裏づけている。

（文　載皓）

＊社会的応答性（social responsiveness）
当該企業が社会から要請・要求・不満などが発生した場合，誠実に応答する行動パターンが望ましいという認識から出発している。これは企業が社会の中で存在する企業市民としての自覚が重要であるため，企業内部で発覚した不祥事に対しても事前的・予備的・積極的対応することが重要なポイントとして認識されている。

第17章

パーパス経営と経営理念

企業は何のために存在するのかという企業の存在意義，つまりパーパス（purpose）が注目されるようになった。経済活動が混沌とする中で，存在意義を組織内外に表明する企業が増えている。パーパスは企業経営が目指す根源的な概念である。本章では日本由来のパーパス経営の信念を顧みるとともに，グローバル企業による地球環境や社会性を大事にするパーパス経営の実践を考察していく。

① 企業の存在意義

1 なぜパーパスに注目するのか

パーパスは揺らぐことのない社会的存在意義を意味する。企業や組織がなぜ社会に存在するのかという，存在価値がパーパス概念の中心となっている。**ネスレ**[*]のパーパスは「食の持つ力で，現在そしてこれからの世代のすべての人々の生活の質を高めていきます」と表現されている。このパーパスには，ネスレが社会の中でなぜ存在しているのか，そして存在し続けていくのかが示されている。このパーパスの下に，個人と家族のために健康を，コミュニティのために活力を，地球を大切にしようという，セカンドパーパスが作成されている。

なぜこのような社会的な存在理由が注目されるようになったのか。その理由は，企業の役割が従来型の資本主義における利益を株主に還元することからさらに，社会と地球を救うことにバージョンアップしたからである。利益は，企業活動を存続させ，研究への投資を増やし，経済的な豊かさを実現させてきた。さらに，企業の隆盛は労働者の賃金を増大させて，多くの人々を豊かにしてきた。このような20世紀型企業の貢献は評価に値する。しかし，経済成長の加速度は急激であり，**成長の限界**[*]がみえてきている。このように次第に世界の多くの人々は，持続可能性の危機に注目している。私たちの社会，世界そして地球を前向きに変えていくことが優先課題となっている（山田敦郎『パーパスのすべて―存在意義を問う

＊ネスレ
Nestlé は，栄養不足による乳幼児の健康を改善するため，母乳の代替食品を提供することを目標に，スイスでアンリ・ネスレによって創業された会社。

＊成長の限界
1972年にローマクラブが発表した報告書のタイトル。1972年のような人口の爆発的増加と経済成長が続いた場合には，100年以内に地球環境は限界に達するという内容。

資料17-1　Z世代とY世代が関心をもつ社会課題

	Z世代（1997-2009年生まれ）	Y世代（1981-1996年生まれ）
1	年金問題	年金問題
2	貧困問題	所得格差
3	所得格差	貧困問題
4	人種差別	高齢化
5	飢餓・栄養不足	介護問題
6	ジェンダー不平等	災害に強いまちづくり
7	LGBTQ差別	気候変動
8	災害に強いまちづくり	少子化
9	少子化	大気汚染
10	気候変動	森林破壊

（出所）　山田敦郎（2022）『パーパスのすべて—存在意義を問うブラン
　　　　ディング』中央公論新社，43ページ。
（原典）　日本経済新聞社「Z世代サステナブル意識調査」2021年12月。

ブランディング—』中央公論新社，2022年，99頁）。そのため，資
本主義社会を維持しつつも，その発展の経路を変えていこう
とする2000年代以降のパラダイムシフトが，企業の存在意義
というパーパス概念を生み出したのである。経済を支える比
較的若い世代として，1981〜1996年頃までに生まれた世代は
Y世代という。さらに若く，1997〜2009年頃に生まれた世
代はZ世代*という。資料17-1に示すように，これらの世代
は，前近代的な資本主義経済の利益の追求とともに，企業と
社会とのかかわりを重視しており，社会的責務という意味か
ら企業活動に厳しいまなざしを向けている。

［2］　理念を包摂する新たな概念

　理念が方向性を示すものであれば，パーパスはその企業に
とっての原点を表明したものである。理念が将来の向かうべ
き方向を言語化しているが，パーパスは現代を起点にして未
来に向かって今どうあるべきかを言語化したものである。つ
まり，パーパスは，過去から現在において，企業の社会にお
ける存在意義がなんであったのかということを明示化してい
るとともに，将来を見据えた存在意義も表現している。パー
パスは根源的な存在意義を個々人がもっている価値観と共感
させることに発展する。すなわち，個々人や組織がその存在
自体についてお互いに共感していくことがパーパスである。

＊Z世代
パソコンやインターネット
の普及後に生まれたデジタ
ルネイティブ世代のこと。
Z世代は，SNSなどの
ソーシャルメディアを重視
する。

理念は，経営者の哲学や信念に基づき，企業の根本となる活動方針を明文化したものである。

理念とパーパスでは，その影響範囲が異なる。理念の方は，主に従業員に共感される内向きの方向性をもっている。それに対して，パーパスの影響範囲は，社外のステークホルダーと共感できる企業の存在意義といえる。顧客，取引先，公共機関などを巻き込んだ**ステークホルダー資本主義**[*]がパーパス経営による**社会包摂**[*]を必要としている。まさに，企業経営の原点は社会のためにあるという考え方が一番シンプルなパーパスの定義として合致するように思える。多様なステークホルダーと多くのことで共感できることが今注目されているパーパスである（伊吹英子・古西幸登『実践パーパス経営』日本経済新聞出版，2022年，20-21頁）。このようにパーパスは，時間軸，存在軸，そして社会軸という視点で経営理念を包摂する新たな概念であるといえる。

＊ステークホルダー資本主義

➡第15章「社会的課題と社会的企業」❶参照。

＊社会包摂

多様な立場の人々を排除するのではなく，社会の中でともに助け合って生きていこうという考え方。

［3］　現実的なニーズとパーパス

上位20％に入る要素が全体の80％の影響力をもつという法則がパレートの法則である。例えばコアとなる主要な製品数は全体の20％程度で，その20％が企業全体の80％の売上シェアを占めているケースがある。コンビニでは限られたスペースで売上を最大化させるため，商品は毎週入れ替えられているが，結局売れ筋となる商品は，全体仕入れの中の20％程度のみなので，その20％を見極めていくことで，商品ラインナップの最適化が図られる（長谷川博和『ベンチャーマネジメント入門』日本経済新聞出版社，2017年，63頁）。

マスマーケティングにおいてもパレートの法則が見受けられる。最初の本格的な顧客を獲得するために，対象とする顧客を絞り，その顧客獲得のためにスタートアップ期の経営資源を新しい商品やサービスに集中させることも一時の戦略としては成立する。売れ筋を購入する顧客を優先し，死に筋商品の顧客は見切るということは資源節約の面からも効率的となる。ただし，見切られた80％の製品への投資は当面見送られるので，早めに売れ筋商品を増やして，多くの顧客ニーズに応えていくことも念頭に入れておかないと，20％に頼る経営の継続は困難になる。時が経つにつれ，20％の商品は陳腐化していくので，80％の商品の方を大切にすることも大事になる。

　一方で，死に筋商品（テール）の総売上額が売れ筋商品の売上額を上回り，無視できないほど経営に貢献することもある。つまり，80％の見切られた商品群が経営に貢献しているという法則をロングテールの法則という（長谷川博和『ベンチャーマネジメント入門』日本経済新聞出版社，2017年，64頁）。少量しか売れない商品でも，品揃えを多品目にすれば，全体では多額の売上となるのである。実店舗での営業では品目を増やすことができないが，インターネットで商売をする企業では倉庫さえもっていれば，**リスティング**[*]するコストはゼロなので，数万の品揃えをして，全体の80％の商品群から売上を生み出すことが可能になる。インターネットの普及によって新規ネット企業の参入も増えてきている。1品目当たりの売上は少ないが，多くの顧客のニーズに対応できるという点で，顧客を少数に絞りたくない新規ネット企業にとっては，ロングテールの法則は理にかなっている。両極端な2つの法則では，製品群を20％にすれば資源の集中化ができ，80％にすれば，多様なニーズに応えられるというメリットが説明できる。

　多様なニーズに応えることがパーパス経営の原点であるので，マーケティングベースにおいても多様なニーズに応えることが必要である。ゆえにロングテールの法則がパーパス経営の方向性に合致している。パーパス経営では商売の先にある社会的課題にも資源を投入することが求められているので，一人ひとりへの細かな気づきに耳を傾けていくことで，芯のあるパーパスの訴求ができるようになる。利益至上主義ではなく，多様性に応える経営への潮流が押し寄せている。

② 日本由来の経営理念：三方よし

1 近江商人のパーパスに学ぶ

　今の滋賀県が，福井県の敦賀からショートカットして，**北前船**[*]から物資を運び込んでいた**近江商人**[*]の集積地であった。近江商人は，琵琶湖の南側近辺に拠点を置き，仕入れた物資を全国各地に行商していた。この行商という当時の新しいビジネスモデルでは，1回限りの売買が行われていたのではなく，継続して同じ地域を訪れることが前提となっていた。ゆえに，近江商人は，商品の品質や立ち振る舞い（現代におけるビジネスマナー）といった世間からの評判に注意を配ってい

＊リスティング（Listing）
インターネットにおいてユーザーの検索結果に適合した広告を表示するサービス。検索連動型広告とも呼ばれる。

＊北前船
江戸時代，河村瑞賢によって整備された，北海道，東北，北陸と西日本を結ぶ西回り航路は経済の大動脈であり，この航路を利用した商船は北前船と呼ばれた。北海道や日本海各地からは，昆布やニシンなどが運ばれた。大坂からは，酒，塩，むしろ，縄などが各地に運ばれた。

＊近江商人
近江（滋賀県）に本店を置き，全国各地を商圏として活躍した商人が近江商人である。当時，他国で円滑に商業活動を行うためには，自己の利益を優先する以前に，商行為を行う土地のためを思う気持ち，今でいう社会貢献活動を視野においた商いの心を大事にしていた。

資料17‐2　三方よし経営の循環系統

（出所）　筆者作成。

たのである。

　日本の伝統的企業は，株主のみならず，地域社会の調和や社会貢献といった，一見，利益には結びつかないと思われることにも力を入れることによって，その誠実さが認められてきた。その誠実さとは，経営理念に表れ，特に，江戸時代に活躍した近江商人の三方よし経営は，その理念を経営の前面に出している。つまり，売り手よし，買い手よし，そして世間よしという経営の考え方は，企業経営を循環系統として捉えるとき，とても優れた考え方なのである。売り手よしとは，企業の利益が増え，事業が発展していくことを意味している。そして，少し進歩した企業では，よりよい製品やサービスを提供しようと，買い手よしを考えるであろう。つまり，財やサービスの質を高めて，顧客が得る価値を増大させることが買い手よしである。一般的な経営であれば，この2つの要件を満たしてさえいれば，十分と考えられてきた。しかし，**企業の社会的責任**への期待が高まるにつれて，世間よしが企業存続の1つの条件となってきた。近江商人は，江戸時代に，現代の経営で求められている世間よしを，その経営の3本柱の1本に据えていた。世間よしとは，ビジネスで得た資金を社会のために拠出して，地域社会に貢献しようとする考え方である。消費者が満足するものを売り，買い手よしが達成され，その結果，利潤が増えて売り手よしが達成され，その余沢を世間よしにまわすことができるという循環志向の企業経営を近江商人は実践したのである（**資料17‐2**）。

＊企業の社会的責任
企業がその活動内容に社会性を浸透させて社会の期待にこたえることをいう。➡第3章「株式会社の大規模化と支配・統治変化」❺，第7章「企業の社会的責任論の変遷」参照。

　2　先義後利というパーパス

　近江商人の多くは，京都に近接し，東海，東山，北陸の3

道が集中する蒲生，神崎，愛知，坂田の 4 郡に拠点を置いていた。これらの地域の地理的特性は，京都への物資の集積地という位置づけであった。彼らは，さらに事業を拡大し，**天秤棒**[*]をかついで，北海道，東北，関東，中国，九州の各地方を行商してめぐっていった。このように，近江や上方で産する商品を地方へ送り，その土地の人々の需要を満たすことを諸国産物廻しといった。

近江商人は企業形態でも当時としては新たな取り組みを行った。近江商人は，その営業の種類が多岐にわたると危険分散を図るため，合資形態の共同企業である**乗合商い**[*]という商売の方法を取り入れた。つまり，近江商人の本拠は，現在の滋賀県近辺だったが，広域志向の経営をしていく上で，域外の資本と提携して事業を拡大させていったことに企業形態面での新規性があった。近江の外では無名であった近江商人が，現地の商人と手を組むことにより，商売の展開を円滑に行えるように工夫していたのである（末永國紀『近江商人—三方よし経営に学ぶ—』ミネルヴァ書房，2011年，2頁）。

近江商人は，他国へ**持下り商い**[*]に出かけた場合には，持参した商品がその国のすべての人々に気持ちよく使ってもらえるように心がけ，その商取引が人々の役に立つことをひたすら願い，損得はその結果次第という思いを決めて，自分の商売だけが一挙に高利を望むようなことをしていなかった。近江商人の商売では，商品を販売する売り手と買い手が，双方にとって利を得るという売買取引の公平性が保たれていた。そして，自分が商いを行った地域へも利益を享与すること，つまり，商取引で得られた利益は世間のために，広く地域や社会のために活用されるべきという近江商人の思想は「**陰徳善事**[*]」という言葉で表現されている。

このように，顧客が利を得ることを最優先にして商売を展開し，その商売で成功した見返りとして，学校建設や街路灯の設置，橋の付け替えなどの社会貢献をした近江商人の経営観は，現代の企業にとって参考にしなければならない考え方である。社会的に評価される事業を行えば，利益は後からついてくるという「先義後利」という理念は，21世紀の現代にも通用する発想である（横澤利昌編著『老舗企業の研究［改訂新版］—100年企業に学ぶ革新と創造の連続—』生産性出版，2012年，208頁）。このような近江商人の商人倫理は，現代企業に引き継がれている。現在まで，経済界で活躍している近江商人を

＊天秤棒

近江商人は，「近江の千両天秤」ということばに象徴されるように，天秤棒一つで千両稼げるようになった。大豪商となっても，商いの理念を忘れること無かれと思い，店の片隅に天秤棒をかけていた。

＊乗合商い

経営の範囲が広がると，個人商家から数名が資本を出し合い，共同企業体がつくられた。この共同出資の商いが乗合商いである。

＊持下り商い

上方（近畿圏）から呉服太物（綿織物・麻織物），小間物（櫛，かんざし，口紅，髪油など日用品），売薬などの完成品を地方へ持ち下り，地方の生糸・紅花・青苧などを上方へ持ち登る商売手法である。当時としては先進的な商売方法であった。

＊陰徳善事

直近の見返り，対価の増大を期待せず，人に知られないように密かに善行を施すこと。長期的に評価されることを目指す，近江商人の経営理念である。

起源とする企業は，高島屋（1831年創業），伊藤忠商事（1858年創業），西川産業（1566年創業），日本生命保険（1889年創業），外興（1700年創業）などである。三方よしは近江商人のパーパスとして引き継がれてきた。江戸時代から貫かれている，近江商人の商売の存在意義は時間軸という視点において普遍的であると考えられる。さらに，社会軸を取り入れているということは，現代のパーパス経営のメインテーマに合致する。

③　ネスレ（Nestlé）のパーパス経営

［1］　ミルク起源のパーパス

　1867年創業当時，ドイツやフランスでは，乳児の15％程度が生後1年以内に亡くなっていた。工場で働いていた女性たちが母乳を与えられないため，乳児が栄養失調に陥っていたのであった。ネスレはこの社会的課題を何とかして解決したいという想いから，栄養豊富なミルクの活用を思いついた。ミルクは加工しないと日持ちしないので，ミルクペーストやミルク入りシリアルを製品化し，瀕死の乳児にそれらを与えたところ，病状が回復したということがあった。奇跡の栄養は子どもたちを救い，それはネスレのスイス（本社：ヴェヴェー）でのビジネスの礎となった。その後，ベビーフードは世界の多くの国へ輸出され，その価値が認められた（高橋浩夫『すべてはミルクから始まった』同文舘出版，2019年，10頁）。

　1920年代にネスレが次に注目したのはチョコレート事業である。チョコレートは当時，薬品カテゴリーの中で高価で販売されていた。スイスの**カイエ**[*]という会社はミルクチョコレートの開発に成功していた。カイエはチョコレート企業間の競争を回避し，存続を目指すため，ネスレと合併することになった。ミルクを事業の主軸としてきたネスレは，ミルクチョコレートという付加価値を生み出した。イギリスのブランド企業であるキットカット（KitKat）を買収することで，ネスレのチョコレート事業は成長することになった（高橋，2019，17頁）。その後ネスレは，途上国でのミルク事業の拡大と貧困層の自立を促すような，畜産事業の支援に貢献した。ネスレは社会性を配慮し，経済的価値を生み出しているのである。

＊カイエ（Cailler）
スイスで最古の，そして最も愛されているチョコレートブランド。カイエは，今もチョコレートに煉乳を使用するスイスで唯一のメーカーである。

2　巨大食品メーカーとしての責任

　ネスレは現在，世界で最も多くコーヒー豆を消費し，カカオ豆を加工している。気候変動で豆が取れなくなれば，ネスカフェやキットカットをつくることができない。水資源が枯渇してしまうと，傘下のペリエやサンペレグリノといったミネラルウォーターを販売できない。そのため，ネスレの関心ごとは，地球全体の課題（気候・資源・自然）になっている。私利私欲で組織を動かすのであれば，地球のことなど考えずに水やミルクを独占していけば，限定的な目標は達成できる。しかし，ネスレは地球の持続可能性なしに経営の持続可能性はないと考えている。つまり，ネスレは経済的価値と社会的価値の両立を目指している。ネスレの事業はミルクの栄養価に注目した健康志向からはじまっている。それは，ネスレのパーパスとして受け継がれている。近年のネスレのターゲットは**植物由来肉***である（名和高司『パーパス経営』東洋経済新報社，2021年，191頁）。植物由来肉では，家畜生産に比べて飼料や水資源の消費は少ない。さらに，二酸化炭素の排出量も家畜生産に比べると少ない。植物由来肉の普及は地球環境の負荷を軽減できる。そして何よりも，世界の人々の肥満や病気の原因となる脂質過剰摂取を防ぐのが植物由来肉なのである。ネスレは世界最大の食品メーカーとして，地球の未来と人々の健康を維持するという責務を果たす知恵を生み出している。ここで，先述したネスレのパーパスを顧みよう。そこには食の持つ力，現在そして将来のすべての人々，生活の質という3つの軸が掲げられている。まさに，企業の存在理由のお手本といえるワードがネスレの経営に定着している。現在だけではなく将来のこと，そして自分だけではなく他者のことを慮る考え方は，現代企業が取り組むべきパーパス経営の基本である。

＊植物由来肉
植物肉とは，大豆や小麦，エンドウ豆といった植物性原料を使用した代替肉のこと。

④　Well-being と経営理念

1　2つの幸福

　今，社会で求められているのは**持続的な幸福***である。幸福という意味の英単語は，happiness と well-being と表現されている。前者は，一時の「しあわせ」を意味し，後者は，「継続するしあわせ」，「より良く生きられる」ということを意味している。現代の企業に求められているのは well-being の方の「しあわせ」である。

＊持続的な幸福
経済的で物的な豊かさのみならず，心的豊かさも幸福に含まれる。この視点が旧来型の経済学的視点との違いである。

資料17‐3　幸せの定義

Well-beingの視点
【より良く生きる・満足が続く】を追求する
【自分も社会も将来にわたってよし】を追求する

対象軸

周囲

②周囲よし
現在よし

④周囲よし
将来よし

①自分よし
現在よし

③自分よし
将来よし

自分

現在　　　　　　　　将来｜時間軸

（出所）　博報堂ブランドデザイン『応援したくなる企
業の時代』アスキー新書，2011年，243頁の図
を基に筆者作成。

　happiness の方の「しあわせ」は，**資料17‐3**の①の「自分よし，現在よし」の行動をとれば，実現できる。well-being の方の「しあわせ」は，自分のことだけではなく周囲のことも考慮して行動すること，そして，現在だけではなく，将来のことも考慮して行動することで実現される。つまり，「しあわせ」を享受できる対象を自分のみから周囲へ波及させること（②），そして，時間軸も現在から将来に拡大すること（③）で，３つの領域で「よし」を満たすことが，現代企業に求められている。その中でも特に，①の「自分よし」に加え，④の「周囲よし」と「将来よし」が３つをカバーできることが現代企業のパーパスの条件である。

＊共感
アダム・スミスによると，人間というものをどれだけ利己的とみなすとしても，そのなお生まれもった性質の中には他人のことを心に懸けずにいられない何らかの働きがあり，他人の幸福を目にする快さ以外に何も得るものがなくとも，その人たちの幸福を自分にとってなくてはならないと感じさせる心が共感である。

２　信頼とパーパス経営の基本

　社会に対して寄り添い，社会の課題に積極的に取り組む姿勢は企業経営における最強のパワーとなりうる。つまり，社会との**共感**（自分・周囲・将来）を大事にする企業は，周りからの支援を得ることになり，信頼される組織体となりうる。
　さて，信頼は厳密にはどのように定義されるのであろうか。齋藤によると，信頼とは道徳的社会秩序に対する期待とされる（齋藤壽彦『信頼・信認・信用の構造［第３版］』泉文堂，2014年，25頁）。具体的に，それは，組織能力に対する期待と取引相手の意図に対する期待に分けて考えることができる。

前者は，社会関係や社会制度の中で出会う相手が，役割を遂
行する能力つまり，技能をもっているかという期待であり，
より具体的には，やれるといったことをしっかり実行する能
力への期待である。後者は，相互取引する相手が信託された
責務と責任を果たすこと，または，場合によっては自分の利
益よりも他者の利益を尊重するという義務を果たすことに対
する期待である。企業と社会という関係性において，信頼さ
れる経営者は，その能力によって力量を発揮できるかという
期待と，道徳的で社会的な責務を実際に果たせるかという2
つの期待に応えなければならない。

　共感する心をもつ経営者の行動の報いとして信頼するとい
う心が社会の側に芽生えるのである。この共感と信頼という
2つの心を結びつけるのが道徳的社会秩序であり，この秩序
を乱すような経営者は社会からの信頼に耐えられなくなり，
経営自体の持続可能性が危機に陥る。18世紀後半以降の産業
の発展において，経済合理主義による自由の追求が，経営者
の行動を導いていることについては明らかである。ただし，
自由の制御が必要である。なぜならば，経営者の自由な行動
のみでは，経営者は社会の信頼を得られないからである。

③　信認のガバナンス

　ここで，信認関係という概念に注目したい。信認関係とは
当事者である委認者が他方に信認を置き，受認者は**信認義
務**を負い，受益者の利益のために行動しなければならない関
係性である。受認者は信認者に最大の誠実を尽くすべきであ
るという考え方が信認法理である。現代の株式会社制度で
は，委認者は株主，受認者は経営者，受益者は消費者であ
る。その3者関係において，受認者としての経営者は委認者
と受益者からの信頼を得なければ，経営者としての職責を果
たすことができなくなってしまう。信頼を得られなければ，
株主による経営者の解任や消費者行動の逆風（例えば，売上
の激減）によって，結果的には経営の存続に影響が出てく
る。このような3者関係の中心が信頼である。委認者，受益
者（ともに拡大概念としての社会）は，受認者の能力と責務に
期待する。

　現場の経営者や社員の方々にとっては，共感や信頼という
議論は理想的だが自分たちには関係ないことと感じるかもし
れない。しかし，20世紀型のビジネスモデルはすでに終焉

＊信託
委託者が自己の財産を信頼
しうる他人に譲渡し，自己
の指定した受益者の利益の
ために財産を管理させると
いう法的関係のこと。

＊信認義務
受認者は，信認者や受益者
のために誠実に責任を果た
さなければならないという
義務。

し，企業主導でマーケットを動かしていくことは困難になっている。国連では持続可能な開発目標，いわゆるSDGsが盛んにアピールされている。コーポレート・ガバナンスの向上を目的とした機関投資家の行動規範を定めた日本版**スチュワードシップ・コード**＊が制定されている。スチュワードシップ・コードの起源は，英国の企業不正を監視するという**ソフト・ロー**＊として制定された。SDGsやスチュワードシップ・コードには強制力はない。強制や規制されなければ律することのできない企業は時代遅れとなり，世界の大きなマーケットの動きにはついていけない。パーパスを前提として，自立したガバナンス機構を確立し，危機を未然に防いでいく考え方が21世紀型企業の先進性である。

⑤　コロナ禍とパーパス経営

1　コロナ禍の労働環境

　コロナ禍を反映し，2020年の雇用・労働情勢には厳しさがみられるものとなった。就業者数，雇用者数は，緊急事態宣言が発出された4月に大幅に減少したが，その後，緩やかに回復傾向となった。一方で，休業者数や非労働力人口は4月に大幅に増加した後，ともに減少し，非労働力人口は感染拡大前の水準に戻った。このように，緊急事態宣言が発出された時期を中心に労働市場は大きく影響を受けた。感染拡大前から続く人手不足の状況も背景とした企業の雇用維持の努力や政策効果等もあり，2020年12月時点では**完全失業者**＊数や完全失業率はリーマンショック期と比較して緩やかな増加，上昇にとどまっている。また，労働時間・賃金については，いずれも雇用の動きと同様に，緊急事態宣言下の4月，5月に大きく減少し，その後，減少幅は縮小していった。賃金は12月に再び減少し，感染拡大前の水準まで回復していない。他方で，賃金については，改正パート・有期雇用労働法の施行を背景として，パートタイム労働者では特別給与が増加する動きがみられた。さらに，産業別，労働者の属性別にみると，感染拡大防止のための経済活動の抑制等により「宿泊業，飲食サービス業」といった対人サービスを中心とした産業などへの影響が大きくなった。こうした産業で働く労働者について，雇用者数や労働時間，賃金の減少といった影響がみられた。特に，女性や学生等のパート・アルバイトを中心とした非正規雇用労働者の雇用が大きな影響を受けた。2020

＊**スチュワードシップ・コード**（Stewadship Code）
金融機関による投資先企業の経営監視などコーポレート・ガバナンス（企業統治）への取り組みが不十分であったため，イギリスで2010年に金融機関を中心とした機関投資家のあるべき姿として規定されたガイダンスがスチュワードシップ・コードである。

＊**ソフト・ロー**（Soft law）
法的な強制力がないにもかかわらず，現実の経済社会において国や企業が何らかの拘束感をもって従っている規範を指す。

＊**完全失業者**
働く意思と能力をもちながら，就業の機会を得られず，仕事に従事していない者。

年4月以降，子育てをしている世帯の女性や学生の非労働力人口の増加といった動きがみられた。また一方で，感染拡大の影響について先が見通せない中で，2020年後半には，製造業等で働く男性の非正規雇用労働者の減少や，男性の「世帯主」「単身世帯」，女性の「世帯主の配偶者」「世帯主」の完全失業者の増加がみられた（厚生労働省「令和3年度新型コロナウイルス感染症が雇用・労働に及ぼした影響」2022年6月5日アクセス）。

2　コロナ禍を救うパーパスの力

　先述したように，新世代の人々は経済的価値のみならず，社会的な安全性に関心をもっている。新世代に限らず，多世代の労働者がコロナ禍における労働環境の変化に危機を感じている。多様な社会課題の解決と自らの価値観を存在意義（パーパス）として明確化し，パーパスをすべての起点とする存在意義追求型（パーパスドリブン）経営を実現させることがコロナ危機回復期の企業課題となる。企業がパーパスを策定する過程において，経営層で徹底的に議論し，労働者がそれに共感することで，社会と自社の共通価値の創造につながる自律的な動きが生まれる。そして，そこから変化に強い組織が形成される。経営の**マテリアリティ**[*]を固定的なものとせず，長期的な社会の要請と短期的な社会の変化を敏感に把握して，適時見直しを行なっていくことが重要である。さらにマテリアリティをガバナンスに組み込んでいく上で，特定したマテリアリティを**KPI**[*]に落とし込み，経営の評価と報酬体系に組み込んでいくことが必要となる。すでに特定したマテリアリティは，単なる考慮要素として捉えることはできない。既存のマテリアリティはビジネスモデルを変革する事業戦略になる。ステークホルダーと協働し，社会の認識を高めることに取り組むといった，アクティブコントロールが事業機会へとつながっていく（経済産業省：企業活力研究所「『新型コロナウイルス感染症発生を契機としたこれからのCSRのあり方』に関する調査研究報告書」2022年6月5日アクセス）。

　コロナ禍が続く2年半の対応は，多くの人々にとって大きな負担となった。労働者はテレワークで疲弊し，消費者は物価の上昇に直面し，企業自体はサプライチェーンの断絶による操業危機に陥った。このような環境変化により，世界経済はリーマンショック以来の大変革をせざるをえなかった。そ

＊マテリアリティ
組織にとっての最重要課題のこと。主に社会的課題への取り組みが現代企業に求められている。

＊ KPI（Key Performance Indicator）
政府，企業，団体，個人などが一定の目標達成に向かってそのプロセスが順調に進んでいるかどうかを点検するための，もっとも重要な指標のこと。

こで企業は改めてその存在意義を経営理念から紐解き，あるいは新たな存在意義をもった企業もあるだろう。危機状況からの脱却を図る上で，パーパスは企業経営や社会の拠り所となる。そして，コロナ対応時のマテリアリティをリストアップし，危機対応に向けてパーパスの再確認が急がれる。

（井上善博）

VI

中小・ベンチャー企業と新たなビジネスモデル

第18章
日本の中小企業の現状と課題

本章では，多くの人が働く場としての中小企業，日本の経済成長に欠くことのできない中小企業の現状と経営課題について検討する。中小企業の定義，日本経済の発展プロセスと中小企業との関係，日本の中小企業において切実な問題である中小企業の事業継承の現状と課題，中小企業の経営形態と経営特質について説明し，中小企業の経営課題と解決策を提示する。

1 中小企業とは

1 中小企業の定義

われわれの身近にある中小企業は，商店街の中小小売店，青果店，飲食店，対個人サービス業の理容店・クリーニング店，町工場と呼ばれる小零細規模の工場，大企業の下請け企業，陶磁器産地のメーカーのような地場産業（traditional local industry）といった製造業など多様である。

日常的用語として使われる「中小企業」は，経営学的研究対象でもある。

中小企業とは，中小企業基本法の「中小企業」の定義の基準を超える企業を指す大企業と区別される中小規模の企業である。中小企業基本法によると，業種別の資本金および従業員数によって区別されている（**資料18-1**）。

中小企業基本法では，政策の対象，補助金などを考慮し，中小企業の範囲を量的基準で設定している。中小企業基本法による中小企業の定義および範囲は，経済の環境変化とともに変化している。例えば，製造業の場合は，1963年の制定時には資本金5000万以下または従業員300人以下を中小企業と定義していたが，1973年に改定されたときには資本金1億円以下または従業員300人以下，1999年の改定では，資本金3億円以下または従業員300人以下となり，資本金の規模が大きくなっている。

このように日本においては中小企業基本法に基づいて中小企業の定義がなされているが，各国の歴史的事情や産業の特徴などの影響で，中小企業の定義および範囲は，国や地域ご

資料18-1　中小企業基本法による中小企業

業　種	中小企業者		うち小規模企業者
	資本金	常時雇用する 従業員	常時雇用する 従業員
①製造業・建設業・運輸業，その他の業種（②〜④を除く）	3億円以下	300人以下	20人以下
②卸売業	1億円以下	100人以下	5人以下
③サービス業	5000万円以下	100人以下	5人以下
④小売業	5000万円以下	50人以下	5人以下

（出所）　中小企業基本法第2条第1項および同条5項（1999年制定）中小企業庁

とに異なる。

　アメリカにおいては，質的指標（独立性と市場支配力の有無）と量的指標（産業分類ごとに従業員数と売上高）を用いて中小企業の範囲を規定している。例えば，製造業は業種により従業員数500人以下から1500人以下，建設業は業種により年間収入700万ドル以下から1700万ドル以下，卸売業は従業員数100人以下である。

　EUにおいては，1996年に欧州委員会が従業員数，年間売上高など，以下の3つの条件を満たす企業を中小企業として定義している。その条件は，①従業員数が250人未満，②年間売上額が4000万ユーロ以下または総資産額2700万ユーロ以下，③中小企業以外に25％以上を保有されていない企業である。

2　中小企業従事者のタイプ

　2016年の経済産業省の経済センサス活動調査によると，日本企業全体に対して中小企業（個人事業主を含む）が占める割合は99.7％，従業員数では68.8％，付加価値額では52.9％である。このように中小企業が日本の産業において占める割合が圧倒的に高く，中小企業従事者も全体の約7割を占めている。

　総務庁統計局の『平成14年　修行構造基本調査報告全国編』によると，1997年全産業民間企業の従業者300人未満の企業従業者数は約3900万人である。中小企業で働く人々の働き方を類型化すると4つのタイプに分け，その量的割合をみると下記の通りである。

　①中小企業の従業員（被雇用労働者）：64.8％

②雇用労働中心の中小企業の経営者：9％

③自営業主（経営者自身とその家族の労働者）：18.1％

④家族従業者（経営者の家族として働いている人々）：8％

①②は，多くの場合が会社形態である。

[3]　職場としての中小企業の特徴

　多くの人々が従事している中小企業の職場としての特徴を大企業との差異を通して検討すると以下の通りである（渡辺幸男『21世紀中小企業論』有斐閣アルマ，2007年，9-20頁）。

①大企業の場合，企業の規模が大きいゆえに，そこで働く人々は自分の仕事が会社全体にどのようなかかわりをもつか，どのような役割であるかがみえづらい。それに対して，中小企業は企業の規模が小さいため，企業内で自分の役割や位置，産業内の企業の競争状況などの位置を把握しやすくなる。

②中小企業で働く場合は，大企業のように人的資源に余裕がなく人材が限定されているため，職能も高度に専門化されていないため，専門機能のみならず，多機能を果たすことが要求される。

③組織能力が大企業に比べて弱いため，組織としての成果よりも個々人の成果が企業の成果に直接反映する傾向が強い。

④大企業の場合はグローバル市場や国内市場をターゲットとしているが，中小企業は企業規模が小さいゆえに一部市場をターゲットとしていることが多く，特定の地域とのつながりが極めて強い。

⑤平均的にみると中小企業の方が大企業より賃金が低く，労働時間などの労働条件が悪く規模別格差が生じている。

⑥創業者育成機能は中小企業において育みやすい。身近に経営者の経営行動をみることができ，経営者としての能力を身につける機会が大企業に比べて多くある。

2　日本経済の発展と中小企業

　戦後の日本経済は質的および量的側面における飛躍的な発展を遂げており，その歴史的変遷において中小企業が重要な役割を果たし，日本経済の成長に多大なる貢献をした。

　そこで，第2次世界大戦後の日本経済の発展プロセスを産業政策の側面から4つに区分し，それぞれの時期において日

本経済の発展に中小企業が担った役割および貢献について検討する。

その発展プロセスは，第2次世界大戦後の戦後復興期（1945～1955年），高度経済成長期と貿易・資本の自由化の時期（1955～1965年），産業構造転換期（1973～1980年代前半），日本経済停滞期（1990年代以後）に分けることができる（高田亮爾『現代中小企業の動態分析』ミネルヴァ書房，2012年，69-89頁）。

1　戦後復興期（1945～1955年）

第2次世界大戦後の日本経済は経済復興を目指していたが，海外からの引き上げによる人口が増え，消費財の不足や大量失業が発生していた。この時期の中小企業は，戦後統制の解除による国民の消費需要を満たすための生活必需品の生産などを担い，消費需要への供給者として役割を果たした。また，大量失業などによる過剰労働力を吸収する受け皿として多くの雇用機会を提供し，社会的安定を図った。

戦後外貨が不足している中，中小企業は絹織物の生産の本格化や絹織物の輸出の拡大をはじめ，54年以後は，輸出織製品，漆器のオルゴール，カバン，手袋，ケイカル製シューズ，自転車およびその部品などで活発な輸出が行われ，外貨獲得にも貢献した。

また，戦後大企業の生産拡大やコストダウンおよび製品の品質向上など生産合理化を図るためには，部品生産や部品加工などを行う中小企業の技術水準の向上が必要であった。そのため，大企業による優良中小企業の下請系列化は繊維，鉄鋼分野で進み，各種機械工業にまで拡大し，中小企業は大企業の下請系列企業として日本経済復興の一翼を担った。

2　高度経済成長期と貿易・資本の自由化時期（1955～1965年）

この時期は日本政府によって合成繊維工業，合成樹脂工業，石油化学工業，機械工業，電子工業などの**新産業育成政策**が展開され，重化学工業化が進んだ。

60年から65年に「国民所得倍増計画」などの高度成長政策の下，日本経済は高度成長しており，労働力不足によって賃金が上昇した。これは，所得向上につながり，個人消費需要，特に**耐久消費財**の需要の増大や多様化および高級化をもたらし，消費財関連業種の中小企業が活性化することになった。

＊**新産業育成政策**
1955年から政府主導で展開された政策で，関税などによる保護貿易，日本開発銀行など政府金融機関からの融資，法人税などの減免，投資促進を目的とした設備投資の特別償却，輸入機械設備の特別償却などの政策である。

＊**耐久消費財**（durable consumer goods）
人々の欲望を満たすための財貨で，個人の日常生活に使われる消費財のうち，長期間の使用に耐える消費財のこと。例えば，自動車，テレビ，洗濯機，冷蔵庫，家具などがある。

機械工業での部品点数の増加，化学工業における加工分野の拡大など，産業構造の高度化による重化学工業の進展は，部品，加工部門の中小企業の成長を促した。中小企業は軽工業部門の事業拡大とともに重化学工業部門において大企業の下請けとして役割を果たした。

また，中小企業は軽工業品の伸びは低かったものの，重化学工業の中で，電気機械，輸送用機械，精密機械などの機械工業の分野で，大企業が輸出する製品の部品供給，部品加工などを担い，間接的に輸出へ貢献したといえる。

③　産業構造転換期（1973〜1980年代前半）

日本経済は1973年の**オイルショック**[*]以後，高度経済成長から低成長期へ移行する中で，石油価格の上昇による省エネルギー・省資源型産業への移行，経済の国際化やサービス化などが進展し，産業構造の質的転換がなされた。

中小企業は大企業の下請けとして技術水準の向上，高品質・高精度化，コストダウンなど，大企業の厳しい要請にも対応し，製品の高品質・低価格化を実現することによって質的向上に寄与するとともに日本経済の産業構造転換の担い手としても貢献した。

また，1970年前半に活発的に活動していた研究・技術開発型の**ベンチャービジネス**[*]の活動は，第1次オイルショックの影響を受け一時的にその活動が低下したが，1980年代に再び活発化した。ベンチャービジネスは，企業家精神，機動性，高い研究開発力や技術力などにより，産業の苗床機能として新産業の創出および経済の活性化に貢献した。

さらに，地域経済の発展の担い手として地域の雇用創出，所得水準向上，税収の増大などの地域経済に貢献し，特に地域の特性を生かした**地場産業**[*]の自立的発展に寄与した。

④　日本経済停滞期（1990年代以後）

1985年の**プラザ合意**[*]によって円高不況に陥り，日本銀行は86年から87年にかけて**公定歩合**[*]を引き下げ，超金融緩和対策を実施した。この政策によって地価および株価が高騰し，「バブル経済」を招いた。バブル経済を正常化する目的で，日本銀行は1989年から公定歩合を引き上げ，金利水準を高めて，総需要を抑制する金融引き締め政策を行った。その結果，日本経済は，バブル経済崩壊を招き，長期不況および低

＊オイルショック（oil shock）
第1次オイルショックは，1973年の第4次中東戦争を機にアラブ産油国が原油の減産と大幅な値上げを行い，石油輸入国に失業・インフレ・貿易収支の悪化という深刻な打撃を与えた事件である。第2次オイルショックは，1979年のイラン革命に伴って産油量が減り，原油価格が急騰した事件である。日本でも石油関連商品の買い占めなどにより商品の奪い合いが発生した。

＊ベンチャービジネス（venture business）
企業家精神（Entrepreneurship）をもった起業家が革新（innovation）を遂行する企業である。革新とは，アイデアの企業化（commercialization）を指し，企業化とは，アイデアを生産可能な製品に具体化し，それが市場受容性をもつことによって企業に利益源をもたらす過程を指す。

＊地場産業（local industry）
日本における中小企業の1類型であり，広義では，特定の地域の立地条件を生かし，その地域の素材・資源を利用して特産品を製造している産業であり，狭義では，漆器，織物，陶磁器のように地域に根ざした在来型の伝統的産業を指す。例えば，瀬戸の陶磁器（愛知県北西部，良質の陶土利用，日本最大の陶磁器産地），今治タオル（愛媛県北部，綿織物生産が発達し，良質の工場用水を利用）などがある。

＊プラザ合意（Plaza Agreement）
1985年9月22日，過度なドル高の是正のためにアメリカの呼びかけで，ニューヨークのプラザホテルに先進国5ヵ国（日・米・英・独・仏＝G5）の大蔵大臣（アメリカは財務長官）と中央銀行総裁が集まり，会議が開催された。この会議でドル高是正に向けたG5各国の協調行動への「プラザ合意」が発表された。その内容は「基軸通貨であるドルに対して，参加各国の通貨を一律10〜12％幅で切り上げ，参加各国は外国為替市場で協調介入する」ということである。プラザ合意の狙いは，ドル安によってアメリカの輸出競争力を高め，貿易赤字を減らすこと。一方，日本では急速に円高が進行し，輸出が減少したため，国内景気は低迷した。

＊公定歩合
中央銀行（日銀）が市中の金融機関に対して貸し出しを行う際に適用する基準金利（2006年より基準割引率および基準貸付利率と名称変更）である。1980年の基準貸付利率は9％，1987年は2.5％，1996年は0.5％，2022年は0.3％である。

＊バブル経済
資産価格が投機（speculation）によって実体経済から大幅にかけ離れて上昇する経済状況である。日本では1980年代初頭に崩壊した，資産価額の高騰による好況期を指す。

経済成長期を迎えることになった。

その後，日本経済は景気低迷が続き，1990年代を「失われた10年」，2000年代を「失われた20年」と呼ぶようになった。

この時期，日本の経済環境は，IT技術の進展，少子高齢化，グローバル化などが進展し，産業構造に変化がみられた。

このような経済環境の変化の下政府は中小企業政策を見直し，雇用機会の創出や新市場の創造に期待された「ベンチャービジネス」の振興を促した。その影響で3度のベンチャー・ブームが到来した。

第1次（1970〜73年）のブームでは，自動車工業，電気機械工業など研究開発型のベンチャーが多数生成し，第2次（1983〜86年）のブームでは，高度先端技術分野のベンチャーが中心となり，第3次（1990〜94年）のブームでは，ソフトウェアなどのIT関連分野のベンチャーが数多く設立された。

③　中小企業の事業継承の現状と課題

1　中小企業の開業と廃業

産業別の中小企業の比率（企業ベース，2001年時点）をみると，非1次産業で70％を占めており，全産業において中小企業が占める比重が大きく，雇用面においても重要な役割を果たしている。しかし，中小企業数は1986年から減少傾向にある（**資料18-2**）。廃業率が開業率を上回るようになった時期は，バブル経済が崩壊する直前からであり，その後「失われた20年」という不況下で開業率が廃業率を上回ることはなかった。

このような状況は，日本経済の活性化や雇用機会の面において大きな課題である。

開業率が低い理由と対策として，第1に，起業意識が低い。起業家を育成する教育制度が不十分であり，大企業への就職など安定的な雇用を求める傾向がある。対策するには，起業家育成のための教育制度の整備が必要である。第2に，起業後の生活・収入の不安定化に対する懸念が大きい。これに対しては，企業のセーフティネットの構築や兼業・副業の促進などを進め，その懸念を払拭していく。第3に，起業をする際のコストが高く，手続きが煩雑である。これに対しては，そのコストの低減，手続きを簡素化することで対処する

資料18‐2　企業（個人企業＋会社企業）の開業率・廃業率の推移（非１次産業）

年	調査間隔（月数）	期首企業数	開業企業数	開設件数調査期間（月数）	増加企業数	年平均増加企業数	年平均開業企業数	年平均廃業企業数	開業率（％）	廃業率（％）
75～78	37	4,682,092	681,775	29.5	355,485	115,292	277,332	162,040	5.9	3.5
78～81	36.5	5,037,577	739,996	30	318,925	104,852	295,998	191,146	5.9	3.8
81～86	60	5,356,502	1,039,351	54	72,096	14,419	230,967	216,548	4.3	4.0
86～91	60	5,428,598	853,991	54	▲126,240	▲25,248	189,776	215,024	3.5	4.0
91～96	63	5,302,358	967,779	81	▲147,968	▲28,184	143,375	171,559	2.7	3.2
96～99	33	5,154,390	507,531	33	▲253,477	▲92,173	184,557	288,147	3.6	5.6
99～01	27	4,900,913	638,289	27	▲160,984	▲71,548	283,684	334,755	5.8	6.8
01年時点(1993年分類)		4,739,929								
01～04	32	4,739,635	447,148	32	▲360,347	▲135,130	167,681	289,731	3.5	6.1
04～06	28	4,379,288	518,671	28	▲138,962	▲59,555	222,288	273,282	5.1	6.2
06年時点(2002年分類)		4,240,326								
09～12	31	4,252,897	154,998	31	▲361,541	▲139,951	59,999	260,177	1.4	6.1

　（注）　個人企業（単独事業所および本所・本社・本店および支所・支社・支店）
　（出所）　中小企業庁『中小企業白書　2014』711頁。

必要がある。

2　事業継承の現状と課題

　『中小企業白書　2013』によると，事業継続について，「事業を継続したい」が57.2％，「決めていない」が29.1％，「事業をやめたい」が13.7％を占めている。中小企業が廃業を希望する最大の理由として，約６割の中小企業が「後継者がいない」ことを挙げている（資料18‐3）。後継者難の内訳は，「子供への事業承継が困難である」が33.2％，「適当な後継者が見つからない」が21.4％を占めている。親族以外も視野に入れて，後継者の確保に取り組まなければ中小企業廃業率を下げる手段はないに等しい。

　このように「後継者難」のため，事業承継が難しくなっている現状から，事業継承問題は中小企業の最大の問題であるといえる。

　『中小企業白書　2017年度版の小規模企業を除く中規模法人を対象にアンケート調査』によると，中小企業の後継者は約７割が「親族内」，約３割が「親族外」を占めている。

　「親族内」で継承を円滑にするには，社内外で後継者として認知してもらうこと，社外就業や社内での実務経験など経営者に相応しい資質・経営能力を備えるように後継者を育成すること，資金調達能力および相続にかかわる問題の解決が

資料18‐3　小規模事業者の廃業の理由

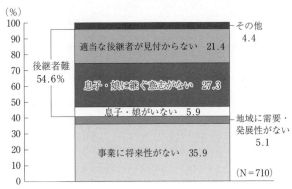

(注)　1：今後の事業運営方針について「廃業したい」，又は，経営者引
　　　　退後の事業継続について「事業をやめたい」と回答した，経
　　　　営者の年齢が50歳以上の小規模事業者を集計している。
　　　2：「その他」には，「従業員の確保が難しい」を含む。
(資料)　中小企業庁委託「中小企業の事業承継に関するアンケート調査」
　　　（2012年11月，（株）野村総合研究所）
(出所)　中小企業庁『中小企業白書　2013』140頁。

　求められる。
　上記で述べたように「後継者がいない」，「子供への事業承継が困難である」という問題を解決するためには，「親族外」の継承を促すことが必要である。
　「親族外」の継承は，後継者問題の解消だけではなく，従業員の士気向上が期待できる，従業員から理解を得やすいなどの効果もある。一方，借入金の個人保証の引き継ぎや後継者による自社株式の買い取りなど，資金面での問題が障害になっている（『中小企業白書　2013』）。
　特に「親族外」の継承者による継承が難しい理由は，中小企業が金融機関から融資を受ける際，中小企業の経営者が，経営者や家族・親族など個人が債務返済を保証する個人保証をするケースが多いことである。これは，日本独自の商慣習として広く行われているが，円滑な事業承継を妨げる要因となる。
　これらの課題の解決策として，全国銀行協会と日本商工会議所が「**経営者保証**に関するガイドライン」を策定している（2013年12月5日公表，2014年2月1日適用開始）。
　このガイドラインは，「中小企業，経営者，金融機関共通の自主的なルール」と位置づけられており，法的な拘束力はないが，関係者が自発的に尊重し，遵守することが期待され

＊経営者保証
中小企業が，経営者個人が会社の連帯保証人となることで，企業が倒産して融資の返済ができなくなった場合は，経営者個人が企業に代わって返済することを求められる。

資料18‒4　民間金融機関における「経営者保証に関するガイドライン」の活用実績

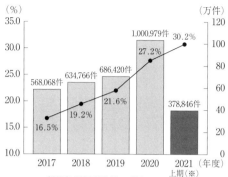

（※）2021年度は上期のみの件数になります。

（出所）　金融庁「新規融資に占める　経営者保証に依存しない融資の割合の推移」報道発表資料（2022年3月7日アクセス）。

ている。なお，経営者保証を解除するかどうかの最終的な判断は，金融機関に委ねられる。

　近年の新規融資に占める「経営者保証に依存しない融資」の割合の推移をみると2017年16.5％から2021年30％と増えているが（**資料18‒4**），経営者保証に依存しない融資を受けるには，以下3つの要件を満たす必要がある。その要件は，個人（経営者）と法人の資産の明確な分離，財務基盤の強化，財務状況の適時適切な情報開示である。この要件を満たさない中小企業はこの制度を利用できず，依然として個人保証の負担がかかる。

　「親族外」の継承を促進するためには，継承前に債務を圧縮する，個人保証の負担が軽減されるように金融機関に交渉する，個人保証の負担に応じた報酬を用意するなどして，後継者の負担を軽減する準備を事業継承前に進めることが求められる（『中小企業白書　2007』）。

 4　中小企業の経営形態と経営特質

[1]　中小企業の経営形態

　中小企業経営形態は，製品保有型経営と**下請**[*]型経営，そしてベンチャー型経営の3つのタイプに分けることができる。

　製品保有型経営は，最も一般的な企業経営スタイルであ

＊下請
特定の事業者に依存する程度が高く，その事業者の発注に応じて，その事業者の必要とする物品の全部または一部について，製作，加工，組立，修理などを行っているすべての場合を指す（中小企業庁2013年8月「下請中小企業の現状と今後の政策展開について」）。

り，製品を企画開発して製造し，自社のブランドをつけて販売する。この経営形態では，これらの一連の業務活動を行うために多くの機能および豊富な経営資源が必要となる。

　中小企業ではこのような幅広い業務を行うだけの経営資源や経営機能を有していないため，製品保有型経営形態は少なく，生産機能だけを担当する下請型経営形態をとる企業が多い。

　しかし，受注型生産や市場規模の小さい分野では販売の確実性が確保されるため，資本力や技術力が弱い中小企業でも製品保有型経営が可能になる。

　製品保有型企業でも工場をもたず，製造は他社，企画・開発・販売だけを自社で行うファブレス（fabless）企業であれば，自社の得意分野への経営資源を特化し，すべての機能をもたなくても存立が可能になる。

　製品保有型企業は，常に顧客に求められる製品を提供することが使命になる。その使命を果たすためには，多様な顧客ニーズおよび変化する顧客ニーズに対応することが重要である。

　製品保有型経営とは異なり，取引先から指示を受けて受注した製品を生産する経営形態を下請型経営という。中小企業に占める下請中小企業の比率は，製造業では約18.6％（約4万9000社），サービス業では約9.4％（約5万9000社）（2009年）を占めている（中小企業庁「『下請中小企業振興制度』について」）。

　下請中小企業とは，「自社よりも資本金又は従業員数の大きいほかの法人から，製品・部品等の製造・加工や，発注企業が他社に提供する役務等を受託している中小企業」を指す（下請中小企業振興法）。固定的で密接な取引関係にありながら，製品を発注する企業を親企業といい，下請企業は親企業に対して従属的である。

　下請型経営企業の特徴は下記の通りである。

　①下請企業は少数の親企業と取引している。1980年の調査によると，下請中小企業の専属型（親企業数が1社のみで，下請け取引比率が90％以上の企業）が34.5％である。準専属型（親企業数が2〜5社で，下請け取引比率が90％以上の企業）が38.6％である。

　②主要な親企業との取引年数が長く，長期的に継続される取引関係である。ただし，このケースは，競争力のある中小

資料18－5　ベンチャービジネスと中小企業の違い

構成要素	ベンチャービジネス	一般中小企業
夢（ロマン）	志高く，強い夢（ロマン）あり	志低く，夢（ロマン）少ない
起業家精神（革新性）	起業家である（革新性あり）	起業家ではない（革新性なし）
成長意欲	夢を実現するための強い成長意欲	成長意欲はそれほど強くない
リスクへの挑戦	果敢なリスクへの挑戦とよみ	挑戦意欲低くリスクを回避
事業の選定姿勢	成長事業を意識的に選択	能力の範囲内で事業選択
商品・サービスの独創性	独創性あり	独創性なし
市場・顧客の創造	新規の市場・顧客の創造に積極的	既存の市場・顧客の開拓を重視
経営システムの革新性	独特な工夫あり	特別な経営システムを採用せず
事業の社会性	環境問題を含む事業の社会性重視	社会貢献性をあまり意識せず
事業の国際性	世界に通用する事業展開を志向	世界への飛躍を意識することは少ない
事業の独立性	事業の独立性強く他社に依存せず	事業の独立性低く，他社依存型が多い

　（出所）　松田修一『ベンチャー企業』日本経済出版社，1998年を基に筆者作成。

企業のみが対象となる。

　③売上高のうち，上位数社の親企業からの受注が大半を占めている。親企業からの要求が下請企業の技術開発や経営方針に大きな影響を及ぼす。

　④親企業からの技術指導や共同開発が行われ，下請企業の技術向上にもつながる。

　ベンチャー型経営は，広い範囲で定義すると中小企業に含まれるが，厳密に定義すると中小企業と区別される。

　ベンチャービジネスを特徴づける重要な要件として，「アントレプレナーシップ（起業家精神）」，「イノベーション（革新性）」が挙げられ，これらの要件を有する企業のみ，ベンチャービジネスとする（**資料18－5**）。イノベーションとは，労働，資本，モノの生産要素の新しい結合を意味する新結合の遂行を意味する（シュムペーター／塩野谷祐一ほか訳『経済発展の理論』上・下，岩波書店，1977年）。

2　中小企業の経営特質

　中小企業の経営特質には，第1に異質性と多様性，第2に経営資源の脆弱性，第3に狭い専門技術への分化と技能への依存，第4に経営者中心の経営と組織能力の弱さ，第5に情報収集能力の弱さが挙げられる（渡辺幸男ほか『21世紀中小企業論』2007年）。

　経営資源の規模が小さく脆弱な中小企業の市場は，顧客が

異質で多様なニーズをもつ小さな市場や大企業が参入しないニッチ市場であり，独自の市場分野や技術などによって異質な経営を展開している。

　このように中小企業は限られた経営資源を活用し，小さなニーズに対応することはできるが，製品の開発や市場開拓などは，経営資源の脆弱性ゆえに容易にできない。そのため，経営資源の脆弱性を克服するため，中小企業は親企業への依存度が高い下請型経営形態を取りやすい。下請企業は，特定の大手取引先に限定して製品を安定供給するため，親企業への依存度が高くなり，中小企業の自立性が制約される。

　中小企業は制限された経営資源を活用するために狭い業務領域に絞り，専門技術を活かした特定の事業領域に絞り込んだ経営を行う中小企業が多い。例えば，プレス加工，メッキ加工等といった専門技術であり，プレス加工でいえば，薄板プレス，厚板プレスなど，さらに細かな専門技術に分化され，それぞれの専門技術をもつ熟練者の機能を活かして優位性を発揮する。

　中小企業の人的組織面においては，中小企業の経営はその経営者の能力への依存度が非常に高く，トップダウンの意思決定は，中小企業の創成期には有効である。その反面，中小企業の成長に応じて組織能力の活用が必要となるものの，従業員の能力の有効活用，権限委譲，組織内のコミュニケーションなどの組織能力が弱い中小企業は組織能力の発揮が難しい。

　一般的に，企業は，顧客や取引先，金融機関などの外部環境となる**ステークホルダー**[*]との関係を通じて様々な情報を入手する。例えば，外部環境との取引や交渉の過程において品質向上，コスト削減，新技術，新管理方法などについての情報交換などが行われる。しかし，中小企業は1つの取引先に専属的供給をする専属下請企業となる企業が多く，その取引先（親企業）のニーズに応えることを最優先する傾向にある。そうすると，ほかのステークホルダーとの接点が少なくなり，そこから得られる情報が流入できず，経営環境の変化への対応が遅れ，企業変革に必要な情報収集が困難になる。

＊ステークホルダー
（stakeholder：利害関係者）
➡第3章「株式会社の大規模化と支配・統治変化」❹③，第5章「アメリカの最高経営組織と企業統治」❹，第7章「企業の社会的責任論の変遷」❷，第15章「社会的課題と社会的企業」❶参照。

⑤　中小企業の経営課題と解決策

［1］　中小企業の経営課題
　第4節で検討した中小企業に経営特質の中で，解決すべき

課題について検討する。

　中小企業の経営特質には，中小企業の強さと弱さが併存していることがわかる。弱さとされる経営特質である経営資源の脆弱性，情報収集能力の弱さ，組織能力の弱さは，放置せず克服していかなければならない経営課題である。

2　中小企業の経営課題の解決策

　経営資源の脆弱性および情報収集能力の弱さの解決策として，外部の経営資源を活用するオープンビジネスモデルの構築と経営の自立化が重要である。

　オープンビジネスモデルは，外部とのネットワークを構築することで，多様な中小企業間で相互に自社の強みである専門技術を利用し，他社を支援するとともに，他社の専門技術を活用して自社の弱い分野を補い，対等で協力的な取引関係を結ぶことができ，企業間での情報交換も可能になる。

　経営資源の脆弱性を補うために，下請型経営を行っている中小企業の親企業への依存度を下げ，自立した企業を目指すには，自立化を図ることで解決できる。

　自立化とは，取引場面において価格交渉力をもつことを指す。価格交渉力をもつためには，技術力，加工能力，企画力，営業力など，その企業しかもっていない経営能力を有する必要がある。下請型企業でも自社ならではの優れた専門技術を有すれば，親企業との関係が支配的・従属的関係から対等な関係を確立し，自立化した企業となりうる。

　組織能力の弱さを克服する解決策は，強力なリーダーシップを発揮することで可能となる。中小企業のライフサイクルにおける成熟期は，経営者の代替わりを迎える時期である。

　経営者の事業継承の最適な年齢は43.7歳。実際の経営者の引退時期は，理想と現実がかけ離れている現状である。中小企業の経営者の引退年齢は上昇傾向にあり，経営者の高齢化が進んでいる状況（**資料18-6**）である。

　また，経営者が高齢である企業ほど，**経常利益**[*]が「減少傾向」にある。特に，小規模事業者では，その傾向が顕著に表れている。経営者の年齢が70歳以上では約7割が減益傾向ある（中小企業庁『中小企業白書 2013』）。このように中小企業の経営者の高齢化は中小企業の重要課題の1つである。

　成熟期に経営者の代替わりをすることで，経営者の高齢化による利益の減少および組織力の弱さを解決できると思われ

＊経常利益
営業利益から営業外損益（借入金の金利の支払い費用，配当金の受け取りの収益など）を差し引いた利益である。営業利益は，売上総利益（粗利）から販売費および一般管理費（給料，広告宣伝費，研究開発費など）を差し引いた利益である。

資料18－6　規模別・事業継承時期別経営者の平均引退年齢の推移

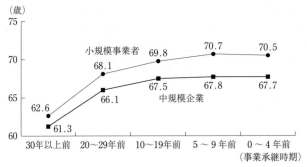

（出所）　中小企業庁編『中小企業白書　2013』2013年，125頁。

　　　　る。2代目の経営者が経営革新を行って強いリーダーシップ
　　　　を発揮し，自社の経営方針や成長戦略，方向性などを再検討
　　　　すれば，組織を活性化させるチャンスになる。

　　　　　　　　　　　　　　　　　　　　　　　（金　在淑）

第19章
ベンチャービジネスの現状と課題

ベンチャービジネスは国内外で世界の経済を牽引している。特に情報技術や医療などの領域で新たなイノベーションが生み出された。1960年代以降は，日本でもベンチャーブームが到来し，国もベンチャー育成をしてきた。本章では，ベンチャー精神の起源をたどり，その普遍的な根幹としての「不易」と時代の波に乗る「流行」という概念について論じる。そして，現代ベンチャービジネスの潮流に注目する。

1　ベンチャービジネスの概念と現状

1　ベンチャービジネスとアントレプレナーシップ

　ベンチャービジネスは，研究開発集約的，またはデザイン開発集約的な能力発揮型の創造的新規起業とされる。従来の中小企業と異なる点は，ベンチャービジネスが独自の存在理由（オリジナリティ）をもち，その経営者が高度な専門能力を活かせる**起業家精神**をもっていることである。特に，成長意欲を強くもち，リスクを恐れない若い会社においてベンチャービジネスが育っている。アメリカでは無の状態から価値を創造する過程をアントレプレナーシップといい，このようなアントレプレナーシップをもって経営される企業が注目されている。ここで，無から何かを生み出すことがアントレナーシップとされているが，その前提には卓越した経験豊富な経営者の能力が必須であることに留意しなくてはならない（長谷川博和『ベンチャーマネジメント入門』日本経済新聞社出版，2017年，2頁）。

　ベンチャーとは冒険を意味するが，準備なくして冒険はなしえない。経営でも同じことがいえる。多様な**ベンチャーキャピタル**（VC）から資金調達する際に，冒険の設計図なしに投資家を納得させることはできない。そのため，緻密な市場調査やビジネスの新規性，そして，市場訴求力を明確にしておく必要がある。冒険だから失敗できると考える経営者はいないだろう。経営者には冒険を成功させる責務が課されている。その責務は，冒険の規模が大きいほど重圧になる。

＊起業家精神
チャレンジ精神旺盛で，新しいビジネスを開拓する精神。

＊ベンチャーキャピタル
（Venture Capital，VC）
未上場の新興企業に出資して株式を取得し，将来的にその企業が株式を公開（上場）した際に株式を売却し，大きな値上がり益の獲得を目指す投資会社や投資ファンドのこと。

［2］ ベンチャービジネスの動向

　日本では，スタートアップの裾野が飛躍的に広がり，同時に世界的な成功を収めるスタートアップが数多く生まれている。2022年3月に日本経団連は，エコシステムの実現を目指し，企業の規模・歴史，産学官といった立場を超越した視点でベンチャービジネスの動向を取りまとめた（日本経団連「スタートアップ躍進ビジョン」2022年6月1日アクセス）。2014年以降，メルカリ，ラクスル，Sansan, freee，マネーフォワードといった，大型調達を可能にした企業が期待通り上場し，大きな成長を続けている。社会的課題の解決やイノベーションを生む仕組みとしてスタートアップは優れたスキームの1つである。VCによる支援を受けた企業は平均よりも1.6倍生産性が高いことや，R&Dのイノベーション波及効果が一般企業の9倍であるなど，多くの研究がスタートアップの価値を示している。そして実際，現在の世界の企業価値トップ10のうち8社がVCによる支援を受けた企業であり，起業家のエネルギーをうまく活用し，成功するスタートアップを多く生み出してきた国々が世界経済を牽引している。日本においてもキャピタリストや起業家の先駆者が道を切り拓き，10年前と比較すると起業数も総投資額も大幅に増大している。制度面の整備も一歩一歩進んできた。しかし残念ながら各国との差は拡大している。**スタートアップエコシステム**の構築は，日本のベンチャー支援の課題である。競合相手はアメリカであり，中国であり，インドであり，イギリス，イスラエル，韓国である。EU諸国でも近年のベンチャーの進化はめざましい。各国の政府はパンデミック後の復興の鍵はスタートアップであると認識し，どの国も一足先に力強いスタートアップ施策を打ち立てて前に進む「Faster-moving target」というスローガンを掲げている。スタートアップエコシステムの活性化は景気変動にかかわらず，普遍的なテーマとして推し進める必要がある。現在，世界的にスタートアップブームといえる。その追い風を活かしつつ，仮にブームが去った場合でも，どれだけ強固に継続してスタートアップを官民で支え切れるかが重要である。リーマンショックの際も，ベンチャー投資が極端に減少した日本に対し，アメリカでは業績のよいスタートアップへの支援を続け，Airbnb, Uber, Squareなど世界を代表するスタートアップが生み出された。リーマンショック後に創業されたスタートアップで

＊スタートアップエコシステム

大企業や大学の研究機関，公的機関などがネットワークを作り，スタートアップを生み出しながら発展していくシステム。自然が循環していく生態系に似ていることから，「スタートアップエコシステム」と呼ばれている。

時価総額1000億円を超える**ユニコーン**[*]はアメリカでは120社以上なのに対し，日本では1社のみである。日本経済全体を浮揚させ，再度競争力を取り戻すための最も重要な課題として，スタートアップエコシステムの抜本的強化が求められる。これまでと同様の，一歩ずつ，できることから進めていくアプローチではアメリカには到底追いつけない状況にある。したがって，官民を挙げて必要な施策を一斉に，迅速に，力強く推進することが日本のベンチャービジネスの強化となる。

＊ユニコーン
企業評価額が10億ドル以上，かつ設立10年以内の非上場ベンチャー企業の総称。

② 日本におけるベンチャービジネスの萌芽

1 飛鳥時代のベンチャービジネス

　聖徳太子の命で百済から招聘された**金剛重光**[*]が創業した世界で一番古い事業体が日本にある。その名は金剛組である。およそ1400年という長い歴史の大部分を寺社建築という仕事に集中してきた金剛組（578年創業・大阪府）が，バブル経済期，不慣れなマンション建築に参入し，コストやマーケット開拓の面で，競合他社に負けてしまったのは，老舗企業の失敗事例である。幸い，金剛組は，宮大工の技能やその宮大工の育成を続けていたため，そして，関西地方の寺社との関係を繋いでいたため，寺社建築業の伝統企業は再生することができた。「伝統を守ることすなわち，それを次世代に伝えられる人間を育てることです」と金剛利隆氏（第39世四天王寺正大工職）が述べているように，宮大工の仕事は特殊で，一朝一夕に宮大工が育つことはない。そのため，大阪近郊の寺社仏閣のメンテナンスを継続するという目的の下，当時の高松建設の支援を受けて，2006年に新・金剛組が従前の仕事を引き継ぐことになった。以前から雇用していた約120名の宮大工は，継続して雇用され，伝統が辛うじてつながった。

　日本企業は，どんな小さな商売でも片手間でできる仕事などないと認識し，副業に組織力を分散させず，自らのコア技術に磨きをかけることで平時の経営をしてきたのである。つまり，長い時代にわたり築いてきた本業を大切にすることこそ，日本企業の信用力の源になっている。この信用力は，周囲からの尊敬の対象となってくる。創業から10代を越える企業となれば，先代が築いてきた信用と資産を基礎として，大きな苦労なく経営をすることができるようになるため，後継者には慢心という油断が生まれてしまうことが多い。ゆえ

＊金剛重光
聖徳太子から，日本で最初の官寺，四天王寺の建立を命じられ百済よりやってきた工匠。

に，後継者を育てていく上で，質素倹約の教育を徹底し，モノやお金を大切にし，そして支えとなる周りの人々を大切にする心を養っていくことで，企業に対する信用力はさらに増すのである。土地売買や株式取引で儲けたお金は浮利として位置づけられており，一時的に儲けても身につかない利得を追うことなく，本業重視と質素倹約の徹底が日本企業の強さである。

[2]　戦国時代のベンチャービジネス

　1716年に創業した中川政七商店は，麻を使った織物である**奈良晒**の問屋としてスタートした。当時，武士の 袴 や僧侶の法衣として奈良晒が重宝された。明治維新により武士階級が消滅したため，奈良晒の売上は大幅に減少し，同社は存続の危機に陥った。再建に向けて同社は，奈良晒の自社工場をつくり，**問屋業**から製造卸売業へと事業転換した。高度経済成長期となり，同社は人件費の上昇や職人の高齢化を背景に，手織りという伝統技術を封印するかどうかという状況になった。そこで出した答えは，人件費の安い海外に生産工程を移して，手織りを続けることだった。手織りが生み出す奈良晒の風合いを残すという伝統の維持が中川政七商店の信念として貫かれた。経営環境が刻々と変化する中でも，その時代の当主が変える部分（変革）と変えない部分（伝統）をしっかり見極めて，現代の当主に 襷 をつないできたのである。

　金剛組は革新の方向性を見誤り，危機に陥った。幸運なことに，宮大工の仕事が特殊的だったがゆえに，救いの手が差し延べられた。中川政七商店は，伝統と革新を組み合わせて，時代の荒波を残りえてきたよい事例である。いずれにしても，経営を100年以上継続することの難しさは事業継続の時間の経過とともに増してくる。以上考察してきた２社のように，多くの日本企業は変わらないことと時代に合わせて変わることを両立している。このような両極の考え方を不易流行という。不易と流行をいくつかの指標で示したのが**資料19-1**である。ベンチャー企業の方向として，時代の求めることには積極的に応えていくことがスタートであり，経営が定着すれば，本業重視で不易を貫くことが重要である。流行ばかりに注力していると，それまでの顧客を逃がしていくことになるので，注意散漫はベンチャービジネスのリスクとな

＊奈良晒
麻の生平を晒して純白にしたもので，奈良地方で生産されてきた高級麻織物である。

＊問屋業
問屋とは，メーカーから商品を仕入れて小売業へ販売する事業のことである。問屋は，単に商品の売買を行うだけでなく，自社に商品を在庫として保管し，それをまとめて小売店へ運ぶという商品の中継地点として機能している。

資料19‐1　ベンチャービジネスの流行と不易の指標

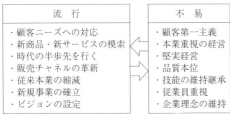

流　行	不　易
・顧客ニーズへの対応 ・新商品・新サービスの模索 ・時代の半歩先を行く ・販売チャネルの革新 ・従来本業の縮減 ・新規事業の確立 ・ビジョンの設定	・顧客第一主義 ・本業重視の経営 ・堅実経営 ・品質本位 ・技能の維持継承 ・従業員重視 ・企業理念の維持

(出所)　横澤利昌編著『老舗企業の研究［改訂新版］』生産性出版，2012年，104-107頁の記述を基に筆者作成。

る。本来的に，不易が先で，流行を捉えることがその後という順番であれば，事業継続の確実性は高まるだろう。例えば，中川政七商店の手織りへのこだわりは，日本の工芸を元気にするという不易であり，海外製造は流行の領域である。つまり，新たなチャレンジが野心や浮利の追求から生まれてくるのではない。本業を継続する一方で，流行策をとる中川政七商店のバランス感覚は優れている。金剛組は本業を疎かにして，新規事業の流行に惹かれてしまった。ただし，それまでの本業が特殊であったため，不易に戻ることができた。このように，本業に遡り，以前からの顧客との絆を大切にすることが重要だ。

3　明治維新とベンチャー精神

　テイボーは，1896年，浜松で創業した紳士用帽子の専門メーカーである。羊やウサギの毛を加工した生地でフェルト帽子を製造したことが，テイボーの創業の契機となった。このフェルトがテイボーの経営の軌跡をたどるキーワードである。初期のヒットは，明治期の断髪令に起因する，成人男性向けの中折れ帽子だった。この時期，テイボーはヨーロッパの進んだ製帽技術を学ぶため，イギリスやドイツから技師を招聘して，**文明開化**[*]の時代の先進企業となった。終戦後の1951年，マジックインキがアメリカから日本に輸入され，そのペン先がフェルトであったため，フェルト帽子専門の老舗に日本製マジックインキのペン先製造の依頼が舞い込んだ。木や草が，茎を通じて水分を吸収する毛細管現象とフェルトを最適な硬さに保つ熱硬化性樹脂という技術を活かすことで，日本製の油性マジックが完成した。これまで，人の頭の上にのっていたフェルトは，小さなペンの頭の上にのるよう

＊文明開化

人間の知力が進んで，世の中が進歩し開けること。特に明治時代初期の思想・文化・制度の近代化，西洋化をいう。

になった。

　さらに得意先から，もっと細書き用のペン先はできないかという要望が出てきた。フェルトでは，繊維の組成が大きめであったため，細書きのペン先には向かなかった。そのため，アクリルやポリエステル，ナイロンといった合成繊維から細書き用のペン先が生み出された。フェルトペンで書いた線は10ミリだったが，合成繊維のペンでは，1ミリの線を描くことができた。その後も，プラスチックを用いたペン先で0.3ミリの線が描けるようになった。特殊なインクが開発されるとすぐ，テイボーの出番となる。つくり分けられるペン先は2600種にもなるが，テイボーは1つの設備で使う繊維と樹脂との組み合わせで，つまり，範囲の経済性を発揮して，多様なニーズに応えることができている。ペン先品質の安定性から，形状を変えないでほしいというメーカーからの要望があるという。油性マジックのペン先は，57年も変わっていないということからも，テイボーに対する信頼は大きい。

　テイボーのペン先の世界市場シェアはおよそ50％であり，50カ国以上にテイボーのペン先は輸出されている。このように本業の伝統を守り，コアの技術を磨いていくことこそ，日本企業の特質である。そして，市場のリクエストに応じて，多様な技術開発をしながら，事業の拡大も忘れていないという点も，日本企業の特質といってよいだろう。フェルト素材を帽子に加工していた浜松の企業は，日本のペン業界に欠かすことのできない大きな存在となっている。そのような存在感の裏側には，テイボーなら大丈夫，信頼できるというマーケットからの確信があるといえよう（野村進『千年企業の大逆転』文藝春秋，2014年，155-162頁）。

4　ベンチャービジネスの経営基盤

　資料19-2に示すように，ベンチャービジネスが定着するには，外に対する堅実性と内に対する結束力が必要である。これらがベンチャービジネスの基盤である。その基盤の下にイノベーションを生み出し，革新性や顧客ニーズを市場に認知させると，ベンチャービジネスは**死の谷**や**ダーウィンの海**を容易に超えることができる。それらの困難を超えることができれば，継承力が高まるといえるだろう。ベンチャービジネスは単発勝負ではなく，持続可能なビジネスでなくてはならない。そのためにも，3つの経営軸を着実に歩んでいく

＊死の谷
開発段階へと進んだプロジェクトが，事業化段階へ進めるかどうかの関門である。この関門を乗り越えられずに終わるプロジェクトも多い。

＊ダーウィンの海
事業化されて市場に出された製品やサービスが，他企業との競争や真の顧客の受容という荒波にもまれる関門を指す。ここで，事業化したプロジェクトの成否が具体的に決まる。ダーウィンが自然淘汰を進化の本質を指摘しており，その淘汰が起きる市場をダーウィンの海と表現する。

資料19‒2　ベンチャービジネスの３つの視点

（出所）　横澤利昌編著（2012）『老舗企業の研究［改訂新版］』生
　　　　産性出版，302ページの図を基に筆者作成。

ことが求められる。そうすれば，１回限りのビジネスではな
く循環できる創造発展型のビジネスが実現されよう。
　新しい技術，ビジネスモデルなどのイノベーションの多く
はベンチャーから創出されてきた。スーパーマーケット，
ファーストフード，宅配便，パソコン，検索エンジン，SNS
など，われわれの生活に便利と豊かさをもたらすイノベー
ションはベンチャーから生まれている。また，医療・福祉，
エネルギーなどの新技術開発でもベンチャーの役割は大き
い。先進的な技術を有する技術系ベンチャーは，研究開発を
牽引する意思決定の速さと焦点を定めた資源配分で新分野に
挑んでいる。現在の大企業の多くも，創業当初は未開拓の分
野で，ベンチャーとして試行錯誤を繰り返してイノベーショ
ンを実現してきた。**ソニー**もかつてはベンチャーだった。技
術者の「想い」で創業し，世界初のトランジスタラジオをア
メリカで販売した際には，「こんな小さな会社の製品が売れ
るはずはない」と言われながら，自社技術を信じて挑戦し続
けた。ホンダ，**京セラ**もベンチャーだった。イノベーティブ
であり続けることができるかどうかは，企業としてベン
チャースピリットを持ち続けることができるかどうかによる
（経済産業省「ベンチャー有識者会議とりまとめ」2022年６月２日ア
クセス）。
　３つの時代の事例を考察してきたが，三者三様で伝統の維
持と革新という両方の流れをつかんで，ベンチャーとしての
志を継承していることがわかった。現代のベンチャービジネ
スのその根底には継続できる強さが必要とされる。

＊ソニー
電子機器・家電メーカー。
1946に井深大と盛田昭夫が
共同で東京通信工業として
創立した会社。
＊京セラ
セラミックスメーカーで，
1959年京都セラミックとし
て設立された会社。

③　アメリカでのイノベーションとベンチャービジネス

1　スタートアップ企業の状況：新規上場の減少

　スタートアップ企業のデータベースを運営する米クランチベースによると，世界におけるユニコーン企業数は1200社以上（2022年2月時点）に達しており，これらスタートアップ企業の企業価値は初めて4兆ドルを突破した。2020年のユニコーン企業の総価値（2兆ドル）から倍増しており，今後も有望なスタートアップ企業への期待が高まる。

　こうした中，同社は独自の「世界における有望なユニコーン」の条件を満たす企業から対象を選択している。同社のリストには304社の企業が掲載されており，これらの企業はこれまでに総額520億ドル以上を調達，企業価値は2000億ドル以上に達している。分野別にみると，金融，eコマース・ショッピング，データ分析などの企業が最も多い。また，国別にみると，世界で有望なユニコーン企業が最も多いのはアメリカがトップで158社，次いで，インド（31社），中国（26社）と続いた。直近で注目企業として加わったのは，ロンドンに拠点を置く貿易金融プラットフォームのステン，拡張現実（AR）・仮想現実（VR）向けのディスプレイ部材を開発するアメリカのデジレンズ，イスラエルのクラウドセキュリティ企業のコロネット，人口知能（AI）を用いた契約管理プラットフォームを提供するアメリカのリンクスクエアーズ，分散型金融サービスを手掛けるアメリカのパラレル・ファイナンスなどが挙げられる。

　2021年はデジタル化のニーズの高まりを受け，スタートアップ企業に記録的な規模で投資が流入し，**新規株式公開（IPO）**[*]や**特別買収目的会社（SPAC）**[*]の新規上場は好況を受けたものの，2022年は新規上場数が減少するとの市場予想が広まっている。IPO調査会社ルネサンス・キャピタルによると，2021年末に投資収益が急落したことに加え，ウクライナ情勢への懸念など様々な環境の変化から，IPOを目指す企業にとって厳しい状況となっている。同社によると，アメリカの2022年第1四半期のIPO市場は過去6年間で最も低調で，IPO件数はわずか18件，調達額は21億ドルにとどまった。

　また，SPAC市場も2021年第4四半期から価格が70％近く下落し，上場の取り下げや合併の中止などが相次ぎ勢いを

＊**新規株式公開**（Initial Public Offering, IPO）
未上場の企業が自社株式を上場し，不特定多数の投資家が参加できる株式市場で，自由に売買できるようにすること。

＊**特別買収目的会社**（Special Purpose Acquisition Company, SPAC）
自社事業をもたないペーパーカンパニーとして設立し，株式を公開していない企業を買収することによって上場する法人のこと。

失った。同社は，IPO 市場の短期的な見通しについて，第
2四半期に向けて不透明であり，最近の投資収益やリスク選
好が回復しなければ活動再開が難しいと予測される（ジェト
ロ「ビジネス短信　米民間企業，有望なユニコーン企業のリストを
公開，2022年前半の新規上場企業数は低調」2022年6月1日アクセ
ス）。このように，2022年以降も継続する世界的な感染症の
蔓延およびロシアのウクライナ侵攻といった外部要因がアメ
リカ先進ベンチャービジネスへの投資を鈍化させる可能性が
ある。

2　アメリカ発イノベーションの素地

　アメリカのイノベーションの特徴としては，研究開発投資
費用が他国に比べ絶対水準として圧倒的に大きく，科学系論
文の引用数や特許件数等の世界シェアをみても高いことが挙
げられる（内閣府「第2節　各国のイノベーションをめぐる状況と
その創出の要件」2022年6月2日アクセス）。研究開発投資を負
担者区分でみると，企業が大部分を占めているが，ほかの国
と比べれば3割を占める政府支援（助成金含む）が手厚い。
また，産学間の技術移転にかかわる法規制が整備され産学連
携の仕組みも発展している。充実したベンチャーキャピタル
を背景にベンチャービジネスによる躍動も活発であり，それ
が**イノベーション***を促進する主体として機能している。イノ
ベーション政策としては，2004年の**パルミサーノ・レポー
ト***以降，アメリカ競争力イニシアティブを基にした競争力法
が制定され，イノベーション支援に向けた政府の政策基盤が
整えられてきた。2009年には，オバマ政権により「A Strat-
egy for American Innovation（イノベーション戦略）」が公表
されており，起業支援や競争力のある市場の整備を含め，イ
ノベーションを促進する基盤構築に向けた投資や医療，ク
リーンエネルギー分野，先進製造技術等，国家の優先分野に
は政府としても重点投資することが目指されている。
　アメリカ特有のインフラ環境も，強さを支えていると考え
られる。この分野では，医療分野のように重点的に政府の予
算が配分されておらず，多額の研究助成金も直接配布されて
はいない。ただし，政府はイノベーション政策の一環とし
て，起業支援や競争力のある市場の整備を含め，イノベー
ションを促進する基盤構築に向けた投資を従来から行ってき
ており，こうした基盤がこれらの分野の強さを支えている。

*イノベーション
モノや仕組み，サービス，
組織，ビジネスモデルなど
に新たな考え方や技術を取
り入れて新たな価値を生み
出し，社会にインパクトの
ある革新や刷新，変革をも
たらすこと。➡第12章「企
業の競争戦略」③１も参
照。

*パルミサーノ・レポート
2004年12月，アメリカの競
争力評議会が"National In-
novation Initiative（NII）
"サミットを開催し，パル
サミーノ氏が"Innovate
America"と題するレポー
トを取りまとめた。イノ
ベーションの重要性は，あ
る国が他国との競争で勝利
を得るということよりも，
全地球人のためによりよい
世界を築いていくことにあ
ると報告された。

＊ OECD（Organization for Economic Co-operation and Development：**経済協力開発機構**）
欧州経済の復興に伴い1961年9月に発足した。先進国間の自由な交流を通じて，①経済成長，②貿易自由化，③途上国支援に貢献，を目的としている。

＊**シリコンバレー**
アメリカ・カリフォルニア州サンフランシスコのベイエリア南部の地域。スタンフォード大学を中心に，エレクトロニクスおよびコンピュータ関連企業，半導体メーカーなどのハイテク産業が集中的に進出し，世界の先端技術地域として脚光を浴びている。

アメリカは古くからインターネットの普及が進んだ国の1つであり，OECD＊の中でも普及率は高い。さらに，政府は，最先端のワイヤレステクノロジーとアプリケーションにかかわるイノベーションを促進している。次世代ワイヤレスブロードバンドネットワークの展開が進められ，インフラ環境が整備されている。また，誰でも必要な情報にアクセスできるよう，電子政府等でデータの提供・公開が促進されている。具体的な事例として，連邦政府の公開ホームページである Data. gov は，データの検索，利用等の機会を社会に広く与えることにより，新事業創出が試行されている。また，アメリカでは，シリコンバレー＊に代表されるような，イノベーションクラスターが西海岸を中心に発達しており，これらの地域から，ベンチャービジネスが次々に生まれ，新たな技術・サービスが創出されている。アメリカのベンチャーキャピタルは OECD 上位5位に入るほど充実している。特にこれら地域への投資額が大きく，クラスターにおけるベンチャー企業への支援は手厚い。また，こうした地域では，専門の研究者，法曹，業界リーダー等との幅広いネットワークが形成されており，起業家は各専門家と協力して最先端の製品を育てることができる。これらの地域に立地する ICT 企業は，ベンチャー企業の技術の買い手であると同時に，ベンチャー企業へのスピンオフの人材源となり，新たなベンチャーを育成させる。

④ スタートアップ4.0

1 ベンチャーブームの歴史

アメリカでは，1950年から中小企業投資育成会社を中心に第1次ベンチャー発展期があった。この影響で日本でも官制ベンチャーキャピタルとして，東京，大阪，名古屋に中小企業の自己資本の充実を目指す目的で，1963年にベンチャー育成会社がつくられた。その後の日本列島改造論の下，高度経済成長を実現した1970年代前半，加工組立型企業の周辺に研究開発型のベンチャービジネスが輩出された。この時期が第1次ベンチャーブームであった。

1982年から1986年までの間，日本の産業は製造業中心から流通・サービス業中心に転換した。この時期，ベンチャービジネスは長期安定的なリスクマネーを確保することができるようになった。証券，銀行，外資のベンチャーキャピタルの

設立が加速し，第２次ベンチャーブームが到来した。

　第３次ベンチャーブームは日本が長期不況に突入した1995年からの10年間である。経済産業省を中心として，分野の垣根を越えた政策，制度が実現した。1998年には，産官学と地域が一体となり，大学の知的所有権を民間に移転するための**技術権移転機構（TLO）**[*]が制度化された。TLO がベンチャービジネスを刺激して，2001年には，大学発ベンチャー３年間1000社構想（大学発ベンチャー1000社計画）がスタートし，大学が経済再生のためのイノベーションエネルギーとなり，大学を中心とした**産業クラスター**[*]地域が指定された（松田修一『ベンチャー企業』日経文庫，2019年，22頁）。

［2］　第４次ベンチャーブームへ

　1999年の東京証券取引所のマザーズと，2000年の大阪証券取引所のナスダックジャパンは，ベンチャービジネスの資金調達拠点として機能するようになった。それまでは，株式上場の従来の意味合いは，成熟企業の着地点と位置づけられていたが，新興株式市場では，将来に向けての成長可能性があることおよび，赤字であっても売上があれば上場可能という基準が導入された。ここでようやくアメリカ流のベンチャービジネスへの資金繰りが展開されるようになった。

　2008年のリーマンショックによる経済不況，2011年の東日本大震災でも日本の経済は打撃を受けた。しかし，このような経済的苦境の裏側で，日本は官民**ファンド**[*]を立ち上げる素地を2009年から構築していた。このような官民ファンドには政府保証がついており，投資の失敗は国民の税金で補填されるという制度設計が行われた。2010年以降の３兆円規模の官民ファンドによるベンチャー支援が第４次ベンチャーブーム，つまりスタートアップ4.0である。アベノミクスの成長戦略として，独創的なベンチャービジネス，既存事業の海外拡大，公営で不効率な部門の民営化がスタートアップ4.0の目標となった。官を中心とした投資を民間活力で効率化していくこと，投資先の付加価値増大が2010年以降のベンチャーブームの柱となった（松田，2019，28頁）。

⑤　フィンテックの成長

［1］　金融サービスを担うベンチャービジネス

　フィンテック（FinTech）とは，金融を意味するファイナ

＊技術権移転機構（Technology Licensing Organization, TLO）
大学などが所有，創造する研究成果を特許権などの知的財産権に権利化した上でそれを基にしたベンチャー企業を興したり，民間企業に権利供与したりする機関。

＊産業クラスター
報通信，バイオ・医薬，環境といった特定分野の企業，大学・研究機関，法律事務所，会計事務所などのビジネスを支援する専門組織，公的機関，ベンチャー企業を育てるインキュベーター組織などが一定地域に集積した地域のこと。

＊ファンド
機関投資家や富裕層から集めた資金を運用する投資の専門家集団。サブプライムローン問題で様相が一変した。投資家のマネーのリスク回避傾向が強まり，ファンドが思うように資金調達できなくなっている。

ンスに技術を意味するテクノロジーを組み合わせた用語である。情報通信技術を活用した金融サービスを扱っているのがフィンテック領域のベンチャーである。フィンテックにより，これまで規制によって独占的に従来の金融機関が扱ってきたサービスを担うことができるようになった。具体的にフィンテックは，決済，融資，送金，資産運用，保険などの金融サービスを一元化して，付加価値と効率性を高めて金融イノベーション促進している。フィンテックは，固定型店舗をもたず，金融インフラの進んでいない新興国でサービスを提供している。スマートフォンを通じて，シンプルで安価な金融サービスが提供されるようになった。途上国の**社会的企業**での資金調達や，貧困層，高齢者，中小零細企業の経営者が金融サービスにアクセスできるようになった。このように，金融を必要とする人々のセーフティネットが金融包摂である。金融包摂は，預金のできる口座の開設，適正金利の融資，安全な送金・支払い，そして天候不順などの経済的不安を回避できる保険の整備を意味する。これらのサービスは，特に新興国，開発途上国で必要とされる金融の役割である（坂本恒夫・鳥居陽介『新ベンチャービジネス論』税務経理協会，2020年，119頁）。そのため，フィンテックによる世界経済への影響力は大きい。

＊社会的企業
➡第15章「社会的課題と社会的企業」参照。

2 金融包摂のリスクとメリット

　一方，フィンテックの急速な普及に際しては，いくつか注意すべき点もある。まず，**サイバーセキュリティ**対策や個人情報保護などを含め，取引の安全性を確保する必要がある。また，**マネーロンダリング**やテロ資金供与などに悪用されるリスクにも対応しなければならない。さらに，金融システムの安定性を確保することも重要である。特に金融監督体制が整っていない国においては，信用の拡大を可能にするようなフィンテックの普及は，金融包摂に貢献する一方で，金融の不安定化につながるリスクを高める可能性がある。

　金融分野においては，「誰ひとり取り残されることなく金融サービスにアクセスでき，その恩恵を受けることができるようにする」という金融包摂が，重要な政策課題として多くの国で掲げられている。新興国や開発途上国におけるモバイル決済の普及は，フィンテックが金融包摂に貢献する典型的な例といえる。銀行店舗や有線通信回線などの社会インフラ

＊サイバーセキュリティ
コンピュータへの不正侵入，データ改ざんや破壊，情報漏洩，コンピューターウイルスの感染などがなされないよう，コンピュータやネットワークの安全を確保すること。

＊マネーロンダリング
不法な手段で得た資金を，銀行などの金融機関の預金にまわし，高級ブランド製品を購入して国外に持ち出すなどの方法でその出所を不明にし，合法的な資金とすること。

が十分に行き渡っていない地域で，スマートフォンを用いた
キャッシュレス決済などの新しい金融サービスが急速に普及
する。これは，「蛙飛び（leapfrogging）現象」と呼ばれ，既
存の金融サービスにアクセスできなかった人々が，新しい技
術によって，一気に利便性の高い金融サービスを利用するこ
とができるようになる現象である（日本銀行「包摂的で持続可
能な発展を目指して」2022年 6 月 2 日アクセス）。

（井上善博）

第20章

DX で変わる企業経営

企業がビジネス環境の激しい変化の中で，データとデジタル技術を活用して，顕在化する社会や顧客のニーズに応じて，製品やサービス，ビジネスモデルを変革する DX（デジタルトランスフォーメーション）が注目されている。DX のベンダー企業やコンサルタント企業は，DX 能力を備えた社員教育や DX プラットフォームの構築を進めている。本章では，DX の推進に必要な課題を整理するとともに，DX に関する政府の法制度，政策の動きについて考察していく。

新たなビジネスモデルとなる DX

［1］ 労働生産性の向上と DX

先進国では人口減少・少子高齢化が進むことにより人的資源が縮小傾向にある。さらに新型コロナウイルス感染症の世界的蔓延によって労働者の働き方の革新が求められるようになった。このような社会的な環境変化により，企業は持続可能な社会で生き残るために必要な経営手法を模索している。今こそ，社会的な課題を解決するために，ICT*を活かした新たなビジネス革新が DX を活かす経営である。

政府の関連省庁によれば，日本では近年において深刻な危機が人口減少・少子高齢化であるとされている。限られた人的資源により付加価値を生じさせるためには，1 人あたりの労働生産性を高めることが必要である。また，労働生産性が維持できたとしても，日本の生産年齢層の人口減少に歯止めがかからない限り，経済成長は見込めないため，日本経済は生産性の向上による経済成長を図る挑戦を避けて通れない（総務省『令和 3 年情報通信白書』日経印刷，2021年，75頁）。森内閣による**第 1 次 IT バブル投資***の時代からの企業への ICT 投資は，業務効率化に対する投資へと向かいやすく，イノベーションを生み出すことによる労働生産性の向上は実現できなかった。

2019年12月に中国で初めて報告された新型コロナウイルス感染症の世界的な蔓延を契機に，世界規模で情報化社会が急

＊ICT（Information and Communication Technology）
情報通信技術を用いた産業およびサービスの総称のことをいう。

＊第 1 次 IT バブル投資
2000年に森喜朗内閣が誕生して以降，バブル崩壊後の情勢から脱却するための日本新生の起爆剤として，IT 革命（IT 基本戦略）の推進を最優先課題とする e-Japan 戦略が策定された。その後，2001 年度予算の「日本新生特別枠」における IT 分野に約2500億円の配分がなされた。21世紀という時代に合った豊かな国民生活の実現と日本の競争力の強化を実現するための転換点が2000年である。

激に加速化するようになった。日本においても企業が今後の
持続可能な社会に生き残りをかけていくためには，コロナ禍
を起因とした社会の急激なICT化の潮流に対応しなくては
ならなくなった。企業自体が組織改革やビジネスモデルおよ
びビジネスプラットフォームを変革し，ICTを付加価値創
造に結び付けることで労働生産性が向上するのである。そし
て，政府が掲げる「**デジタル改革**」は単に業務効率化および
改善化だけのツールではない。その延長線上に新たな先端技
術（イノベーション）を生み出す素地がある。多様なマーケッ
トにおける付加価値創出に向けた競争優位性の確保は，DX
の積極的活用に影響される。

2 DXの定義が意味すること

2018年12月に経済産業省が「DX推進ガイドライン」を公
表した。本ガイドラインにおいて，DXとは「企業がビジネ
ス環境の激しい変化に対応し，データとデジタル技術を活用
して，顧客や社会のニーズを基に，製品やサービス，ビジネ
スモデルを変革するとともに，業務そのものや，組織，プロ
セス，企業文化・風土を変革し，競争上の優位性を確立する
こと」（経済産業省『DX推進ガイドライン Ver. 1.0』2018年，2
頁，2022年7月22日アクセス）である。

総務省の『2021年　情報通信白書』における狭義の意味と
してのDXは，「企業が外部エコシステム（顧客，市場）の劇
的な変化に対応しつつ，内部エコシステム（組織，文化，従業
員）の変革を牽引しながら，第3のプラットフォーム（クラ
ウド，モビリティ，**ビッグデータ・アナリティクス**，ソーシャル技
術）を利用して，新しい製品やサービス，新しいビジネスモ
デルを通して，ネットとリアルの両面での顧客エクスペリエ
ンスの変革を図ることで価値を創出し，競争上の優位性を確
立すること」（総務省，2018，79頁）である。また，広義の意
味としては「デジタイゼーション（既存の紙のプロセスを自動
化するなど，物質的な情報をデジタル形式に変換すること）」，「デ
ジタライゼーション（組織のビジネスモデル全体を一新し，クラ
イアントやパートナーに対してサービスを提供するよりよい方法を
構築すること）」（総務省，2021，79頁）もDXの枠組みに含ま
れる。

経団連は2020年5月，ひとつの提言「Digital Transforma-
tion（DX）〜価値の協創で未来をひらく」を公表した。同提

＊デジタル改革

菅義偉内閣は，「デジタル
の活用により，一人ひとり
のニーズに合ったサービス
を選ぶことができ，多様な
幸せが実現できる社会〜誰
一人取り残さない，人に優
しいデジタル化〜」を掲げ
た。具体的に，①デジタル
庁の新設，②行政のデジタ
ル化，③規制改革，④公務
員のデジタル職採用，⑤マ
イナンバーカード，⑥教育
のデジタル化，⑦テレワー
ク，⑧携帯電話料金の引き
下げを目標とするデジタル
改革関連法を成立させるこ
とによりデジタル化を実現
し，ポストコロナの新しい
社会を創るという政策が立
てられた。

＊ビッグデータ・アナリ
ティクス

日々膨大な量が生成される
様々な種類の非構造化デー
タがある。その巨大なデー
タ群である情報を活用し
て，企業が付加価値向上を
目的としてデータを分析す
ること。

言での DX の定義は「デジタル技術とデータの活用が進む
ことによって，社会・産業・生活のあり方が根本から革命的
に変わること。また，その革新に向けて産業・組織・個人が
大転換を図ること」（経団連『提言「Digital Transformation
(DX)」』2020年，7頁，2022年7月22日アクセス）である。
　DX には多様な定義が存在するが，「デジタル・トランス
フォーメーション (DX)」という用語の起源は，スウェーデ
ンにあるウメオ大学の**ストルターマン***によって2004年に提唱
された概念である。ストルターマンの定義によると DX は，
「ICT の浸透が人々の生活をあらゆる面でよりよい方向に変
化させること」（総務省，2018，78頁）とされる。この定義は
汎用的な意味合いをもち，DX の本質を捉えている。社会的
な変化に応じた経済成長をいかに維持していくのかという課
題に対して，ICT がどのくらい貢献できるかということが
ストルターマンの命題であった。その命題が，人口減少・少
子高齢化，そして新型コロナという現代社会の危機をいかに
して解決できるのだろうか。

②　DX が注目される背景と目的

1　なぜ今 DX が必要とされるのか

　DX が注目される背景として，スマートフォン等の普及に
伴う消費行動等の変化，**デジタル・ディスラプション***，リア
ル空間を含めたデータの増大・ネットワーク化，デジタル市
場のグローバル化が挙げられている（総務省，2018，83頁）。
　また，新型コロナウイルス感染症の世界規模での蔓延によ
る様々な制約の中で，企業活動や国民の生活を継続させてい
くために，世界規模でのデジタル化は急加速で進展し，企業
の構造改革やビジネスモデルの変化もまたそれにあわせるよ
うに急加速で進展している。このような課題の打開策として
DX の推進，実践，取り組みが必要不可欠となっている。

2　DX が注目されるまでの政府の政策

　DX が注目される以前から沖縄サミットを契機とする，
ICT 社会の展望を描く様々な施策が行政府により行われて
きている。まず，2000年度以降の代表的な政策提言として，
沖縄憲章 (IT 憲章)* がある。同サミット時代から，市場競争
を刺激し，労働生産性を向上させるための IT 人材教育が注
目されてきた（外務省『グローバルな情報社会に関する沖縄憲章』

＊ストルターマン (Stolter-man, E.)
DX の概念の提唱者。2003～2004年当時にスウェーデンのウメオ大学の教授であった際に，本概念を提示した。また，現在はインディアナ大学情報学・コンピューティング学・工学系研究科情報学教授・上級副学部長であり，2022年2月にデジタル・トランスフォーメーションの概念を社会，公共，民間の３つのレベルで再提示している。

＊デジタル・ディスラプション
デジタル企業が市場競争に新規参入したことにより，既存にある企業が市場競争からの退出をせざるをえない状況のことをいう。

＊沖縄憲章 (IT 憲章)
沖縄サミット（2000年）において，参加８カ国の首脳により採択された。通称「IT 憲章」とも呼ばれている。

資料20－1　行政府としての取り組み

行政府	主な取り組み
1）内閣府（内閣官房等）	①デジタル時代の規制・制度について （2020年6月規制改革推進会議）規制改革推進会議　議事次第第7回規制改革推進会議（内閣府） ②デジタル・ガバメント実行計画
2）総務省	①自治体デジタル・トランスフォーメーション（DX）推進計画。（自治体DX推進計画）
3）経済産業省	①経済産業省「DX推進ガイドライン Ver. 1.0（平成30年12月）」 ②「DXレポート」において「2025年の崖」Ver. 1.0, Ver. 2, Ver. 2.1 ③「DX推進指標」とそのガイダンス
4）デジタル庁	デジタル改革関連法
5）文化庁	①文部科学省におけるデジタル化推進プラン ②文部科学省デジタル化推進本部 ③科学技術・イノベーション基本計画
6）国税庁	確定申告の簡略化（スマフォ申告等）

（出所）　筆者作成。

2022年7月22日アクセス）。そして，文科省が主導するSociety5.0はさらに進化した概念である。文科省はSociety5.0を「サイバー空間（仮想空間）とフィジカル空間（現実空間）を高度に融合させたシステムにより，経済発展と社会的課題の解決を両立する人間中心の社会」と定義づけている（文科省『科学技術・イノベーション白書』インパルスコーポレーション，2021年，3頁）。そして2021年に**デジタル庁***が設置された。デジタル庁は，デジタル社会形成の司令塔として，未来志向のDXを大胆に推進し，デジタル時代の官民のインフラを今後5年で作り上げることを目指している。デジタル庁は，徹底的な国民目線でのサービス創出やデータ資源の活用，社会全体のDXの推進を通じ，すべての国民にデジタル化の恩恵が行き渡る社会を実現すべく，取り組みを進めている。

③　DXの導入における政府の法制度政策と企業経営への影響について

１　政府におけるDXに関する法制度および政策

　e-Japan戦略*が2001年1月に発表されたが，日本のIT国家戦略の立ち遅れがデジタル先進国との格差を広げている。近年，日本の行政府はデジタル化に積極的であり，**資料20－1**に示すように関連省庁は制度整備を進めている。

　まず，内閣府は，2020年6月に行われた規制改革推進会議「第7回規制改革推進会議」において。デジタル時代の規制

＊デジタル庁
内閣府が掲げている取組みとして，社会全体のDXの推進を通じ，すべての国民にデジタル化の恩恵が行き渡る社会を実現すべく，2021年5月12日にデジタル庁の設立などを定めた「デジタル改革関連法」が成立したことにより，2021（令和3）年9月1日に日本の行政機関の1つとして，デジタル庁が創設された。

＊e-Japan戦略
IT国家戦略の後続として，2001年に，世界最先端のIT国家実現に向けて，①超高速ネットワークインフラの整備および競争政策，②電子商取引ルールと新たな環境整備，③電子政府の実現，④人材育成の強化という重点政策分野に集中的に取り組むことによって，日本が5年以内に世界最先端のIT国家となることを目標として掲げた情報通信

政策のこと。

＊RPA（Robotic Process Automation）

本来 PC やタブレットの情報端末上で人が行っている作業を，ロボットに学習させることにより，業務の自動化が可能となるソフトウェアロボットシステムのこと。

＊StuDX Style

文部科学省の GIGA スクール構想の実現に向けての１人１台端末の利活用推進を掲げる GIGA StuDX 推進チームを設置するに伴い，2020年12月23日に全国の教育委員会・学校に対する支援活動を展開するために開設された情報発信サイトのこと。

＊GIGA スクール構想

令和時代のスタンダードな学校像として，全国一律の ICT 環境を整備する構想。その内容は，①１人１台端末および高速大容量の通信ネットワークを一体的に整備，②クラウド活用推進，③ICT 機器の整備調達体制の構築，④利活用優良事例の普及，⑤利活用の PDCA サイクル徹底等を推進することで，多様な子どもたちを誰１人取り残すことなく，公正に個別最適化された学びを実現させる構想のこと。

＊教材のクラウド化

学校内のクラウド上にある共有化された教材に，個別の PC やスマートフォンの情報端末からアクセスをすること。これにより，教育環境の平準化が進められる。

のあり方についてとして，基本的な考え方をまとめるとともに，改革の方向性を示している。

その中で，デジタル時代の規制・制度の見直しの方向性が以下のように示された。１つ目は，デジタル技術の活用を促し，イノベーションを促進すること，２つ目は，人口減少・高齢化社会を踏まえて，新たに生じる諸課題に対応することである。デジタル化やグローバル化のシンクロナイズを受け，企業の国際的な競争が激しさを増す中，日本企業は，DX に対応するための事業再編が求められている。このように，国によるガイドラインの策定により，企業のグローバルな競争力の向上への取り組みを支援していく必要がある。補論として，「個別分野の規制・制度のあり方について」という項目があり，そこでは，医療や介護サービスの質の向上，当該分野での労働の効率化，デジタル時代に対応した雇用と働き方が示された。

総務省は，「自治体デジタル・トランスフォーメーション（DX）推進計画」の中で，問題点は，自治体職員数の減少であるとしている。その数は，2021年４月１日現在，280万661人で，対前年比は，３万8641人の増加となっている。「対面」「紙」文化の継承，未だ電話，電子メール，FAX を主流とする対面による業務が前提となっており，旧態依然の不効率な自治体経営の課題が残されている。「自治体 DX」の重点取り組み事項として，自治体の情報システムの標準化，共通化，マイナンバーカードの普及促進，自治体の行政手続きのオンライン化が必要とされ，自治体による **RPA**＊ の利用推進，民間企業同様のテレワークの推進，住民情報のセキュリティ対策の徹底が喫緊の課題となっている。

文部科学省は，2021年３月に策定された「科学技術・イノベーション基本計画」で，教育 DX，**StuDX Style**＊，**GIGAスクール構想**＊に向けて DX を通じたイノベーション創出の重要性を示している。教育のデジタル化により ICT に慣れた人材の育成が期待される。そのような方向性で，文部科学省は政策面から新教育支援を行っている。**教材のクラウド化**＊や１人につき１台の**学習用端末**＊を配布するなどの新しい学習環境が本格稼働するようになる。教育の多様化が求められる中で，個別に最適な学びの環境を実現することとともに，Society5.0時代に向けて子どもたちの情報処理能力を伸ばすことが必要とされる。

＊学習用端末
学校内の教材にインターネットを通じてアクセスできる学習用端末は，代表的なものとして，PC（Windows, Macintosh），タブレット（iOS, Android, Windows Mobile），Nintendo Switch, Nintendo DS 等が挙げられる。

⎡2⎤　2025年の崖の克服に向けて

　既存システムが，事業部門ごとに構築されて，全社横断的なデータ活用ができていない。経営者がDXを望んでも，データ活用のために上記のような既存システムの問題を解決する必要がある。そのためには業務自体の見直しも求められる中，現場労働者の抵抗も大きく，いかにこれをシステム革新するかが課題となっている。この課題を克服できない場合，DXが実現できないのみでなく，2025年以降，最大の年単位で12兆円の経済損失が生じる可能性がある。これが2025年の崖である。この危機を回避する１つの方法は，企業間協調領域では，個別企業が別々にシステム開発するのではなく，業界毎や課題毎に共通のプラットフォームを構築することで，早期かつ安価にシステムの刷新をすることである。

④　企業におけるDXへの対応

⎡1⎤　企業によるDXの導入における取り組み

　これから成長する企業は，DXに関する社員教育や各種システム導入を経営革新に取り入れることで，顧客のニーズにあわせて企業内部のあらゆる刷新を実現させなければならない。今後の持続可能な社会での市場競争に打ち勝つツールとして，DXは欠かせない。

　企業の経営者は，生き残りをかけて競争市場における優位性を維持するために，ITおよびデジタル部門の新設や増強，DXの導入およびIT人材育成教育に力を入れている。ただし，日本全体をみた場合に，企業によっては，DX化を取り入れるような問題を抱えていない企業も確かに存在はするが，2000年の沖縄憲章以降の政府の方向性は，持続可能な社会に向けての企業の行き残りをかけて，DX推進の方向性を掲げている。

　持続可能な経営において企業の経営者は，経営戦略の方向性をどのように展開していくかという最適な判断を絶えず迫られることになる。企業の課題として，それぞれの企業が従来から導入している既存のシステムが稼働年数により老朽化した際に，それをメンテナンスできる技術者の人的資源確保が求められる。しかし，団塊の世代の引退による当該担い手であったベテラン技術者の減少，および少子化による若手技術者の教育不足により人材確保は難航している。また，企業に実装されている既存のシステムの新システムへの転換は以

下の理由により容易ではない（経済産業省『DX レポート』2018年，3頁以降を参照）。

①IT 技術者の人材確保

②IT 人材育成教育の強化

③既存のシステム維持に資金・人材を必要とし，新システムの導入（IT 投資）に手が出せない

④新システム移行に伴うセキュリティ上のリスクを担保できない

⑤経営者および役員サイド（トップダウン経営）と現場サイドの意向（ボトムアップ経営）の調整

⑥DX 化に伴う組織体制の再編の必要性

このような課題を解消するため多くの日本企業は DX の外注化を行い，リスクの軽減を図っている。しかし，DX の外注化においては，企業独自の DX が実現できないというリスクがあり，デジタル競争での敗者となる企業も出現するだろう。

［2］　新型コロナウイルス感染拡大と働き方の転換

2019年12月から，新型コロナウイルス感染症の影響により，国際社会の様子は一変し，先進企業では AI，ビッグデータ，IoT*（Internet of Things）を活用した働き方改革が進められている。情報化技術を経営資源として，経営体制の見直し，テレワーク，ICT 人的資源の育成が実現されたが，急激な環境変化についていけない労働者も多く存在している。労働環境の変化に対応できないコロナ時代の労働者を支援する技術および経営管理手法はこれまであまり議論されてこなかった。

一番重要なのは「DX に関する経営体制および推進体制の再構築」である。要は，誰が企業の DX を推進していくのかという根本的なところが明確でなかった。具体的に，企業の DX を担うフロントリーダーは，社内の「DX 推進における専任部署」，「DX 専任ではない ICT 関連の部署」，「DX 専任ではない経営企画関連の部署」，「外部コンサルタント・パートナー企業」，「CIO*・CDO* 等の役員」，「ICT に詳しい社員」に限定されている。日本では，「社長，CIO，CDO 等の役員」による外部コンサルタント，パートナー企業等への天下りや外部の協力を得て DX に取り組む認識が海外より低いという特徴がある（総務省，2018，91頁）。ゆえに，日本

＊ IoT
➡第9章「企業の環境問題への取り組み」④［2］参照。

＊ CIO（Chief Information Officer）
最高情報責任者や情報統括役員等の役職のことをいう。企業内において情報戦略，具体的に，情報の取り扱い，情報システム，情報セキュリティ，IT を統括する役員および責任者のこと。

＊ CDO（Chief Digital Officer）
最高デジタル責任者や最高データ責任者等の役職のことをいう。企業内においてDX の推進を統括する役員および責任者のこと。

の DX 推進においては，企業横断的な人材の育成と活用が必要であると考えられる。

　以下では，DX を支援するテクニカルな要素を説明していく。1 つ目は「AI（人工知能）」である。AI は，人間の知能をコンピュータ上で代用することができる。様々な技術，ソフトウェア，コンピュータシステムの連携で AI が機能する。人に代わってできる仕事を AI が担えば，人手不足が解消される上に効率化も図れるので，AI による労働環境の改善に期待がもてる。

　2 つ目は「**ビッグデータ**[*]」である。ネットワーク技術の高度化，また情報端末や内臓センサー等の IoT 関連機器の小型化・低コスト化が実現されている。その情報端末等を通じた，**位置情報**[*]や行動履歴，消費行動等に関する情報から得られる膨大なデータをビックデータという。ビックデータは大量な情報の束なので，その束の中から最適な情報を導き出す能力が必要になる。その情報引き出しの最適化を担うのが先述した AI であり，ビッグデータと AI は相補の力で現代社会の危機を救っている。

　3 つ目は「IoT」である。IoT は，あらゆるモノをインターネットに接続する技術であり，日本語では「モノのインターネット」と訳される。当初，インターネットに接続される情報端末は，情報管理するためのサーバーやユーザー端末としてパソコン，スマートフォン，タブレットといった製品が主流であった。その後，TV，スマートスピーカー，WEB カメラ，冷蔵庫，エアコン等の生活家電が IoT につながり，IoT の概念が急速に広がることとなった。インターネットに接続されるモノは，すでにわれわれの身近に数多く存在している。また，製造現場レベルで装着して使われる各種センサー機器はインターネットに接続されている。そこで取得したデータを分析することにより，製造状況を分析し，機器の不具合やメンテナンス時期を予測することが IoT の活用例として作業効率の向上に寄与している。

　4 つ目は「テレワーク」である。総務省および厚生労働省が，テレワークを活用した新しい働き方，つまり働き方改革とデジタル化の融合を後押している。労務管理やセキュリティに関する相談事業，テレワーク導入に要した経費の助成が実施されている。テレワークで，地方や都会に限らずみんなが同じ環境で仕事ができるようになっている。テレワーク

＊ビッグデータ
➡第15章「社会的課題と社会的企業」**⑤** **2**

＊位置情報
人や物などが現在居る位置や場所を緯度と経度の座標で示した情報のこと。主にGPS を利用して GPS 内蔵端末により位置情報を取得することができる。

は「Tele：離れたところで」「Work：働く」を併せた用語であり，職場から離れた所に居ながら，インターネットを利用することにより，あたかも職場内で仕事をしているような環境で働くことができる勤務形態である。具体的には，在宅勤務，サテライトオフィス勤務，モバイルワークを意味する。テレワークは，**ワーク・ライフ・バランス***の実現，労働力人口の確保，地域社会の活性化，非常事態の際（コロナ禍など）の業務継続の保全などに有効な働き方である。

５つ目は，「ICT 人的資源の育成」である。団塊の世代のベテランの技術者が退職して以降，少子高齢化時代に伴い，ICT エンジニアの技術的低迷が社会的な問題となっている。会社における老朽化したシステム維持能力をもつ人材の枯渇が問題とされている。DX システムへの移管を担える先端技術をもつ人材の育成が必要とされる。多くの企業は今後の持続可能な社会に生き残るための先端技術を学んだ若い人材の確保を迅速に進めなくてはならない。

③　DX 推進企業におけるベンダーおよびコンサルタントの役割

企業において行われている DX 関連事業や人的資源の教育に，ベンダー企業およびコンサルタント会社が提供するプラットフォームの活用や社外トレーニングがある。これによって企業経営への DX 推進に関する取り組みが推進される。個別には，DX に対応できる人材教育，AI を組み込んだロボットによる無人作業工場の管理，無人自動会計の店舗経営の習得，眼鏡に AI を投影した VR 技術による作業の効率化等の取り組みがある。

先にも述べたように，自力で DX への投資をしている企業は，団塊の世代であるベテランの技術者の退職や少子化による若手技術者の教育不足に直面している。当該企業自体の**レガシーシステム***や新技術のシステムを継続的に運用するためには，資金的に負担はかかるが，ベンダー企業に業務作業を丸投げして外注している。また，企業における DX 推進は，コンサルタント会社に請負契約をせざるをえない状況となっている。このように，既存産業の業界構造では，ユーザー企業は委託による「コストの削減」，ベンダー企業は受託による「低リスク・長期安定ビジネスの享受」という**Win-Win の関係***が存在する。しかし，両者はデジタル時代

*ワーク・ライフ・バランス
➡第10章「企業の『人権』問題への取り組み」❷③参照。

*レガシーシステム
最新技術が組み込まれた製品やシステムとは異なり，過去に導入してからかなりの時間が経っており，新技術を移行して組み込むには互換性がない技術やシステムのこと。

* Win-Win の関係
取引をしている双方に利益がある関係（持ちつ持たれつの関係）のこと。

資料20-2　ユーザー企業とベンダー企業の相互依存

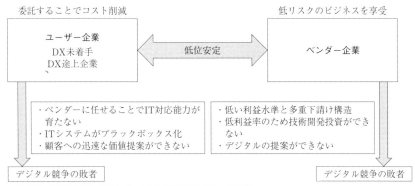

（出所）　経済産業省　DX レポート2.1（2021年）から一部抜粋。
　　　　https://www.meti.go.jp/press/2021/08/20210831005/20210831005-1.pdf

において必要な能力を獲得できず，デジタル競争を勝ち抜いていくことが困難な「低位安定」の関係に固定されてしまっている（**資料20-2**）。欧米企業は DX 全体を自社完結で構築していることが多いため，不具合があったときの対処はしやすい。日本企業はベンダー任せの側面があるため，一度不具合が起きると自社で修正するにはリスクが伴う。

5　今後の DX 時代における企業経営の課題および変革と展望

1　今後の DX 時代における企業経営の課題

今後の企業経営において「人」に関する課題として，DX 技術等の知識をもつ人的資源不足，業務変革に対する社員等の抵抗，さらには，働き方改革への適応不能が挙げられる。総務省は令和 3 年度（2021年度）の情報通信白書で DX を進める上での課題についての調査結果を示している（**資料20-3**）。そこでは，日本・アメリカ・ドイツが比較されており，日本の課題の第 1 位は「人材不足」となっている。ほかに，「**費用対効果***が不明」，「資金不足」，「ICT など技術的な知識不足」，「既存システムとの関係性」といった項目が各国とも上位の課題となっている。また，アメリカでは「業務の変革等に対する社員等の抵抗」，「規制・制度による障壁」，「文化・業界慣習による障壁」もほかの 2 カ国と比べて高くなっている（総務省，2018，103頁）。

2　DX に取り組む上で必要な変革

総務省は「企業が DX に取り組む上で必要な変革」につ

***費用対効果**
企業が事業活動をするに際して，何かしらに投資したコストに対して，どの程度の成果（効果）が得られたのかを示す指標のこと。

資料20-3　DXを進める際の課題（日・米・独）

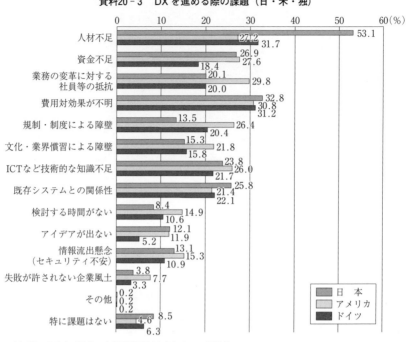

（出所）　総務省「令和３年版情報通信白書」から一部抜粋。
　　　　https://www.soumu.go.jp/johotsusintokei/whitepaper/ja/r03/html/nd112490.html

いて，アンケート調査を基に「企業が行うべき検討」に際しての ポイントとして，『令和３年　情報通信白書』において以下のように指摘している。

「社内の意識改革」のポイントとしては，コロナ禍を契機としてデジタル化が加速する中，**組織風土**を改革し，DXの必要性を共有することが何よりも重要である。

「組織の改革，推進体制の構築」のポイントとしては，日本はアメリカ・ドイツと比べて社長，CIO, CDO等の経営幹部層の関与が少ないとの結果が出ていたが，全社的な取り組みになるほど上層部による主導が重要と考えられる。

「実施を阻害する制度・慣習の改革」のポイントとしては，法令に定められた規制・制度や業界横断的な慣習を１社の力で変えることはなかなか難しいが，社内に限定した**組織文化**の変革は，上層部の判断１つで変革することが可能である。

「必要な人材の育成・確保」のポイントとしては，デジタル・トランスフォーメーションの推進に必要な人材は，デジタル技術に詳しい人材だけでなく，ビジネスを理解する人材

＊組織風土
企業風土ともいう。一般的には企業および組織において共通認識とされている独自の規則や価値観などのこと。

＊組織文化
企業文化ともいう。従業員の間で共有化している「信念」，「価値観」，「行動規範」，「行動原理」，「思考様式」などのこと。

や，最近では，デザイン思考の重要性が指摘される。また，高度なデジタル人材が育つような環境づくりも重要となる。

「新たなデジタル技術の導入・活用によるビジネスモデルの変革」のポイントとしては，デジタル企業がデジタル技術を活用することで新たなコスト構造に適したビジネスモデルを構築することは，既存企業にとって大きな脅威となる。それに対抗するには，既存企業の側も新たなデジタル技術を導入・活用することでビジネスモデルを変革させることが重要となる。

「その他」のポイントとしては，アンケート結果ではレガシーシステムの存在がデジタル・トランスフォーメーションを進める上での障壁との意見もみられる。従来のレガシーシステムの代わりに導入したシステムがまたレガシーとなることのないよう注意すべきである（総務省，2018，109頁）。

以上のことから，今後のDX時代における展望としては，企業が，今後の持続可能な社会に向けて市場における競争優位性を維持するためには，ITおよびデジタル部門の新設や増強，各種**補助金・助成金**[*]の有効活用，DXの導入およびIT人材育成教育に力を入れることが求められている。しかし，日本においては，まだ諸外国よりもDXの導入が後手になっているため，それを埋めるために，外部のベンダー企業やコンサルタント会社を利用して自社の社員教育やシステム導入のプラットフォームおよびモデル構築を促進しなくてはならない。

本章では，国のDX推進への取り組み状況を概観したとともに，企業におけるDXの実現への課題もみえてきた。さらに，**メタバース**[*]といった，仮想空間での労働や**暗号資産**[*]による金融取引にもDXが活かされる新時代がすでに到来している。DXの発案は2004年に遡る。そこから18年を経た2022年にDXは注目されるようになった。その背景には生産労働人口の減少やコロナ禍での働き方の進化がある。生産労働人口の減少は予測できていたので，国のDXに向けた政策も2000年以降徐々に進められてきた。一方でコロナ禍は予測不可能であったため，急造で働き方改革と抱き合わせでDXの浸透が進められている。DXで企業経営は制度面では進化するだろう。しかし，そこについていける人材をいかに育てていくかが，喫緊の課題となっている。

（山田朋生）

＊補助金・助成金
DX推進に関する補助金および助成金等の制度・政策としては，主として①IT導入補助金，②ものづくり・商業・サービス生産性向上促進補助金，③事業再構築補助金，④DX投資促進税制，⑤成長型中小企業等研究開発支援事業，⑥小規模事業者持続化補助金，⑦キャリアアップ助成金，⑧サイバーセキュリティ対策促進助成金等が挙げられる。

＊メタバース
英語のmeta（超越した）とuniverse（宇宙）を組み合わせてできた造語である。企業等が参入してサービス提供をしだしている3DCGによる商業用の仮想空間およびサービスを示すことが多い。利用者は，自分の分身であるアバターを用いて仮想空間でコミュニケーション，買い物，ゲームなど現実世界と同じような活動をすることができる。

＊暗号資産
「仮想通貨」，「暗号通貨」ともいわれている。資金決済に関する法律において規定されている，インターネット上でやりとりできる財産的価値のある資産および通貨のこと。

索　引

執筆者紹介

(＊は編者，担当順)

村田大学（むらた　だいがく）　大原大学院大学会計研究科准教授（第1章，第2章）

金　在淑（きむ　ちぇすく）　日本経済大学経営学部教授（第3章，第18章）

＊佐久間信夫（さくま　のぶお）　創価大学名誉教授（第4章，第6章）

柏木理佳（かしわぎ　りか）　立教大学経済学部特任教授（第5章）

＊矢口義教（やぐち　よしのり）　東北学院大学経営学部教授（第7章，第8章）

安達啓介（あだち　けいすけ）　神戸学院大学経済学部准教授（第9章）

國府俊一郎（こくぶ　しゅんいちろう）　大東文化大学経営学部教授（第10章）

清水健太（しみず　けんた）　松蔭大学経営文化学部准教授（第11章，第12章）

文　載皓（むん　ちぇほー）　常葉大学経営学部准教授（第13章，第16章）

Karki Shyam Kumar（カルキ　シャム　クマル）　ソシエタス総合研究所研究員（第14章）

＊井上善博（いのうえ　よしひろ）　神戸学院大学経済学部教授（第15章，第17章，第19章）

山田朋生（やまだ　ともき）　日本大学工学部准教授（第20章）

〈編著者紹介〉

佐久間信夫 （さくま・のぶお）

　明治大学大学院商学研究科商学専攻博士後期課程退学。経済学博士（創価大学）
　現　在：創価大学名誉教授，松蔭大学経営文化学部教授
　専門分野：経営学，企業論，コーポレート・ガバナンス論
　主　著：『企業支配と企業統治』白桃書房，2003年
　　　　　『コーポレート・ガバナンスと企業論理の国際比較』ミネルヴァ書房，2010年

井上善博 （いのうえ・よしひろ）

　中央大学大学院商学研究科博士後期課程修了。博士（経営学）
　現　在：神戸学院大学経済学部教授
　専門分野：経営学，企業論
　主　著：『現代中小企業経営要論』（編著）創成社，2015年
　　　　　『地方創生のビジョンと戦略』（編著）創成社，2017年
　　　　　『経営戦略要論』（共著）創成社，2023年

矢口義教 （やぐち・よしのり）

　明治大学大学院経営学研究科博士後期課程修了。博士（経営学）
　現　在：東北学院大学経営学部教授
　専門分野：企業の社会的責任，企業倫理，環境経営
　主　著：『震災と企業の社会性・CSR：東日本大震災における企業活動とCSR』創成
　　　　　社，2014年
　　　　　『現代環境経営要論』（共著）創成社，2021年
　　　　　『地域を支え，地域を守る責任経営：CSR・SDGs時代の中小企業経営と事業
　　　　　承継』創成社，2023年

Horitsu Bunka Sha

Basic Study Books

入門 企業論

2024年4月30日　初版第1刷発行

編著者	佐久間信夫・井上善博 矢口義教
発行者	畑　　光
発行所	株式会社 法律文化社

〒603-8053
京都市北区上賀茂岩ヶ垣内町71
電話 075(791)7131　FAX 075(721)8400
https://www.hou-bun.com/

印刷：共同印刷工業㈱／製本：新生製本㈱
装幀：白沢　正

ISBN 978-4-589-04297-2

©2024　N. Sakuma, Y. Inoue, Y. Yaguchi
Printed in Japan

乱丁など不良本がありましたら、ご連絡下さい。送料小社負担にて
お取り替えいたします。
本書についてのご意見・ご感想は、小社ウェブサイト、トップページの
「読者カード」にてお聞かせ下さい。

具 滋承編著

経 営 学 の 入 門

A 5 判・290頁・2530円

企業形態，組織・労務管理，ガバナンス，経営戦略，財務・会計，マーケティング，生産管理，イノベーション，ブランド，消費者行動，環境，国際経営など，経営学を学び始めるために必要な基礎知識を網羅。経営学全体を俯瞰し理解する初学者必携の基礎テキスト。

岩谷昌樹著

グローバルビジネスと企業戦略
—経営学で考える多国籍企業—

A 5 判・174頁・2640円

なぜサムスン電子はアジア最大のグローバルブランドになれたのか？なぜシャープは業績不振に陥り，鴻海精密工業の子会社となったのか？……さまざまな多国籍企業の成功と失敗の事例から，世界でビジネスを展開し成功するための戦略を学ぶ。

加藤 徹・笹川敏彦編

会 社 法 の 基 礎 〔第 2 版〕

A 5 判・250頁・2970円

はじめて会社法に接する学生のため，条文と通説，重要判例に基づき平易・簡潔に法の基礎を概説する。令和元年の会社法改正，令和 2 年の会社法施行規則等改正を踏まえてアップデート。

菊地雄介・草間秀樹・横田尚昌・吉行幾真
菊田秀雄・黒野葉子著

レクチャー会社法 〔第 3 版〕

A 5 判・316頁・2970円

充実したリファレンスや応用知識への誘導（Step Ahead）箇所の設置など，読者に段階的な理解を促すテキスト。判例や法改正，学説動向を踏まえてアップデート。自習用にも資格試験にも対応したオールマイティな 1 冊。

村田敏一著

株主平等原則と株主権の動態

A 5 判・248頁・6160円

株主権平等原則の解釈問題を中心に会社法における株主権の解釈につき，文言解釈に忠実に条文間の整合性を重視した解釈方法を提示。敵対的企業買収防衛策を検討した経産省研究会委員を務めた筆者が，機関投資家の議決権行使等も論じた包括的研究。

━━━ 法律文化社 ━━━

表示価格は消費税10％を含んだ価格です